D.H. Lawrence

Etruskische Stätten

Mit einem Vorwort von Massimo Pallottino

nuova immagine editrice

Die Verlage BECK & GLÜCKLER und NUOVA IMMAGINE danken dem Deutschen Archäologischen Institut (Rom), Carmine Ampolo, der Soprintendenza alle Antichità dell'Etruria Meridionale sowie allen anderen, die zur Herausgabe dieses Buch beigetragen haben.

Originalausgabe
Etruscan Places by Martin Secker, London 1932

Wir danken der Rowohlt Verlag GmbH für die freundliche Genehmigung zur Verwendung der Übertragung von Oswalt von Nostitz
Übersetzung des Vorworts: Lea Rachwitz
Übersetzung des Nachworts: Ulrich Hartmann

[ISBN 88-7145-014-0]

Via San Quirico, 13 – I-53100 Siena

tel. 0577 - 42.625
fax 0577 - 44.633

1. Ausagabe, 1989
2. Ausgabe, 1993
3. Ausgabe, 1997

Druck: Centrooffset, Siena

Inhalt

DAVID HERBERT LAWRENCE (1885-1930), einer der bedeutendsten englischen Schriftsteller dieses Jahrhunderts, wurde in Eastwood (Nottinghamshire) geboren und starb in Vence (Provence) an Tuberkulose. Zusammen mit seiner Frau, Frieda von Richthofen, lebte und reiste er lange Zeit in Italien: in Gargnano am Gardasee und in Lerici (Twilight in Italy, 1912-13), auf Capri, auf Sardinien und in Taormina (Sea and Sardinia, 1920-22), wo er Mastro don Gesualdo und Novelle rusticane von Giovanni Verga ins Englische übertrug. Nach langen Aufenthalten in Ceylon und Mexiko kehrte D.H. Lawrence nach Italien zurück; zunächst lebte er in Spotorno und dann in der Villa Mirenda in Scandicci bei Florenz (1926-28). Lady Chatterley's Lover wurde zuerst in Florenz, in den "Lungarno Series" von Pino Orioli veröffentlicht (1928). Aus der gleichen Zeit stammen die Etruscan Places, brillant geschriebene, detaillierte Berichte von der Etrurienreise, die er im April 1927 zusammen mit seinem Freund Earl Brewster, einem amerikanischen Maler, unternahm.

Das Vorwort von Prof. Dr. MASSIMO PALLOTTINO, Ordinarius für Etruskologie und Italische Antike an der Universität Rom, Präsident des Instituts für Etruskische und Italische Forschungen, ist der Text *Dichtung und Wissenschaft auf den Spuren der Etrusker*, der anläßlich des Kongresses der Associazione Culturale Italiana am 18. Januar 1957 vorgetragen und in "Quaderni A.C.I.", vol. 24, 1957 veröffentlicht wurde. Der Abdruck erfolgt mit freundlicher Genehmigung des Autors.

DICHTUNG UND WISSENSCHAFT AUF DEN SPUREN DER ETRUSKER

von Massimo Pallottino

Res ardua, vetustis novitatem dare, novis auctoritatem, obsoletis nitorem, obscuris lucem, fastiditis gratiam, dubiis fidem, omnibus vero naturam, et naturae sua omnia.

«Es ist keine leichte Sache, alten Gegenständen neuheit, neuen Autorität, veralteten Glanz, dunklen Licht zu geben, geschmacklosen Reiz, zweifelhaften Glaubwürdigkeit, allen aber Natur zu verleihen und Alles seiner Natur gemäß anzuordnen.»[1]

Diese Worte des älteren Plinius zitierte George Dennis vor etwa hundert Jahren im Vorwort zu seinem Bericht von der Reise in die Welt der Etrusker, einem Werk, das heute noch das lebendigste und verdientermaßen berühmteste ist, das je über das antike Etrurien verfaßt wurde.

Ich möchte das Zitat hier wiederaufnehmen und meinem eigenen Text voranstellen, da es, wie ich meine, mit einzigartiger Deutlichkeit die Schwierigkeiten zusammenfaßt, ja gleichsam vorwegnimmt, vor die sich gestellt sieht, wer eine Definition des etruskischen Problems vornehmen will, also den Gang der etruskologischen Studien nachzuzeichnen, oder besser, die Gedanken und Eindrücke des modernen Menschen angesichts der etruskischen Kultur in ihrem Kern zu verstehen versucht.

Soweit mir bekannt ist, gibt es tatsächlich keinen anderen Aspekt oder Bereich in der Geschichte - wobei ich besonders auf die Antike verweisen möchte -, der so viel Ratlosigkeit, solche erbitterte Polemik unter den Gelehrten und so vielfältige, verwirrende und unerwartete Reaktionen in der modernen Kulturwelt hervorrief wie die Geschichte der alten Etrusker.

Die schwierige Bewertung magerer und doppeldeutiger Fakten, der Einfluß der von der klassischen Literatur überlieferten

Quellen, die unsicheren und umstrittenen Forschungsmethoden, all dies hat von Anfang an dazu geführt, daß sogar Spezialisten verunsichert und irritiert auf ein Problem reagierten, das - eben wegen seiner Kompliziertheit - eher ruhiges und beharrliches Forschen erfordert. Ströme von Tinte flossen und fließen bei heftigen Auseinandersetzungen, der Behauptung unumstößlicher Wahrheiten, jähen Meinungsumschwüngen und der Frage nach der Herkunft der Etrusker, die einem Streit um des Kaisers Bart gleichkommt, während andere, wichtigere Themen oft übergangen werden und unerforscht ein Schattendasein führen.

Dieser Zwist und die bisweilen verbohrte Skepsis der Experten öffneten anderseits dem Tatendrang von Hobbyarchäologen Tür und Tor, der regelmäßig und rechtzeitig zur Saison neue Blüten treibt. Wer erinnert sich nicht an die Sensationsmeldungen? Ein Herr X, ein Ingenieur Y, ein Kanonikus Z habe endlich das Etruskische entziffert! Das Rätsel sei gelöst; großes Echo in der Presse; Interesse und Befriedigung; dann kehrt langsam wieder Ruhe ein, Vergessen, bis alles nach einigen Jahren oder auch nur Monaten von vorn beginnt.

Das breite Publikum interessiert sich leidenschaftlich für solche Vorkommnisse, es wechselt von der heißen Dusche der Begeisterung unter die kalte Dusche der Ernüchterung, ohne daß dies seiner «Liebe» zu den Etruskern Abbruch täte. Es hat sich ein eigenes Bild von ihnen gemacht, geradezu eine Legende, mehr noch, eine Reihe von Legenden, die oft nicht ganz mit den Ergebnissen der Wissenschaft übereinstimmen, sondern sich eher von den Schilderungen der Schriftsteller leiten lassen und alles in allem dem Wunsch nach Flucht, dem Festhaltenwollen am Geheimnisvollen entspringen. Gibt es Anzeichen dafür, daß das Geheimnis gelüftet werden könnte, weigert sich das sensible moderne Publikum beharrlich, daran zu glauben, so als vernichte die neu erlangte Gewißheit den Zauber des eingebildeten Rätsels, als schränke es allmählich und prosaisch das Gebiet des Irrationalen ein, in das sich die modernen Menschen, soweit es ihnen möglich ist, insgeheim so gern flüchten.

Betrachten wir beispielsweise das Problem der Sprache. Man weiß mehr oder weniger, daß die wenigen Originaltexte, meist kurze Grab- oder Votivinschriften, nicht sehr interessant sind;

ten, in denen sich zahllose Münder von Gräbern öffnen und die Umrisse märchenhafter Gebäude formen; wobei vielleicht einige Raben durch den blauen Himmel ziehen; oder als wir bei Sonnenuntergang die Hügel von Tarquinia betrachteten, so sanft gewellt wie die Wogen eines grünen Weizenmeeres; oder auf der Festung von Populonia verweilend, neben den gigantischen Blöcken ihres etruskischen, efeubekränzten Walls sitzend, im Angesicht des glitzernden Meeres und der blaßblauen Silhouette der Insel Elba.

Da versteht man sofort, welche und wieviele Eindrücke diese malerische etruskische Erde in ihren Besuchern heraufbeschworen haben muß, als in weiten Landstrichen die Abgeschiedenheit der Menschen den Kontrast zwischen der wilden Natur und den hier und dort zu findenden Überresten ihrer verschwundenen antiken Kultur noch verstärkten.

Carducci, ein Sohn des maritimen Etruriens, hat uns in wenigen Strophen einen kurz aufleuchtenden Eindruck davon vermittelt, der um die Verbindungen zu den Vorfahren weiß und tiefer als alles andere das Gefühl der Weite, der Bewegung und des Todes erfaßt und wiedergibt. Den «roten Renner des Lieds» fragt er:

«Gedenkst du der verödeten Küsten am Tuskermeere
Wo, starrend auf die neblichte Ebene, die saatenleer
Der Turm der Ritter nun
Von ausgeglühten kahlen Höh'n den Schatten wirft, den langen
Bewachend die rasenischen Städte, die waldumfangen
Im Grabesschlummer ruhn?
Wo zwischen Erd' und Himmel die verdursteten Geißfeigen
Hoch auf den steilen Klippen stehn mit mattgesenkten Zweigen
In des Sciroccos Glut?
Der Klippen, da der harrende Tyrrhenerhändler spähte,
Ob fern am Horizont sich ein Phöniziersegel blähte
Rot auf der blauen Flut?
Denkst du an Populonia und an das turmbewehrte Burgtor von Donoratico...?
Dort bist mit mir du, roter Renner des Lieds, zu Hause.
Pelasgersteine waren dort und die Tyrrhenerklause
Mein einziger Altar;
Mir sprachen, wenn im Mittagsgluthauch die Felder schwiegen,
Auguren, Lucumonen, mein Volk, der Gruft entstiegen
Das einst dort Herscher war.»[2]

Eine der Besonderheiten der etruskischen Landschaft ist das Verschmelzen von Naturgegebenheiten und Zeugnissen menschlichen Wirkens zu einem einzigen Eindruck von Schönheit: Felsen, Pflanzenwuchs, antike und mittelalterliche Ruinen, moderne Wohnhäuser; gleichsam als seien die Zeichen der Geschichte, angenagt vom Zahn der Zeit, gekommen, sich nach und nach wieder im lebendigen Schoß der Natur zu sammeln. So daß man bisweilen nicht sicher ist, ob dieser oder jener Stein von modernen Erbauern, den Menschen des Mittelalters, den Römern, den Etruskern, sagenumwobenen Titanen oder gar von Gott selbst bewegt wurde.

Und so hat Dennis die berühmte Brücke des Castello dell'Abbadia in Vulci beschrieben:

> *«Die Burg steht am Rande einer tiefen Thalschlucht, welche eine schmale Brücke hier überspannt, die mit Brustwehren eingefaßt ist, welche so hoch sind, daß sie alle Aussicht versperren. Erst als ich darüber hinweggekommen war, bekam ich eine Idee von ihrem Charakter; und dann, vom Abhange darunter, eröffnete er sich mir wie eine neue Schöpfung. Sie ist ein wahrhaft prächtiges Bauwerk, überschreitet den felsigen Abgrund wie ein Koloß, und die Fiora toset und schäumt in einer ungeheuren Tiefe unten hindurch. Was bedeutet aber jener außerordentliche Vorhang von Stalaktiten, welcher an dieser Seite über die Brücke, in ungeheuren zackigen Massen von der Brustwehr herabhängt, als ob ein gewaltiger Wasserfall oben über die Brücke weggerollt und bei seinem Falle versteinert sei, bevor er den Boden erreichen konnte? Man sollte fast glauben, die ganze Brücke sei aus den massiven Felsen ausgehauen worden, und die Bauleute hätten sie, bevor sie vollendet war, verlassen - wie Michelangelo's Bildsäule mit unvollendeten Armen und Beinen. (...) Dann die feierlich-ernste Burg hoch auf den Felsen ihr zur Seite, den dunkelrothen Thurm hoch in die Luft erhebend - die Abhänge mit Steineichen in die Luft erhebend - die ungeheueren Felsenmassen in der Hohlung - der Fluß, der sich kämpfend und kochend durch die schmale Kluft hindurcharbeitet - die steilen, drohenden Felsen, die man durch den Bogen sieht, sind eben so viele Beiwerke, die mit dem Hauptgegenstand zusammenstimmen, und mit ihm ein so auffallendes und*

> *pittoreskes Ganzes hervorbringen, als ich je in Etrurien gesehen habe.»*[3]

Diese Durchdringung von Natur und Geschichte lebt vor allem in der Prosa von Lawrence fort, sie steigert sich zu einem geradezu krankhaften Interesse für die Blumen zwischen den Ruinen; sie schwingt sich auf zu einem kosmischen Lyrismus der Stimmung, der Farbe und des Lichts. So in der Nekropole von Cerveteri:

> *«Eine sanfte Stille umgibt diese großen Grashügel mit ihren uralten Steinumfassungen, und auf dem Mittelweg ist noch so etwas wie ein schlichtes Glücksgefühl zurückgeblieben. Gewiß war es ein ruhiger und sonniger Aprilnachmittag, und aus dem zarten Grase auf den Gräbern stiegen Lerchen auf. Aber etwas Stilles und Lindes erfüllte die ganze Luft an diesem versunkenen Orte, und man hatte das Gefühl, daß es der Seele guttat, hier zu sein.»*[4]

Und dies über die Steilufer von Volterra:

> *«Als wir wieder zur Stadt zurückgehen, kommen wir von Zeit zu Zeit an die Wälle heran und schauen in die weite, goldene, wunderbare Glut, die Sonnenuntergang heißt, während die steilen Schluchten in Finsternis versinken und das entlegenere Tal schweigend grüngolden daliegt und die Hügel leuchtend aufatmen, um in die reinen Strahlen aus purem Golde des fernen Meeres überzugehen, wo sich ein Schatten, vielleicht eine Insel, regt wie ein Lebensstäubchen. Und wie große Wächter springen die Carraraberge vor, nackt im reinen Licht wie ein menschlicher Leib, mit ihren schicksalsschwangeren Gipfeln: So scheinen sie auf uns zuzukommen, während die ganze goldene Höhlung des Westens aufbraust in goldenem Verströmen, als sei die letzte Stunde gekommen und als schmölzen die Götter uns alle zurück in die golden verwandelte Einheit.»*[5]

Diese Traumwelt wird von einer bunten Schar von Charakteren bevölkert, die der Reisende aus dem Norden aufmerksam beobachtet, dort gleichsam die Spur jenes anderen geheimnisvollen Volkes suchend, das auf dem Grund der Felsengräber ruht. Das Thema der modernen Ethnografie, der Volkspsychologie der Bewohner der Toskana und Nord-Latiums ist mit das fruchtbarste und anregendste auf den Seiten von Dennis und Lawrence; in ihnen finden wir ein Kaleidoskop von außerordentlich lebendigen, gekonnt gezeichneten und bisweilen unvergeßlichen Figuren. Spontane Zuneigung empfinden wir vor allem, wie stets in der nordischen Tradition, für die geringsten der handelnden Personen, die Wirte, Vermieterinnen, Museumswärter, die unvermuteten Führer, Bauern und Hirten; auch sie scheinen manchmal die Farbe ihrer wilden Erde anzunehmen. Wenn es sich um Adlige oder Bürger handelt, verweilt die Beschreibung wohlwollender bei den kräftigen Männern vom Land, die guten Boden und guten Wein lieben, als bei jenem «gonfaloniere» (also etwa dem «Bürgermeister») von Corneto, dem wir einige der berühmtesten archäologischen Entdeckungen in der Totenstadt von Tarquinia in der ersten Hälfte des vergangenen Jahrhunderts verdanken und den uns Dennis so vorstellt:

> *«Wer Corneto besucht, wird wohl thun, sich bei Sigr. Carlo Avvolta einführen zu lassen; er war einst* gonfaloniere *oder erste Magistratsperson der Stadt, jetzt ist er* consultore *oder Rath von Civita Vecchia. Er ist ein lebendiger, intelligenter alter Herr, in Ausgrabungen erfahren, nimmt an den Alterthümern dieser Stelle seines Geburtsortes tiefen Antheil, ist jeder Zeit bereit, belehrende Mitteilungen zu machen, und ist gegen Fremde eben so höflich als er gegen seine Freunde herzlich ist. Wer wenig Theilnahme für Alterthümer fühlt, kann sich mit ihm über die erregenderen Jagdvergnügungen in der Maremma berathen. Obgleich er jetzt beinahe achtzig Jahre alt ist, ist er noch immer ein kühner Jägersmann und unterwirft sich den Anstrengungen und Gefahren der Jagd mit dem Eifer eines Dreißigers. Er wohnt in einem geräumigen, düsteren Hause, wo alles Alterthum athmet; wohin ihn aber seine Thätigkeit des Tages über auch führt, abends findet man ihn gewiß im Kaffeehause oder in der* spezieria, *wo er mit seinem ganzen natürlichen Enthusiasmus über den letzten Eber oder Rehbock sprechen wird, den er in das Gras beißen machte, oder über die Gemälde und das Geräth etruskischer Gräber.»*[6]

Als Lawrence achtzig Jahre später der Dennis'schen Reiseroute nach Etrurien folgte, gab es keine solch patriarchalischen und großzügigen Autoritäten mehr. Ihre Gattung war für immer ausgestorben. Aber auch die einfacheren Leute waren verschlossener und mißtrauischer geworden oder hatten sich in Symbole verwandelt. Wer den ersten Aufsatz in den *Etruskischen Stätten* gelesen hat, wird sich an die außergewöhnliche Erscheinung des Faun-Menschen in der Taverne von Cerveteri erinnern:

> *«In der Höhle renommiert ein gespornter Hirte, der Hosen aus Ziegenfell trägt; das lange rostbraune Zigeunerhaar hängt ihm zottig von den Beinen hinunter. Er grinst und trinkt Wein, und sofort glaubt man den zottelbeinigen Faun vor sich zu sehen.*
>
> *Sein Gesicht ist ein Faungesicht, das keine Moral abgestumpft hat. Er grinst still vor sich hin und spricht sehr gedämpft und scheu mit dem Burschen, der Wein aus den Fässern zapft.*
>
> *Offensichtlich sind Faune scheu, sehr scheu, vor allem gegenüber modernen Menschen, wie wir es sind. Er betrachtet uns von der Seite, bückt sich, wischt sich den Mund mit dem Handrücken, und fort ist er; mit den haarigen Beinen klettert er auf sein mageres Pony, dreht sich im Kreise und klappert davon mit deutlichem leisem Hufschlag, unter den Wällen hindurch und hinaus ins Freie. Er ist der Faun, der wiederum dem Bereiche der Stadt entrinnt, weit scheuer und flüchtiger als irgendeine christliche Jungfrau.»*[7]

Das Fortbestehen einer Rasse ist eine Realität, die in den Gesichtern der Lebenden geschrieben zu stehen scheint, so wie sie sich im Staub der Begräbnisplätze abgelagert hat. Für den Europäer Dennis wie für den Italiener (!) Carducci konnte sie jedoch ohne Groll die Jahrhunderte überdauern:

«Sie schlafen am Fuß dieses Hügels, die umbrischen Ahnen,
die als erste durchbrachen
mit dumpfen Klängen deine geheiligte Stille, Apennin:
Es schlafen die Etrusker, herabgestiegen mit dem Lituus, dem Speer;
die Augen fest nach oben auf die geheimnisvollen Hänge gerichtet,
und die großen rothaarigen Kelten strömten herbei,

sich reinzuwaschen vom Gemetzel
in den kalten Alpenwassern, die sie grüßten als Rhein;
und das vornehme Geschlecht von Rom, und der Lombarde mit wallendem Haar,
der als letzter auf den bewaldeten Gipfeln ruhte.
Sie schlafen mit den Letzten unseres Volkes.»[8]

Dies empfand der Dichter beim Anblick der Certosa in Bologna. Für den Engländer Lawrence hingegen ist das Weiterleben der Rasse eine eigensinnige polemische Realität. An den modernen Italienern entdeckt und schätzt er die lebendige Frische der Alten, vor allem der Etrusker; zuwider sind ihm jedoch die Römer, «diese Preußen der Antike», denen er vorwirft, die herrliche antike Blume Etrurien mit eisernem Absatz zertreten zu haben. Diesen Gedanken hat Lawrence vielleicht von den letzten Epigonen der Etruskomanen des achtzehnten Jahrhunderts übernommen, vor allem jenem Giuseppe Micali, der noch in der Mitte des neunzehnten Jahrhunderts eine verworrene Geschichte des antiken Italiens veröffentlichte, die antirömische Polemik verbreitete. Die naiv-gelehrte Sichtweise Micalis wandelt sich bei Lawrence zur Fabel, zum Märchenstoff für ein symbolträchtiges Geschichtsdrama:

> *«Ist ein Narr größer als die Nachtigall, weil er eine Nachtigall mit einem Stein tötet? War der Römer deshalb größer als der Etrusker, weil er ihm das Leben raubte? Gewiß nicht! Rom fiel, und mit ihm das römische Phänomen. Italien ist heutzutage weit etruskischer in seinem Lebensrhythmus als römisch; und das wird es immer bleiben. Das etruskische Element ist wie das Gras auf dem Felde und das Sprießen des Korns in Italien; das wird immer so bleiben.»*[9]

Für die englischen Erzähler unserer Generation scheint sich das antike Etrurien tatsächlich zur Idee von einer verlorenen Welt verklärt zu haben, die von Natur aus glücklich war, unbändig lebendig mit ihrer spontanen Körperlichkeit, ohne die Fesseln von Vernunft oder Moral; eine Welt, die zum Unheil des Menschengeschlechts über die Jahrhunderte hinweg eben an Vernunft und Moral erstickte.

> *«Die (Etrusker) waren zivilisiert. (...) Die wußten harmonisch und vollkommen zu leben, mit ihrem gesamten Wesen.*

(...) Das Christentum hat uns zu Barbaren der Seele gemacht. Nun macht uns die Wissenschaft zu Barbaren des Intellekts.»[10]

So Rampion in *Kontrapunkt des Lebens* von Aldous Huxley. Und Lawrence:

«Die Dinge, die sie während der Jahrhunderte ihres Wohlstandes hervorbrachten, sind ebenso natürlich und ungezwungen wie das Atmen. Sie atmen eine gewisse Lebensfülle. Das gilt sogar für die Gräber. Und darin besteht der wahre Vorzug der Etrusker: in ihrer ungezwungenen Natürlichkeit und ihrem Lebensüberschwang. Sie haben nicht das Bedürfnis, dem Geist oder der Seele eine bestimmte Richtung aufzuzwingen. ... Das natürliche Blühen des Lebens! Für menschliche Wesen ist das nicht so einfach, wie es klingt. Hinter aller etruskischer Lebendigkeit steht eine Lebensreligion, für die die führenden Männer tiefe Verantwortung trugen. Hinter all dem Tanz stand eine Schau und eine Wissenschaft vom Leben. ... Wir haben die Lebenskunst verlernt; und in der wichtigsten Wissenschaft von allen, der Wissenschaft des alltäglichen Lebens, der Wissenschaft des Verhaltens, sind wir völlige Ignoranten. Wir haben die Psychologie statt dessen.»[11]

Worin besteht nun aber diese etruskische Vitalität, die aus den prallen Freskenbildern in den Gräbern von Tarquinia hervorscheint, wenn nicht in der strotzenden Körperkraft, der sexuellen Ungebundenheit, frei von tötenden Verboten? Dem Autor von *Lady Chatterley und ihr Liebhaber* bot sich auch dieser imaginäre Ansatz als symbolkräftiges und emotionales Thema, als Grundlage für beißende Polemik gegen seine Zeitgenossen an:

«aber im ganzen ist hier alles einfach, schlicht, für gewöhnlich ohne Ornamente, und mit jenen ungezwungenen, natürlichen Proportionen, deren Schönheit man kaum gewahr wird; so selbstverständlich, naturhaft entstehen sie. Es äußert sich darin jene Schönheit der Proportion, wie sie dem phallischen Bewußtsein eigen ist, im Gegensatz zu der durchdachteren oder ekstatischeren Proportion des zerebralen und geistigen Bewußtseins, an das wir gewohnt sind.»[12]

Einige Szenen, die Dennis als obszön bezeichnet hatte, besitzen für Lawrence

> *«...die gleiche archaische Unschuld, die das Leben bejaht, alles darüber weiß und seinen Sinn fühlt: den Sinn, der wie ein Stein ins Bewußtsein gefallen ist und seine immer weiter bis zu den äußersten Grenzen sich hinziehenden Ringe aussendet.*
>
> *Die beiden kleinen Bilder haben eine symbolische Bedeutung, die sich durchaus von einer* moralischen *Bedeutung unterscheidet - oder einer unmoralischen. Die Worte moralisch und unmoralisch haben hier keine Gewalt. (...) Wir wissen das, weil es ihre Feinde und Vernichter behauptet haben. Genauso, wie wir über die unsägliche Niedertracht* unserer *Feinde im letzten Kriege Bescheid wissen. Wer erscheint seinem Feinde nicht als lasterhaft? In den Augen meiner Verleumder bin ich ein wahres Abbild des Lasters. A la bonne heure! (...) Ich freilich bin froh, daß die Etrusker lasterhaft waren, falls sie es wirklich waren. Dem Puritaner sind alle Dinge unrein, wie irgend jemand sagt. Und diese unartigen Nachbarn der Römer wurden wenigstens davor bewahrt, Puritaner zu sein.»*[13]

Das Etrurien der Schriftsteller folgt nun allein den Eingebungen der Phantasie: Aus Interpretation ist Verklärung, aus Verklärung Symbol, aus Symbol Paradoxon geworden. In einer unvergeßlichen Szene aus *Parallelen der Liebe* von Huxley wird sie jedoch geradewegs zum Stoff einer Arabeske, eines Spiels, eines entfesselten und raffinierten intellektuellen Kabinettstückchens. Der Autor hat seine Personen in ein imaginäres etruskisches Grab versetzt, das, so der gewollte Verzauberungseffekt, die Merkmale und Figuren der wichtigsten bemalten Gräber der Nekropole von Tarquinia in sich vereint.

> *«Halten Sie die Lampe ein wenig mehr hierher», sagt Cardan, der Held, zum Führer. (...) und als das Licht genähert war, fuhr er fort, langsam die primitive Schrift an der Wand des Grabgewölbes zu entziffern (es tut ja nichts zur Sache, daß diese Inschrift in Tarquinia gar nicht zu finden ist), wobei er die geheimnisvollen Laute auf der Zunge zergehen ließ: «Reizende Sprache», sagt er, «reizend! Seit ich gehört habe,*

daß die Etrusker den Gott des Weins Fufluns nannten, habe ich das größte Interesse an ihrer Sprache gewonnen. Fufluns - wie unvergleichlich treffender das ist als Bacchus oder Liber oder Dionysos! Fufluns, Fufluns!» wiederholte er mit entzücktem Nachdruck. «Es könnte nicht besser sein. Sie hatten wahres linguistisches Genie, diese Kerle. Was für Dichter müssen sie hervorgebracht haben! (...) Es ist eine großartige Sprache. Wer weiß? In zwei Generationen mag irgendein neuer Busby oder Plamann der Schuljugend etruskische Syntax und etruskische Metrik einbleuen. Nichts wäre mir eine größere Genugtuung. Latein und Griechisch haben einen gewissen infinitesimalen praktischen Wert. Aber Etruskisch ist völlig und absolut unnütz. Welche bessere Grundlage für die Erziehung eines Gentleman könnte man entdecken? Es ist die große tote Sprache der Zukunft. Wenn das Etruskische nicht existierte, müßte man es unbedingt erfinden.»[14]

Es wird ihm entgegnet, daß die Pädagogen wenig zu lehren hätten, da es keine etruskische Literatur gäbe. Doch Cardan hält dagegen:

«Desto besser», antwortete Mr. Cardan. «Wenn wir selbst sie schrieben, würden wir die etruskische Literatur vielleicht interessant finden. Etruskische Literatur, von Etruskern geschrieben, wäre ebenso langweilig wie jede andre antike Literatur. Aber wenn die Epen von Ihnen geschrieben würden, die sokratischen Dialoge von mir, die Geschichtswerke von einer Meisterin der Erfindung wie Miss Thriplow, dann würden wir ein Korpus besitzen, an dem die wenigen Schuljungen, die aus ihrer Bildung einigen Nutzen zu ziehn vermögen, ein wirkliches Interesse nehmen könnten. Und wenn wir nach noch einer Generation in unsern Ideen ebenso veraltet sein werden wie Cicero und Horaz, wird die Literatur Etruriens von unsern Nachkommen neu geschrieben werden. Jede Generation wird sich der toten Sprache bedienen, um ihre eignen Ideen auszudrücken. Und in einem so reichen Idiom ausgedrückt, wie mich das Etruskische dünkt, werden die Ideen um so bedeutender und denkwürdiger erscheinen.»[15]

Nachdem darüber gestritten wurde, ob das etruskische Wort

flucuthukh «Sodawasser» oder «Liebe» bedeutet, schweift Cardan ab und läßt sich über die verschiedenen Varianten des Phänomens Liebe aus, wie sie sich aus dem Klang der Wörter *amour, Liebe, love* und *amore* ergeben, und folgert:

> *«Und nun stelle man sich ein Volk vor, für das die Liebe flucuthukh bedeutet. Was mögen die besonderen Symptome der allgemeinen Liebeskrankheit gewesen sein, der man einen solchen Namen gab? Es läßt sich nicht einmal ahnen. Aber es ist zumindest anregend, darüber Vermutungen anzustellen.»*[16]

Wenn die literarischen Phantasien bisweilen auf konkreten Zeugnissen von Monumenten oder Gelehrtenmeinungen beruhen, so werden diese in anderen Fällen übergangen, verzerrt, mit Absicht beiseitegeschoben (wie wir bei Huxley eben gesehen haben) oder einfach geleugnet. Jede Seite aus der Feder von Lawrence trieft vor Grimm und Verachtung für die Wissenschaftler, diese ignoranten und phantasielosen Entweiher einer poetischen Welt, die sie nicht verstehen können. Für uns finden sie ihre Personifizierung in jenem jungen deutschen Archäologen, der sich dem Autor und dessen Freund B(rewster) vorübergehend anschließt, um Tarquinia zu besichtigen. Ein weiteres unvergeßliches Porträt: das bleiche Gesicht eines Sauertopfes, eine alte Cordsamtjacke, Wanderschuhe, ein großer Fotoapparat (heute hätte er die unvermeidliche Leica dabei), akademischer Ehrgeitz und die dröge Skepsis eines Neunmalklugen: das ist nicht viel wert; dieser oder jener Ort, dieses oder jenes Monument: nichts von Bedeutung; diese oder jene Figur: reine Dekoration, völlig nebensächlich, man kann nichts darüber sagen...

> *«Was bedeutet wohl dieser Löwe mit seinem zweiten Nacken und Kopf?» fragte ich den Deutschen. Er zuckte die Achseln und sagte: «Nichts.» Der Löwe hatte für ihn keinen Sinn, weil nichts, außer dem Abc der Tatsachen, für ihn irgendeine Bedeutung besitzt. Er ist ein Wissenschaftler, und wenn er nicht will, daß etwas einen Sinn haben soll, ist es damit ipso facto* sinnlos.»[17]

Zwischen Literaten und Gelehrten ist nun der offene Konflikt ausgebrochen. Die Vertreter der beiden Welten - der Welt der Wissenschaft und der Welt der Phantasie - werfen sich böse Blicke zu, da sie von zwei völlig entgegengesetzten Standpunkten ausgehen.

> *«Doch wer verlangt nach einem Anschauungsunterricht über verschwundene Rassen und Völker? Was man braucht, ist der Kontakt mit ihnen. Die Etrusker sind keine Theorie oder Dissertation. Wenn sie etwas sind, sind sie eine Erfahrung.»*[18]

Es hätte gar keinen Sinn, an diese Erfahrung den Maßstab von Wahrheit oder Irrtum anzulegen; genauso unsinnig wäre es, unkorrekte Daten, abwegige Deutungen, offenkundige und absichtliche Fälschungen anzuprangern, die im Sinn streng wissenschaftlicher Logik in den fiktionalen Texten anzutreffen sind, aus denen wir ein paar Motive zusammengetragen haben. Eine Erfahrung existiert oder nicht: und diese besondere Erfahrung liegt nicht so sehr in der Entdeckung der Etrusker als vielmehr in der Entdeckung der Schriftstellerseele, der Ideale, Vorlieben, Leidenschaften und Abneigungen des Autors. Etrurien ist bloß ein Vorwand für Selbstdarstellung, ein fruchtbarer Boden für poetische Pflänzchen, ganz nach dem Geschmack der jeweiligen Epoche und dem Wesen des Zeitgeistes. So treffen wir im Etrurien von Dennis auf eine kultivierte und wißbegierige Wanderromantik mit einem leichten Hauch von Humor; bei Carducci ist es geschichtsträchtige Heldenromantik; Lawrence und Huxley stehen für einen widersprüchlichen und bitteren Symbolismus, der mit Hilfe des sagenhaften Atlantis als untergegangener Welt versucht, den Eskapismus unseres rastlosen Jahrhunderts nachzuzeichnen.

Man denke nur an die absolute Autonomie der Dichter, um das Mißverständnis jener schlichten Gemüter zu verstehen, die geglaubt haben und noch immer glauben, durch die Lektüre von Lawrence und Huxley zu Erkenntnissen und Aufschlüssen zu gelangen, oder, wie man so sagt, «sich ein Bild von der etruskischen Welt zu machen». Ich entsinne mich einer kleinen Episode mit einer höchst vornehmen Dame, deren Leidenschaft den alten Etruskern galt und die mich mit rührendem Ernst bat, beim Ministerium für ihr Vorhaben einzutreten, Etruskisch in die Lehrpläne der Mittelschulen aufzunehmen! Sie hatte offensichtlich die Schrullen und Spielereien Cardans mit den Lehren des Katechismus verwechselt. Die eingangs erwähnte Hobbyarchäologie und die Vorurteile des breiten Publikums sind zum großen Teil auf dieses Nichtunterscheidenkönnen zwischen den unterhaltsamen Fiktionen der Schriftsteller und den Gewißheiten und Zweifeln der Wissenschaftler zurückzuführen; so wird das eine mit dem andern zu einer Art grandiosem pseudowissenschaftlichen Mischmasch vermengt.

Ich möchte allerdings nicht, daß man aus meinen Ausführungen den Schluß zieht, gefühlsmäßige und wissenschaftliche Argumente seien im Rahmen von Spekulationen über die antike Kultur der Etrusker unvereinbar. Das imaginäre Etrurien der Schriftsteller hat der Arbeit der Gelehrten nützliche Hinweise und Anregungen gegeben und tut dies immer noch.

Die *Etruskischen Stätten* von Lawrence enthalten neben höchst ungereimten Erfindungen einige Stichworte, die es wert sind, von Historikern und Kunstkritikern bedacht zu werden. Natürlich glaubt der Schriftsteller an die orientalische Herkunft der Etrusker, da dies Bestandteil des etruskischen Mythos ist; doch wenn er am Strand von Ladispoli liegt und auf das Tyrrhenische Meer hinausschaut, das von den ersten Schatten des Abends verdunkelt wird, und den Blick zu den Höhen von Cerveteri wendet, so müssen ihm einfach Zweifel an der plötzlichen Geburt einer übers Meer hergewehten Kultur kommen, die keinerlei Wurzeln in der Erde besitzt, auf der sie ihre Blüte erlebt; er grübelt über weit zurückliegende und jahrhundertelange Vermischungen von fremden Seefahrern und Angehörigen einer bereits bestehenden Kultur, und kommt bescheiden zu dem Schluß: «Etrurien war keine Kolonie, sondern ein Land, das sich nach und nach entwickelte.» Sein Eindruck enthält im Kern die Theorien, die zwanzig Jahre später der verdienstvolle deutsche Historiker Franz Altheim in einem gültigen wissenschaftlichen Werk über die Herkunft der Etrusker - untermauert von zahlreichen Belegen - zusammenfassen wird.

Als Lawrence die Nekropole von Tarquinia besichtigt, notiert er angesichts der Ebene, der wenigen Gräber und der da und dort auftauchenden Höcker der eingestürzten Tumuli, wie sehr doch dieser Ort sich von der Totenstadt Cerveteris unterscheidet, die geradezu übersät ist mit Grabmälern; er stellt jedoch fest, daß dieser Kontrast wohl nur auf den ersten Blick vorhanden ist:

> *«...obwohl man wahrscheinlich auch hier, wenn man gründliche Ausgrabungen durchführen würde, eine planmäßig angelegte Totenstadt mit Straßen und Kreuzwegen vorfände. Und wahrscheinlich hatte ein jedes Grab seinen kleinen Tumulus aus aufgehäufter Erde, so daß es auch über der Erde Hügelstraßen mit Grabeingängen gab.»*[19]

Eine scharfsichtige und richtige Bemerkung, wie u.a. die Luftaufnahmen des Begräbnisplatzes von Tarquinia zeigen, die vor einiger Zeit gemacht und veröffentlicht wurden.

Der Geist der etruskischen Architektur mit ihren fragilen, vergänglichen, mit Blumenmotiven ausgestalteten Gebäuden, ihren in lebhaften Farben gestrichenen Häusern, festlich mit zerbrechlichen Terrakottafigürchen verzierten Holzpavillons, er wird mit einigen raschen Federstrichen heraufbeschworen.

> *«Daher vergingen die etruskischen Städte so vollständig wie Blumen. Nur die Gräber - die Wurzeln - lagen unter der Erde.»*[20]

Die Bucchero-Keramiken:

> *«...werden aufblühen wie seltsame Blumen - schwarze Blumen, denen die Zartheit und die Empörung des Lebens gegen die Konvention zu eigen ist, oder rotschwarze Blumen, die mit erheiternd freien und kühnen Szenen gemalt sind. Fast immer äußeert sich in etruskischen Dingen eine Natürlichkeit, die ans Banale grenzt, für gewöhnlich aber diese Grenze nicht überschreitet und bäufig eine so freie und kühme, so frische Originalität erreicht, daß wir, die wir die Konvention und die auf eine Norm reduzierte Dinge lieben, solche Vollendung als eine "Bastard" Kunst und Banalität bezeichnen.*
>
> *Es ist nutzlos, etruskische Dinge zu betrachten, um sich zu*

> *erheben. Wenn man Erhebung wünscht, so gehe man zu den Griechen und zur Gotik. Möchte man Masse haben, gehe man zu den Römern. Liebt man aber die alten, spontanen Ausdrucksformen, die sich niemals auf einen Leisten bringen lassen, so gehe man zu den Etruskern.»*[21]

Und schließlich die mit Reliefs verzierten Urnen von Volterra:

> *«Höchst eigenartig sind diese klassischen Sujets: Sie wirken so unklassisch!... Die griechische und römische verkochte Kunstform weicht hier der rauhen Schärfe und einer gewissen Wildheit von Licht und Schatten, die die spätere Gotik ankündigt, die aber noch durch den schwerfälligen Mystizismus des Ostens niedergehalten wird.»*[22]

Wer eines Tages die noch ungeschriebene Geschichte der etruskischen Kunst schreiben wird, dürfte nicht umhinkommen, diese Anmerkungen zu berücksichtigen, die nicht nur brillante Wortspielereien bieten, sondern der Kritik eher standhalten und eine anregendere Fülle besitzen als viele dicke Wälzer, die von bedeutenden Archäologen veröffentlicht wurden.

Alles in allem ist es die Liebe zu den Dingen, die uns ihnen näherbringt und uns hilft, deren Wesen zu verstehen. Auch die Gelehrten brauchen sie. Der nüchterne und essigsaure kleine Deutsche, den Lawrence erfand, könnte inzwischen ein tadelloser Archäo- oder Philologe geworden sein, ein hervorragender Katalogisierer von antiken Webstuhl-Gewichten, ein Spezialist für Nasen und Ohren von Statuen, einer jener hartnäckigen Kritiker, die, wenn sie ein Werk über antike Geschichte oder Kunst schreiben, zufällig ein Webstuhl-Gewicht vergessen oder eine Nase bzw. ein Ohr ungenau beschrieben haben; ich bestreite jedoch, daß er ein Historiker im vollen Sinn des Wortes geworden ist. Geschichtsforschung kann nicht ohne Leidenschaft und Begeisterung betrieben werden, da sie von Natur aus ein um so schwierigeres und aufregenderes Abenteuer ist, je größer die Hindernisse sind und je weniger vorhersehbar das Endziel ist.

Die etruskologische Forschung und der moderne «Etruskerroman» sind durchaus zwei ganz verschiedene Dinge. Der Etruskologe kann jedoch die Anziehungskraft, die der Gegenstand seiner

Forschung auf unsere gesamte Kultur ausübt, nicht ganz ignorieren. Er muß sich damit auseinandersetzen, die emotionalen Impulse aufgreifen und darf keine Angst vor ansteckender Begeisterung haben. In diesem Sinn laufen die auseinanderstrebenden Wege zusammen und die Wissenschaft kann wieder einmal zugeben, daß sie in der Dichtung Schuld steht.

Nachweis der Zitate

[1] George Dennis, Die Städte und Begräbnisplätze Etruriens; Deutsch von Dr. H.U.W. Meißner, Leipzig 1852
[2] Giosuè Carducci, Ausgewählte Gedichte, deutsch von Otto Haendler, Dresden 1905
[3] George Dennis, a.a.O.
[4] D.H. Lawrence, Etruskische Stätten
[5] a.a.O.
[6] George Dennis, a.a.O.
[7] D.H. Lawrence, a.a.O.
[8] Giosuè Carducci, a.a.O.
[9] D.H. Lawrence, a.a.O.
[10] Aldous Huxley, Kontrapunkt des Lebens, deutsch von Herberth E. Herlitschka, München 1976
[11] D.H. Lawrence, a.a.O.
[12] a.a.O.
[13] a.a.O.
[14] Aldous Huxley, Parallelen der Liebe, Frankfurt a.M. 1961, deutsch von Herberth E. Herlitschka
[15] a.a.O.
[16] a.a.O.
[17] D.H. Lawrence, a.a.O.
[18] a.a.O.
[19] a.a.O.
[20] a.a.O.
[21] a.a.O.
[22] a.a.O.

ETRUSKISCHE STÄTTEN

Die Zahlen am Seitenrand beziehen sich auf die außertextlichen Abbildungen.

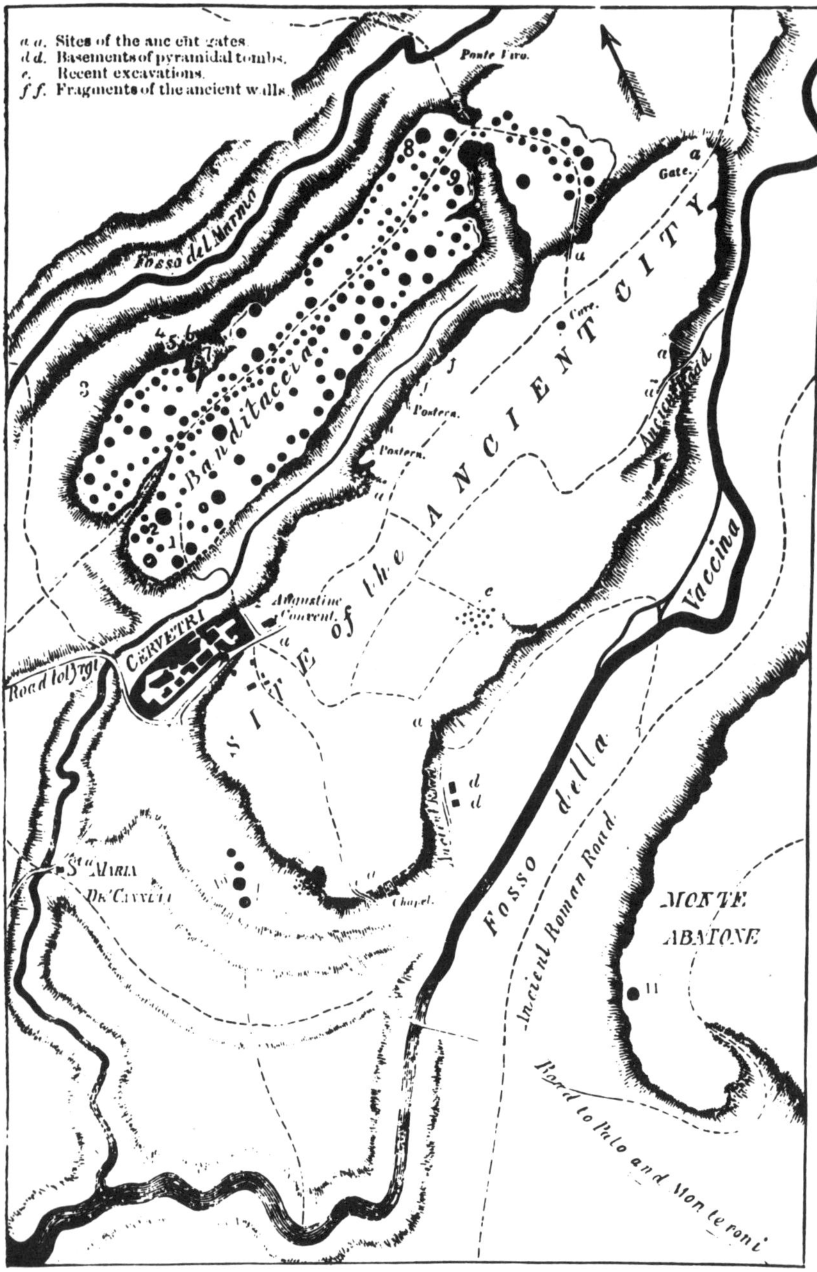

Adapted from Canina.

PLAN OF CÆRE AND ITS NECROPOLIS.

1. CERVETERI

Die Etrusker waren, wie jedermann weiß, das Volk, das in der römischen Frühzeit Mittelitalien bewohnte und das die Römer, auf ihre übliche gutnachbarliche Manier, völlig ausrotteten, um für Rom — ein sehr groß geschriebenes Rom — Raum zu schaffen. Sie hätten sie nicht alle ausrotten können, es gab ihrer zu viele. Aber sie vernichteten die etruskische Existenz als Volk und Nation. Jedenfalls scheint dies das unvermeidliche Ergebnis jener sehr groß geschriebenen Expansion zu sein, die für Leute wie die Römer die einzige *raison d'être* darstellt.

Nun wissen wir nichts über die Etrusker, mit Ausnahme dessen, was wir in ihren Gräbern finden. Es gibt Hinweise auf sie bei lateinischen Schriftstellern. Doch Kenntnisse aus erster Hand geben nur die Gräber. Daher müssen wir zu den Gräbern gehen: oder zu den Museen, die das aus den Gräbern Entwendete enthalten.

Ich sah etruskische Funde zum erstenmal mit Bewußtsein im Museum von Perugia; instinktiv fühlte ich mich von ihnen angezogen. Und so scheint es einem damit zu gehen: Entweder entsteht sofortige Sympathie oder sofortige Verachtung und Gleichgültigkeit. Die meisten Leute verwarfen alles Vorchristliche, was nicht griechisch ist, aus dem guten Grunde, daß es von Rechts wegen griechisch zu sein hätte, was es aber nicht ist. Daher wird alles Etruskische als schwache griechisch-römische Nachahmung bezeichnet und dadurch herabgesetzt. Und ein großer Gelehrter und Historiker wie Mommsen läßt es kaum zu, daß die Etrusker überhaupt existierten. Ihre Existenz war ihm unsympathisch. Der Preuße in ihm begeisterte sich an dem Preußen, der in den römischen Welteroberern steckt. Obwohl er ein großer Gelehrter und Historiker war, bestritt er nahezu die große Existenz des etruskischen Volkes. Der Gedanke an sie behagte ihm nicht. Das war viel für einen großen Gelehrten und Historiker. Außerdem waren die Etrusker lasterhafte Leute. Wir wissen das, weil es ihre Feinde und Vernichter behauptet haben. Genauso, wie wir über die unsägliche Niedertracht *unserer* Feinde im letzten Kriege Bescheid wissen. Wer erscheint seinem Feinde nicht als lasterhaft? In den Augen meiner Verleumder bin ich ein wahres Abbild des Lasters. *A la bonne heure!*

Diese lauteren Römer mit ihrem sauberen Lebenswandel, ihrem sanften Gemüt, die eine Nation nach der andern zerschmetterten, in einem Volk nach dem andern die freie Seele unterdrückten und von Messalina, Heliogabal und ähnlichen Tugendlämmern regiert wurden — die Römer sagten, die Etrusker seien lasterhaft. Also *basta! Quand le maître parle, tout le monde se tait.* Die Etrusker waren lasterhaft. Wahrscheinlich das einzige lasterhafte Volk im Angesicht der Erde. Du und ich, lieber Leser, wir sind doch ohne Makel wie reiner Schnee, nicht wahr? So sind wir durchaus befugt, ein Urteil zu fällen.

Ich freilich bin froh, daß die Etrusker lasterhaft waren, falls sie es wirklich waren. Dem Puritaner sind alle Dinge unrein, wie irgend jemand sagt. Und diese unartigen Nachbarn der Römer wurden wenigstens davor bewahrt, Puritaner zu sein.

Doch zu den Gräbern, zu den Gräbern! An einem sonnigen Aprilmorgen machen wir uns auf zu den Gräbern. Aus Rom, der ewigen Stadt, die jetzt ein schwarzes Käppchen trägt. Es ist kein weiter Weg — etwa zwanzig Meilen durch die Campagna auf das Meer zu, in der Bahn nach Pisa.

Die Campagna mit ihrer großen grünen Weizenfläche ist fast wieder menschlich. Es gibt aber noch sumpfige, leere Strecken, auf denen jetzt die kleine Narzisse steht, in Büscheln oder ganze Felder bedeckend. Und an diesem sonnigen Morgen in den ersten Apriltagen gibt es auch grüne und schaumweiße Plätze, die die Kamille einnimmt.

Wir begeben uns nach Cerveteri, dem antiken Caere oder Cere, das auch einen griechischen Namen führte: Agylla. Wahrscheinlich war es schon eine heitere und prächtige Stadt, als die Römer ihre ersten spärlichen Strohhütten bauten. Jedenfalls gibt es dort jetzt Gräber.

Das unschätzbare große italienische Kursbuch sagt, die Station heiße Palo und Cerveteri sei davon achteinhalb Kilometer entfernt: etwa fünf Meilen. Doch gäbe es einen Postomnibus.

Wir kommen in Palo an, einem Bahnhof im Niemandsland, und fragen, ob ein Omnibus nach Cerveteri fährt. Nein! Eine Art uralter Leiterwagen mit einem uralten Schimmel steht draußen. Wohin er fährt? Nach Ladispoli; so starren wir auf die Landschaft. Könnten wir nicht irgendein Gefährt bekommen? Das wäre schwierig. So sagen sie immer: schwierig! Es bedeutet: unmöglich! Jedenfalls rühren sie nicht einen Finger, um uns zu helfen. Gibt es ein Hotel in Cerveteri? Das wissen sie nicht. Keiner von ihnen ist jemals dort gewesen, obwohl es nur fünf Meilen entfernt liegt und es dort Gräber gibt. Nun schön, so werden wir unsere beiden Reisetaschen am Bahnhof zurücklassen. Aber sie können sie nicht entgegennehmen. Weil sie nicht verschlossen sind. Doch war eine Plaidrolle je verschließbar? Schwierig! Nun gut, dann lassen wir sie eben zurück; stehlt, wenn ihr Lust habt! Unmöglich! Solch eine moralische Verantwortung! Es ist unmöglich, eine kleine unverschlossene Plaidrolle am Bahnhof zurückzulassen. Soviel über die Beamten.

Wir versuchen es indessen mit dem Mann an dem kleinen Büfett. Er ist wortkarg, scheint aber ordentlich zu sein. In einer Ecke des dunklen kleinen Restaurants überlassen wir unsere Sachen ihrem Schicksal und machen uns zu Fuß auf den Weg. Glücklicherweise ist es erst kurz nach zehn Uhr früh.

Eine flache weiße Straße, auf deren ersten paar hundert Metern uns eine sehr vornehme Allee von stolzen Schirmpinien begleitet. Eine Straße nicht weit vom Meer, eine nackte, ebene, weiße Straße; in der Ferne nichts als ein bedachter Ochsenwagen, wie eine mächtige Schnecke mit vier Hörnern. Den Wegrand ziert der hohe rosatupfige Affodill, etwas zufällig, und Katzengeruch verbreitend. Zur Linken liegt die See hinter dem flachen grünen Weizen, das Mittelmeer mit dem matten und stumpfen Glanz, der ihm an flachen Gestaden eigen ist. Vor uns sind Hügel und der ausgezackte Flecken eines grauen Dorfes mit einem häßlichen großen, grauen Gebäude: das ist Cerveteri. Wir schleppen uns voran auf der eintönigen Straße. Immerhin sind es nur etwas über fünf Meilen.

Wir kriechen näher heran und beginnen den Anstieg. Wie die meisten etruskischen Städte krönte Caere einen Hügel mit klippenartigen Hängen. Nicht daß dieses Cerveteri eine etruskische Stadt wäre! Das etruskische Caere wurde von den Römern verschlungen, und nach dem Untergang des römischen Reiches verschwand es völlig von der Bildfläche. Aber in schwachem Ausmaße lebte es wieder auf, und heute kommen wir zu einem von grauen Wäldern umschlossenen, alten italienischen Dorfe mit einigen neuen kastenartigen rosa Häusern und Villen außerhalb der Wälle.

Wir durchschreiten ein Tor — Männer führen hier ihre Gespräche und Maultiere warten angehalftert — und halten in den krummen grauen Gäßchen nach einem Lokal Ausschau, in dem wir essen können. Wir sehen die Ankündigung: *Vini e Cucina* (Weine und Küche); aber es ist nur eine tiefe Höhle, in der Maultiertreiber schwärzlichen Wein trinken.

Wir fragen indessen den Mann, der den Postomnibus auf der Straße reinigt, ob es noch ein anderes Lokal gebe. Er verneint; so gehen wir hinein in die Höhle, ein paar Stufen hinunter.

Jedermann ist dort vollendet höflich. Aber das Essen ist das übliche: sehr schwache Fleischbrühe, in der dünne Makkaroni schwimmen; das Kochfleisch, aus dem die Brühe entstand, und Kaldaunen; dazu Spinat. Die Brühe schmeckt nach nichts, das Fleisch fast nach noch weniger; der Spinat, o weh, wurde in dem vom gebrühten Rindfleisch abgeschöpften Fett gekocht. Es ist eine Mahlzeit — mit einem Stück sogenannten Schafkäse, der nur aus Salz und ranzigem Geschmack besteht und wahrscheinlich aus Sardinien stammt, mit Wein, der wie der schwarze Wein Kalabriens schmeckt, es wahrscheinlich auch ist, und mit viel Wasser vermischt wurde. Doch es ist eine Mahlzeit. Wir werden nun zu den Gräbern gehen.

In der Höhle renommiert ein gespornter Hirte, der Hosen aus Ziegenfell trägt; das lange rostbraune Ziegenhaar hängt ihm zottig von den Beinen herunter. Er grinst und trinkt Wein, und sofort glaubt man, den zottelbeinigen Faun vor sich zu sehen. Sein Gesicht ist ein Faunsgesicht, das keine Moral abgestumpft hat. Er grinst still vor sich hin und spricht sehr gedämpft und scheu mit dem Burschen, der Wein aus den Fässern zapft.

Offensichtlich sind Faune scheu, sehr scheu, vor allem gegenüber modernen Menschen, wie wir es sind. Er betrachtet uns von der Seite, bückt sich, wischt sich den Mund mit dem Handrücken, und fort ist er; mit den haarigen Beinen klettert er auf sein mageres Pony, dreht sich im Kreise und klappert davon mit deutlichem leisen Hufschlag, unter den Wällen hindurch und hinaus ins Freie. Er ist der Faun, der wiederum dem Bereiche der Stadt entrinnt, weit scheuer und flüchtiger als irgendeine christliche Jungfrau.

Es fällt mir auf, wie selten man das Faunsgesicht jetzt in Italien sieht, das man so oft vor dem Kriege sehen konnte: das braune, nahezu unbewegliche, gradnasige Gesicht mit einem kleinen schwarzen Schnurrbart und oft auch einem buschigen schwarzen Bärtchen; mit gelben Augen, die sich scheu unter langen Lidern verbargen, aber gelegentlich mit einem eigenartigen Glanz zu starren vermochten, und beweglichen Lippen, die auf seltsame Weise beim Reden die Zähne zeigten: leuchtende weiße Zähne. Es war ein uralter Menschenschlag, der im Süden sehr verbreitet ist. Doch jetzt wird man kaum noch solche Männer antreffen, mit dem unbewußten, nicht fratzenhaften Faunsgesicht. Sie alle sind offenbar im Kriege gefallen: sie konnten damit rechnen, solch einen Krieg nicht zu überleben. Jedenfalls wird der letzte, den ich kenne, ein tüchtiger Bursche in meinem Alter — in den Vierzigern — jetzt zu einem grämlichen Sonderling, bedrückt von wiederauflebenden Kriegserinnerungen und unbarmherzig ihren Weg gehenden Weibsbildern. Wahrscheinlich wird er verschwunden sein, wenn ich wieder nach dem Süden fahre. Sie können nicht leben bleiben, die Faunsgesichtigen, mit ihren reinen Konturen und ihrer seltsamen amoralischen Ruhe. Nur die ihres Reizes beraubten Gesichter überleben.

Soviel über einen Maremmahirten! Wir traten hinaus auf die sonnige Aprilstraße dieses Cerveteri, Cerevetus, des alten Caere. Es ist ein abgenutztes kleines, von einem Wall umschlossenes Gassengewirr. Zur Linken erhebt sich die Zitadelle, die Akropolis, der Burgplatz, der der *Arx* in etruskischen Städten entspricht. Doch jetzt liegt der Burgplatz verlassen, mit einem großen langweiligen Gebäude, das aussieht wie ein Gouverneurspalast oder ein Bischofspalais und sich auf dem Gipfel hinter dem

Burgtor ausbreitet[1]; darunter erstreckt sich ein trostloser abschüssiger Hof, den eine verfallene Mauer umschließt. Der Platz ist verlorener, als es Worte ausdrücken können, ausgestorben und noch zu groß für das graue Gewirr der unbewohnten Gassen darunter.

Das Mädchen in der Höhle, ein nettes Mädchen, aber eine schlechte Köchin, hat uns einen Führer gefunden, offenbar ihren Bruder, der uns zur Gräberstadt bringen soll. Er ist ein Junge von etwa vierzehn Jahren und wie jedermann in diesem gottverlassenen Nest scheu und argwöhnisch, abweisend. Er bittet uns zu warten, während er irgendwohin läuft. So trinken wir Kaffee in dem winzigen Café, vor dem sich der Omnibus den ganzen Tag über ausruht, bis zur Rückkehr unseres Führers und eines anderen Knaben, der ihn begleiten und ihm beistehen soll. Die beiden Jungen schließen sich eng aneinander, sichern eine kleine Welt vor uns ab und gehen vor uns her, wobei sie uns nicht beachten, soweit das möglich ist. Der Fremde ist stets eine Bedrohung. Die BK und ich sind zwei harmlose Leute mit ruhigen Manieren. Der erste Junge aber getraute sich nicht, allein mit uns zu gehen. Allein! Er hätte sich gefürchtet wie im Dunkeln.

Sie führten uns durch das einzige Tor der alten Stadt. Maulesel und Ponies waren auf dem abschüssigen öden Platze davor angebunden, und Packesel trafen ein, wie in Mexiko. Wir wandten uns nach links, unter dem Felsen, auf dessen Gipfel der sogenannte Palast emporragt, dessen Fenster in die Welt hinausschauen. Es sieht aus, als hätten die Etrusker einstmals diese ganze untere Vorderseite des Felsens ausgehauen und als wäre der ganze Kamm, auf dem jetzt das von seinem Wall umschlossene Dorf Cerveteri steht, früher die *Arx* gewesen: die Arche, die innere Zitadelle und der heilige Platz der Stadt Caere oder Agylla, der glänzenden etruskischen Stadt mit ihren griechischen Vierteln. Es gab einen ganzen Vorort mit griechischen Siedlern aus Ionien, oder vielleicht aus Athen, im geschäftigen Caere, während Rom noch ein recht ungesitteter Ort war. Um das Jahr

[1] Es handelt sich hingegen um eine enorme mittelalterliche Scheune, örtlich bekannt als "granarone".

390 vor Christi Geburt stürzten sich die Gallier auf Rom. Damals brachten die Römer die vestalischen Jungfrauen und andere Frauen sowie die Kinder nach Caere, und die Etrusker sorgten für sie in ihrer reichen Stadt[2]. Vielleicht wurden die Vestalinnen auf diesem Felsen untergebracht. Vielleicht auch nicht. Möglicherweise lag Caere nicht genau an dieser Stelle. Sicherlich dehnte es sich auf diesem gleichen Hügel nach Süden und Osten aus, nahm die ganze kleine Hochebene ein, die einen Umfang von vier oder fünf Meilen hatte, und entfaltete sich zu einer großen Stadt, die dreißigmal so groß war wie das heutige Cerveteri. Doch die Etrusker bauten alles aus Holz — Häuser und Tempel —, alles außer den Festungswällen, den großen Toren, den Brücken und der Kanalisation. Daher vergingen die etruskischen Städte so vollständig wie Blumen. Nur die Gräber — die Wurzeln — lagen unter der Erde. Aber die Etrusker bauten ihre Städte, wo immer das möglich war, auf einer langen schmalen Hochebene oder auf einem Vorgebirge, das das umliegende Land überragte, und schätzten einen Felsen als Basis, wie die Leute in Cerveteri. Rings um diesen Felsen, dieses Vorgebirge, zog sich der Festungswall; zuweilen war es eine meilenlange Umfriedung. Und innerhalb der Wälle hatten sie einen hochgelegenen Platz; die *Arx,* die Zitadelle. Vor den Mauern bevorzugten sie eine scharf abfallende Senke oder Schlucht, mit einem entsprechenden Hügel auf der anderen Seite. Und auf diesem Parallelhügel legten sie die Totenstadt an, die Nekropole. So konnten sie auf ihren Wällen stehen und über die Schlucht hinwegschauen, wo der Fluß zwischen seinen Böschungen dahinströmte — hinüber von der Stadt des Lebens mit ihren bemalten Häusern und Tempeln zu der nahegelegenen Stadt ihrer lieben Toten, die freundlich aussah mit ihren ebenen Wegen, ihren Steinsymbolen und bunten Fassaden.

So ist es auch in Cerveteri. Von der Küstenebene — und das Meer lag wahrscheinlich ein oder zwei Meilen näher in etruskischen Tagen — steigt der Boden sanft an bis zu den Felsen der Stadt mit ihren niedrigen Kuppen. Wendet man sich aber von dem Tor landeinwärts, so kommt man unter dem niedrigen, aber

[2] Livius V; 40.

schroffen Stadtfelsen vorbei und geht den steinigen Weg zu der kleinen Schlucht hinunter.

Hier unten im Bett des Gießbachs hat die Stadt — oder besser Dorf — ein Waschhaus[3] gebaut, wo die Frauen ruhig ihre Wäsche waschen. Es sind gutaussehende Frauen der alten Welt, von jener sehr anziehenden Lautlosigkeit und Insichgekehrtheit, wie sie die Frauen früher besessen haben müssen. Als wenn es in der Frau wieder etwas zu suchen gäbe, was das Auge niemals völlig zu ergründen vermag. Etwas, was wohl verlorengehen kann, was sich aber nie ganz finden läßt.

Auf der andern Seite der Schlucht geht es eine Weile steil bergan auf einem engen Felspfad; die beiden Jungen klettern apathisch voraus. Wir kommen an einer in den Fels gehauenen Öffnung vorbei. Ich spähe in die feuchte, dunkle Zelle hinein, die offenbar einstmals ein Grab gewesen ist. Aber diese kleine, jetzt ganz verlassene Felsenkammer war wohl für unbedeutende Leute bestimmt. Die großen Gräber in der *Banditaccia* sind mit Erdhügeln bedeckt, den *Tumuli.* Keiner würdigt diese moderigen, im Gebüsch versteckten Felskämmerchen eines Blicks. So klettere auch ich eilig den andern nach, um auf der offenen, rauhen, unbebauten Ebene aufzutauchen.

Es war wie Mexiko, in kleinerem Maßstab: die offene, verlassene Ebene; in naher Entfernung kleine, pyramidenförmige Berge, aufrecht auf den Boden gesetzt; und davor ein berittener Hirt, der um eine Herde von Schafen und Ziegen herumgaloppierte und sehr klein aussah. Es war genau wie Mexiko, nur sehr viel kleiner und zugleich menschlicher.

Die Jungen gingen voraus über das Brachland, auf dem viele Blumen wuchsen: winziges purpurnes Eisenkraut, winzige Vergißmeinnicht und viel wilde Reseden, die einen schwachen süßen Duft ausströmten. Ich fragte die Jungen, wie sie die nannten. Sie gaben die übliche nichtssagende Antwort: «Es ist eine Blume!» Auf den Böschungen am Rande der Schlucht wuchs der Affodill

[3] Die alte Zufahrtsstrasse zur Nekropole, die Via del Lavatore, verlief vom heutigen Ort aus nach Osten. Vom "lavatore", dem Waschhaus, überquerte man den Manganello-Graben und stieg am Hang der weitläufigen Anhöhe von Banditaccia hinauf. Heute folgt der allgemeine Zugang einem anderen Weg, von der westlichen Seite des Ortes aus.

wild und dicht, mit hohen und etwas unregelmäßigen rosa 58
Blüten, die mir bis an die Schulter reichten. Ich nahm an, daß die Jungen bestimmt einen Namen dafür hätten. Doch nein! Töricht gaben sie die gleiche Antwort: «*È un fiore. Puzza!*» («Es ist eine Blume. Sie stinkt!») — Da sich beide Fakten von selber verstanden, gab es keine Widerrede. Freilich habe ich gegen den Geruch des Affodill nichts einzuwenden: und ich finde die Blume, jetzt, da ich sie gut kenne, sehr schön: besonders ihre Eigenart, einige blasse, große, sternförmige rosa Blüten zu öffnen, während viele Knospen mit ihren dunklen, rötlichen Streifen geschlossen bleiben.

Viele Leute sind indessen sehr enttäuscht über die Griechen, weil sie soviel Aufhebens von dieser Blume machten. Allerdings läßt das Wort «Affodill» eine hohe und geheimnisvolle Lilie erwarten, nicht diese sprühende, dezidierte Blume, die ein klein wenig an die Zwiebel erinnert. Ich aber habe nichts übrig für geheimnisvolle Lilien, nicht einmal für jene absonderliche Scheu, die der Mariposa-Lilie eigen ist. Und seit ich dort in Sizilien auf den Felsen stand, während der rosa Affodill stolz aufstieg wie Wolken überm Meer, höher als ich selber, und verschiedenartige rosa Blüten mit einem so scharfen und lebhaften Glanz abwarf, zugleich aber solch einen Vorrat gestreifter Knospen aufsparte, gestehe ich, daß ich die Blume bewundere. Ihr eignet eine gewisse unbekümmerte Herrlichkeit, wie die Griechen sie liebten.

Jemand sagte mir, seiner Meinung nach sei es unrichtig, sie als griechischen Affodill zu bezeichnen, da der Affodill irgendwo auf griechisch gelb genannt werde. Infolgedessen, erklärte mir dieser gelehrte Engländer, sei der Affodill der Griechen wahrscheinlich die gelbe Narzisse.

Doch das stimmt nicht! Es gibt einen sehr hübschen und gelbseidenen Affodill auf dem Ätna, wie reines Gold. Und jedermann weiß, wie sehr die wilde gelbe Narzisse in Griechenland verbreitet ist. Offenbar ist sie nicht eine ausgesprochene Mittelmeerblume. Die echte Narzisse, *Polyanthus narcissus,* ist am Mittelmeer und in Griechenland heimisch. Aber die gelbe Narzisse, die Fastenlilie!

Jedenfalls: man vertraue nur einem Engländer, und dazu

einem modernen, wenn er das Bedürfnis verspürt, den schlanken, stolzen, sprühenden Draufgänger Affodill in die bescheidene gelbe Narzisse zu verwandeln. Ich glaube, wir lieben den Affodill nicht, weil wir nichts Stolzes und Sprühendes lieben! Die Myrte öffnet ihre Knospen genau auf die gleiche Weise wie der Affodill: explosiv, indem sie die Funken ihrer Staubfäden aussprüht. Und ich meine: eben das haben die Griechen *gesehen.* Sie selber waren so.

Nun, das sind alles Gedanken auf dem Weg zu den Gräbern, die vor uns liegen: pilzförmige Grashügel, große pilzförmige Hügel, die sich am Rande der Schlucht entlangziehen. Wenn ich von einer Schlucht spreche, so stelle man sich nicht eine Art großen Cañon vor! Es ist nur eine bescheidene Gießbachschlucht im italienischen Stil, die man nahezu hinunterspringen könnte.

Als wir näher kommen, sehen wir, daß die Hügel Mauerwerk als Fundament haben; breite Einfassungen aus gemeißelten und abgeschrägten Steinen umschließen sie und berühren den Boden in nachgiebigen und ungleichmäßigen Linien, wie die Einfassungen großer unbeholfener Bojen, die halb im Meer versunken sind. Und sie sind etwas im Boden eingesunken. Und es gibt dort eine Hügelallee mit einem eingesunkenen Weg zwischen den Reihen, der parallel zur Schlucht läuft. Augenscheinlich war das die große Allee der Gräberstadt, wie im Dollarmillionen-Friedhof von New Orleans. *Absit omen!*

Zwischen uns und den Hügeln befindet sich ein Stacheldrahtzaun. Es gibt eine Drahttür, auf der geschrieben steht, man dürfe die Blumen nicht abpflücken; man weiß nicht, was damit gemeint ist, denn es gibt keine Blumen. Und eine andere Bekanntmachung sagt, man solle dem Führer kein Trinkgeld geben, denn er sei unentgeltlich. Die Jungen laufen zu dem neuen Betonhäuschen gleich daneben und holen den Führer: einen jungen Mann mit roten Augen und einer verbundenen Hand. Vor einem Monat hat er einen Finger durch einen Eisenbahnunfall verloren. Er ist verlegen und murmelt etwas vor sich hin, hat kein einnehmendes und munteres Wesen, aber stellt sich als ganz annehmbar heraus. Er nimmt Schlüssel mit und eine Acetylenlampe; dann gehen wir durch die Drahttür zum Gräberplatz.

Eine sonderbare Stille und eine seltsam friedliche Ruhe geht

von den etruskischen Orten aus, die sich von der unheimlichen
Stimmung keltischer Grabstätten unterscheidet und von dem
leichten Widerwillen, den Rom und die alte Campagna hervor-
rufen, dem Gefühl des Entsetzens, das einen auf den großen
Pyramidenplätzen in Mexiko, Teotihuacan, Cholula und in
Mitla im Süden überkommt; oder den liebenswürdig götzenhaf-
ten Buddha-Kultstätten in Ceylon[4]. Eine sanfte Stille umgibt
diese großen Grashügel mit ihren uralten Steinumfassungen, und
auf dem Mittelweg ist noch so etwas wie ein schlichtes Glücksge-
fühl zurückgeblieben. Gewiß war es ein ruhiger und sonniger
Aprilnachmittag, und aus dem zarten Grase auf den Gräbern
stiegen Lerchen auf. Aber etwas Stilles und Lindes erfüllte die
ganze Luft an diesem versunkenen Orte, und man hatte das
Gefühl, daß es der Seele guttat, hier zu sein.

Es blieb so, als wir die wenigen Stufen hinunterstiegen und die
Grabkammern im Innern des *Tumulus* betraten. Es ist nichts 7
darin zurückgeblieben. Sie sind wie ein Haus, das reingefegt
wurde: die alten Bewohner sind ausgezogen; nun wartet es auf
die nächsten. Aber wer es auch war, der fortging: er hat ein
angenehmes Gefühl zurückgelassen, das das Herz erwärmt und
den Eingeweiden wohltut.

Sie sind überraschend geräumig und ansehnlich, diese Woh-
nungen der Toten. Aus dem lebendigen Fels gehauen, gleichen
sie Häusern. Auf dem Dach ist ein Balken ausgemeißelt, der den
Dachbalken des Hauses imitieren soll. Es ist ein Haus, ein Heim.

Tritt man ein, gelangt man in zwei kleine Kammern, eine zur
Rechten, die andere zur Linken: die Vorräume. Es heißt, hier sei
die Asche der Sklaven in Urnen auf den großen Felsenbänken
bewahrt worden. Denn vermutlich wurden die Sklaven immer
verbrannt. Hingegen wurden die Herren in Cerveteri in Lebens-
größe aufgebahrt, zuweilen in den großen steinernen Sarkopha-
gen, zuweilen in großen Särgen aus Terrakotta, mit allen
Zeichen ihrer Würde. Doch meistens wurden sie nur auf das
breite Felsenbett gelegt, das um das Grab herumläuft und jetzt
leer ist: friedlich auf eine offene Bahre gelegt, nicht in Sarkopha-
ge eingeschlossen, ruhend, als ob sie noch lebten.

[4] L. besuchte 1922 Ceylon, wo er zu Gast bei Brewster war. Später im gleichen Jahr bereiste er Mexiko.

Die mittlere Kammer ist recht groß; ein mächtiger viereckiger Felsenpfeiler blieb in der Mitte zurück, der offenbar das solide Dach trug, so wie ein Firstbalken ein Hausdach abstützt. Und rings um die Kammer läuft das breite Felsenbett, zuweilen in doppeltem Rang, auf das man, in ihren Särgen oder offen auf ornamentierten hölzernen und steinernen Bahren, die Toten legte: einen Mann in glitzernder goldener Rüstung oder eine Frau in weißen und purpurnen Gewändern, mit großen Kolliers um den Hals und Ringen an den Händen. Hier lag die Familie, lagen die großen Häuptlinge und ihre Frauen, die *Lucumones* und ihre Söhne und Töchter, viele in einem Grab.

Auf der anderen Seite ist wieder ein recht schmaler Sarg in den Fels gehauen: er verengt sich nach oben, wie in Ägypten. Auch anderes erinnert an Ägypten: aber im ganzen ist hier alles einfach, schlicht, für gewöhnlich ohne Ornamente, und mit jenen ungezwungenen, natürlichen Proportionen, deren Schönheit man kaum gewahr wird; so selbstverständlich, naturhaft entstehen sie. Es äußert sich darin jene Schönheit der Proportion, wie sie dem phallischen Bewußtsein eigen ist, im Gegensatz zu der durchdachteren oder ekstatischeren Proportion des zerebralen und geistigen Bewußtseins, an das wir gewohnt sind.

Durch den inneren Torweg gelangt man zur letzten Kammer, einem kleinen und dunklen Raum, dem wichtigsten der ganzen Anlage. Gegenüber der Tür befindet sich das steinerne Bett, auf das vermutlich der *Lucumo* und die geweihten Schätze des Toten gelegt wurden: das kleine bronzene Todesschiff, das in die andere Welt hinübertragen sollte, die Gefäße mit den Edelsteinen, die ihm zum Schmuck dienten, Gefäße für kleine Gerichte, die kleinen Bronzestatuetten und Werkzeuge, die Waffen, die Rüstung: das ganze Reisegepäck des prominenten Toten.

Oder zuweilen lag auch die Frau in der inneren Kammer: die große Dame, in all ihren Gewändern, mit dem Spiegel in der Hand, während ihre Schätze, ihre Edelsteine, Kämme und die silbernen Kästchen mit den Schönheitsmitteln in Urnen oder Gefäßen neben ihr aufgereiht waren. Prunkvoll war die Ausstattung, mit der sie in den Tod gingen.

8 Eines der bedeutendsten Gräber ist das Grab der Tarquinier, der Familie, die dem frühen Rom etruskische Könige schenkte.

Man geht dort einige Treppenstufen hinunter und betritt das unterirdische Heim der *Tarchne,* wie die Etrusker schrieben. Inmitten der großen Kammer stehen zwei Pfeiler, die vom Felsen übrigblieben. Die Wände des großen Wohnzimmers der toten Tarquinier, wenn man so sagen darf, sind mit Stuck geschmückt, aber ohne Malereien. Nur Inschriften stehen an der Wand und ebenso in den darin eingelassenen Grabnischen über dem langen doppelreihigen Steinbett; es sind kleine Sätze, die ungezwungen in roter oder schwarzer Farbe hingeschrieben oder mit dem Finger in den Stuck eingekratzt wurden; schräglaufend, in jener echt etruskischen Unbekümmertheit und Lebensfülle, oft auch abwärts laufend, von rechts nach links geschrieben. Diese wohlmeinenden Inschriften, die aussehen, als hätte sie jemand erst hingekritzelt, ohne sich etwas dabei zu denken, können wir unschwer lesen in ihren archaischen etruskischen Buchstaben. Aber wenn wir sie gelesen haben, wissen wir nicht, was sie bedeuten. *Avle — Tarchnas — Larthal — Clan.* Das ist einfach genug. Es sind Namen, Familiennamen, Familienbeziehungen, Titel des Verstorbenen — soviel können wir unterstellen. «Aule, Sohn des Larte Tarchna», sagen die Gelehrten, die soweit gediehen sind. Aber wir können nicht einen einzigen Satz verstehen. Die etruskische Sprache ist ein Geheimnis. Und doch war sie in Caesars Tagen die Umgangssprache der meisten Leute in Mittelitalien — oder zumindest in Ostmittelitalien. Viele Römer sprachen etruskisch, wie wir französisch reden. Trotzdem ist die Sprache jetzt völlig vergessen. Das Schicksal geht sonderbare Wege.

Das *Grotta Bella* genannte Grab ist interessant wegen der 9
Flachreliefs und der Stuckreliefs auf den Pfeilern und den Wänden rings um die Grabnischen und über dem steinernen Totenbett, das um die Grabkammer herumläuft. Die meisten dargestellten Gegenstände sind Waffen und kriegerische Abzeichen: Schilde, Helme, Brustharnische, Beinschienen, Schwerter, Speere, Schuhe, Gürtel, das Halsband eines Edelmanns; ferner die geweihte Trinkschale, das Zepter, der Hund, der dem Manne sogar auf seiner Totenreise als Wächter beisteht, die beiden Löwen, die das Tor des Lebens oder Todes flankieren, der Triton oder Meermann und die Gans: der Vogel, der auf dem

Wasser schwimmt und seinen Kopf tief in die Flut des Anfangs und Endes taucht. Sie alle sind auf den Wänden dargestellt. Und sie alle wurden zweifellos, als tatsächliche Gegenstände oder als Sinnbilder, mit in dieses Grab gelegt. Doch nichts ist zurückgeblieben. Wenn wir daran denken, welch einen großen Schatz jedes Grab von einiger Bedeutung enthalten haben muß, und daß jeder große *Tumulus* mehrere Gräber bedeckt, und daß wir in der Gräberstadt von Cerveteri noch Hunderte von Gräbern entdecken können, und daß andere Gräber in großer Zahl auf der andern Seite der alten Stadt, nach dem Meer zu, liegen, so gewinnen wir eine Vorstellung von dem ungeheuren Reichtum, den diese Stadt aufbringen konnte, um ihn mit ihren Toten zu begraben; und das zu einer Zeit, als Rom sehr wenig Gold besaß und selbst Bronze dort rar war.

Die Gräber wirken so behaglich und freundlich, obwohl sie unter der Erde aus dem Fels gehauen wurden. Man fühlt sich nicht bedrückt, wenn man hinabsteigt. Teilweise ist das offenbar dem besonderen Zauber des natürlichen Ebenmaßes zu verdanken, wie er allen etruskischen Dingen der unverdorbenen, noch nicht romanisierten Jahrhunderte eigen ist. Aus Formen und Bewegungen der unterirdischen Wände und Räume sprechen eine Schlichtheit und zugleich eine sehr eigenartige ungezwungene Natürlichkeit, die sofort tröstlich stimmt. Die Griechen waren bestrebt, Eindruck zu machen, und in der Zeit der Gotik war man in noch stärkerem Maße bemüht zu beeindrucken. Nicht so die Etrusker. Die Dinge, die sie während der Jahrhunderte ihres Wohlstandes hervorbrachten, sind ebenso natürlich und ungezwungen wie das Atmen. Sie atmen eine gewisse Lebensfülle. Das gilt sogar für die Gräber. Und darin besteht der wahre Vorzug der Etrusker: in ihrer ungezwungenen Natürlichkeit und ihrem Lebensüberschwang. Sie haben nicht das Bedürfnis, dem Geist oder der Seele eine bestimmte Richtung aufzuzwingen.

Und der Tod war für die Etrusker eine heitere Fortsetzung des Lebens, mit Edelsteinen und Wein und mit Flöten, die zum Tanz aufspielten. Er war weder eine ekstatische Seligkeit, ein Himmel, noch ein qualvolles Purgatorium. Er war einfach eine natürliche Fortdauer der Lebensfülle. Alles fand seinen Ausdruck in Begriffen des Lebens, des Lebendigen.

1. *Maremma-Landschaft bei der Nekropolis von Cerveteri in den 20er Jahren. Im Hintergrund eine Schäferhütte und die Ceriti-Berge.*

2. *Die Häuser von Cerveteri, von der Talsohle des Fosso del Manganello aus gesehen.*

3. Banditaccia-Nekropolis. Ausgrabungen von R. Mengarelli, 1911. Tumulus Maroi, 7.-6. Jh. v. Chr.; beherbergt drei Gräber.

4. Kleiner Platz vor dem Tumulus Maroi; weiter hinten mehrfarbiger Tumulus mit Tuff und Sandsteinstreifen, 5. Jh. v. Chr.

5. Tumulus II. Diente von der Mitte des 7. bis Ende des 5. Jh. v. Chr. als Grabstätte. Beherbergt vier unterschiedliche Gräber. Im Vordergrund die "phallischen" Säulenstümpfe.

6. Tumulus II, vom Westen aus gesehen, in einer jüngeren Aufnahme.

7. Grab Nr. 9, das Grab der griechischen Vasen, im Innern des Tumulus II. Wurde von Mitte des 6. bis Ende des 5. Jh. v. Chr. verwendet. Das Bett mit den beiden kleinen, dreieckigen Giebeln war für die Bestattung von Frauen bestimmt.

8. Grab der Tarquinier (Tomba dei Tarquini), unterer Raum. Beginn des 3. bis zur 2. Hälfte des 2. Jh. v. Chr., Bestattungsstätte für etwa acht Generationen. Es trägt etruskische und lateinische Inschriften sowie Spuren von Wandmalereien.

9. Grab der Reliefs (Tomba dei Rilievi) der Familie Matuna. Erbaut etwa Mitte des 4. Jh. v. Chr.

10. Männliche oder "phallische" Säulenstümpfe, gebräuchlich vom 4. bis 3. Jh. v. Chr. Die Gruppierung oben rechts umfaßt auch einen weiblichen Säulenstumpf.

11. "Häuschenförmige", weibliche Säulenstümpfe.

12. Nekropolis der Eberesche (Necropoli del Sorbo). Regolini-Galassi-Grab, 1838 in unberührtem Zustand entdeckt. Erste Hälfte des 7. Jh. v. Chr.

13. *Maremma-Küste. Berittene Hirten an der Marta-Mündung. Anfang 20. Jh.*

14. Corneto - Tarquinia. Barriera di San Giusto; 20er Jahre.

15. Palazzo Vitelleschi in Tarquinia. Beherbergt seit 1924 das Nationalmuseum (Museo Nazionale di Tarquinia).

16. Sarkophag des Magistrats oder des Laris Pulena (Sarcofago del Magistrato o del Laris Pulena); 3.-2. Jh. v. Chr. (Museo Nazionale di Tarquinia).

17. Tarquinia. Monterozzi-Nekropolis vor Errichtung der gemauerten Eingänge.

18. Grab der Jagd und des Fischfangs (Tomba della Caccia e della Pesca), 1873 entdeckt; datiert 530 v. Chr. Gesamtansicht der Rückwand: Jagd- und Fischfangszenen sowie Tympanon mit Bankettszene.

19. *Grab der Jagd und des Fischfangs. Ausschnitt der linken Wand: Der Kopfsprung.*

20. *Grab der Leoparden (Tomba dei Leopardi), 1875 entdeckt. 475-450 v. Chr. Rechte, hintere Ecke: Bankett- und Tanzszene.*

Doch alles Etruskische, außer den Gräbern, wurde vernichtet. Es mutet einen seltsam an. Man tritt wieder in die Aprilsonne hinaus, auf den versunkenen Weg zwischen den lieblichen, grasbewachsenen Grabhügeln, und im Vorübergehen blickt man die Stufen hinunter auf die türlosen Eingänge der Gräber. Es ist alles so still und freundlich und heiter. Der Ort strahlt solch eine Ruhe aus.

Die BK, die eben erst aus Indien zurückkam, ist sehr
überrascht, die phallischen Steine an vielen Grabeingängen zu 5
sehen. Wahrhaftig, es ist wie die Schiwalingam in Benares! Genau wie die Lingamsteine in den Schiwahöhlen und Schiwatempeln[5].

Und etwas anderes ist seltsam. Man kann sein ganzes Leben lang alle Bücher über Indien oder Etrurien lesen, ohne jemals ein einziges Wort über die Sache zu finden, die einen während der ersten fünf Minuten in Benares oder in einer etruskischen Gräberstadt beeindruckt: nämlich das phallische Symbol. Hier ist es, in Stein, unverkennbar und überall im Umkreis dieser Gräber. Hier ist er, groß und klein, in den Fels eingefügt: der phallische Stein! Vielleicht wurden manche *Tumuli* von einer phallischen Säule gekrönt; bei andern stand sie vielleicht am
Eingang. Es gibt kleine phallische Steine, die nur 18 bis 20 10
Zentimeter lang sind und in den Fels vor den Eingängen eingefügt wurden; sie scheinen immer draußen gestanden zu haben. Und diese kleinen Lingams sehen aus, als ob sie ein Teil des Felsens wären. Doch nein: die BK nimmt einen in die Hand. Er ist abgeschnitten und in eine Höhlung eingepaßt, die zuvor mit Mörtel ausgeschmiert war. Die BK steckt den phallischen Stein wieder in seine Höhlung, in die er wahrscheinlich fünfhundert oder sechshundert Jahre vor Christi Geburt eingefügt worden ist.

Die großen phallischen Steine, die wie gesagt wahrscheinlich die *Tumuli* krönten, sind zuweilen schön ausgemeißelt, zuweilen mit Inschriften versehen. Die Gelehrten nennen sie *cippus, cippi.* Doch sicherlich ist der *Cippus* eine gestutzte Säule, die für

[5] *Lingam* und *yoni* sind im Sanskrit das männliche und das weibliche Sexualsymbol, die in ihrer häufigen plastischen Darstellung sakralen Bedeutungsgehalt erlangen.

gewöhnlich als Grabstein verwandt wurde: eine ganz gedrungene, oft viereckige Säule, die gestutzt wurde, um möglicherweise ein abgeschnittenes Leben darzustellen. Manche der kleinen phallischen Steine sind derart gestutzt. Doch andere sind lang, gewaltig und geschmückt; auch weisen sie den doppelten Kegel auf, der sicherlich phallisch ist. Und die kleinen, eingefügten phallischen Steine sind nicht gestutzt.

Neben dem Eingang mancher Gräber steht ein gemeißeltes Steinhaus oder vielmehr die steinerne Nachbildung einer Lade mit schrägen Deckeln, wie die beiden Dachseiten eines länglichen Hauses. Der junge Führer, der Eisenbahnarbeiter und kein tiefgründiger Gelehrter ist, murmelte, jedes Frauengrab habe ein solches Steinhaus oder solch eine Lade über sich — über dem Eingang, sagt er —, und auf jedem Männergrab stehe ein phallischer Stein oder Lingam. Da aber die großen Gräber Familiengräber seien, hätten sie vielleicht beides gehabt.

Das Steinhaus, wie er es nennt, erinnert an die Arche Noah ohne den Schiffsteil; an den Arche-Noah-Kasten, den wir als Kinder besaßen und der voller Tiere war. Und das stellt es auch dar: die Arche, die *Arx,* den Schoß. Den Schoß der ganzen Welt, der alle Geschöpfe hervorbrachte. Den Schoß, die *Arx*, in dem das Leben seine letzte Zuflucht findet. Den Schoß, die Bundeslade, die das Geheimnis des ewigen Lebens, das Manna und die Mysterien birgt.

Da steht sie, fortgerückt vor den Eingang der etruskischen Gräber in Cerveteri.

Und vielleicht finden wir in der beharrlichen Wiederkehr dieser beiden Symbole der etruskischen Welt den Grund für die völlige Zerstörung und Vernichtung des etruskischen Bewußtseins. Die neue Welt wollte sich von diesen verhängnisvollen, beherrschenden Symbolen der alten Welt, der alten naturhaften Welt befreien. Das etruskische Bewußtsein wurzelte wohlgemut in diesen Symbolen, dem Phallus und dem Schoß. So mußten denn das ganze Bewußtsein, der ganze etruskische Puls und Rhythmus ausgerottet werden.

Nun erkennen wir wieder, unter den blauen Himmeln, wo die Lerchen in der heißen Aprilluft singen, weshalb die Römer die Etrusker lasterhaft nannten. Selbst in ihren besten Zeiten waren die Römer nicht gerade Heilige. Aber sie meinten, von Rechts wegen hätten sie es sein müssen. Sie haßten den Phallus und den Schoß, weil sie Imperium und Herrschaft und vor allem Reichtümer — gesellschaftlichen Gewinn erstrebten. Man kann nicht fröhlich zum Klang der Doppelflöte tanzen und zugleich Völker knechten oder in großen Geldern wühlen. *Delenda est Carthago.* Für den gierigen Mann ist jeder, der seiner Gier im Wege steht, das leibhaftige Laster.

Es gibt viele Gräber, obwohl nicht viele der großen Erdhügel übriggeblieben sind. Viele hat man eingeebnet. Es gibt viele Gräber: einige standen halb voll Wasser; bei andern war man im Begriff, sie auszugraben, in einer Art Steinbruch, obgleich die Arbeit im Augenblick ruhte und eingestellt worden war. Es gibt viele Gräber, viele, viele, und in alle muß man hinabsteigen, denn sie alle wurden unter der Erdoberfläche ausgehauen, und wo ein *Tumulus* vorhanden war, wurde er hinterher über ihnen aufgehäuft, mit lockerer Erde innerhalb der steinernen Einfassung. Einige *Tumuli* sind eingeebnet worden, aber die ganze Landschaft erhält durch sie ein bewegtes Aussehen. Doch die Gräber bleiben und sind alle mehr oder weniger gleich; freilich sind einige groß und andere klein, einige vornehm und andere ärmlich. Die meisten scheinen aber mehrere Kammern zu haben, abgesehen von den Vorkammern.

Und alle diese Gräber längs der Heerstraße des Todes wurden offenbar einstmals von der herrlichen Rundung der *Tumuli* gekrönt — von den großen, den Toten geweihten Erdhügeln des Genusses, mit ihrem hohen phallischen Kegel, der sich in ihrer Mitte erhob.

Die Gräberstadt, soweit sie uns angeht, endet auf einem
weiten überschwemmten Platz mit verlassenen Ausgrabungen. 1
Wir kehren um und verlassen die Heimstatt der toten Etrusker. Alle Gräber sind leer. Sie alle wurden ausgeplündert. Möglicherweise haben die Römer die Toten eine Weile verschont, solange ihre Religion hinreichend etruskische Elemente besaß, um sie zu zügeln. Später indessen, als die Römer etruskische Antiquitäten zu sammeln begannen — ebenso wie wir heutzutage Antiquitäten sammeln —, muß eine große Plünderung der Gräber stattgefunden haben. Auch als das ganze Gold und Silber und die

Edelsteine aus den Urnen entwendet waren — was sich zweifellos recht bald unter der römischen Herrschaft ereignete —, blieben vermutlich die Vasen und die Bronzen an Ort und Stelle. Dann begannen die reichen Römer Vasen zu sammeln, bemalte «griechische» Vasen. So wurden auch sie aus den Gräbern gestohlen. Dann richtete sich die römische Sammelwut auf die kleinen Bronzefiguren, die Statuetten, Tiere, Bronzeschiffe, die die Etrusker zu Tausenden in den Gräbern aufstellten. Einige smarte römische Aristokraten pflegten ein- oder zweitausend erlesene kleine etruskische Bronzen zu besitzen, mit denen sie protzen konnten. Schließlich fiel Rom, worauf die Barbaren plünderten, was noch übrig war. So ging es fort.

Und immer noch blieben einige Gräber unangetastet, denn die Erde hatte die Eingänge verschüttet und unzugänglich gemacht und die steinernen Fundamente der Hügel bedeckt; Bäume und Sträucher wuchsen über den Gräbern; man sah nur noch ein hügeliges, höckeriges, buschiges Ödland.

Darunter lagen schweigend die Gräber, entweder ausgeplündert oder, in einigen wundervollen Ausnahmefällen, noch unberührt. Und völlig unberührt lag auch eines der Gräber in Cerveteri, allein und abgesondert von der Nekropole auf der andern Seite der Stadt, bis zum Jahre 1836, als es entdeckt und natürlich auch seines Inhalts beraubt wurde. General Galassi und der Erzpriester Regolini gruben es aus; daher heißt es das
12 Regolini-Galassi-Grab.

Es ist noch von Interesse: ein altertümliches, enges, gangartiges Grab mit einer Scheidewand in der Mitte und einem gewölbten Dach; einem sogenannten falschen Gewölbe; es entsteht dadurch, daß man die flachen horizontalen Steine des Dachvorsprungs schichtet, bis sie sich nahezu begegnen. Dann werden große flache Steine darübergelegt, die den abgeflachten First des nahezu gotischen Gewölbes bilden — eines Gewölbes, das wahrscheinlich im achten Jahrhundert vor Christi Geburt erbaut wurde.

In der ersten Kammer lagen die sterblichen Reste eines Kriegers mit seiner bronzenen Rüstung, die so prächtig und feinnervig wirkte, als wäre sie einst lebendig für den lebendigen, nun in Staub zerfallenen Leib gewachsen. In der inneren Kammer lag köstliches, feines, blaßgoldenes Geschmeide auf dem steinernen Bett: Ohrringe, deren Ohren Staub waren, Armbänder in dem Staube, der einstmals zwei Arme gewesen war; gewiß Arme einer vornehmen Dame vor fast dreitausend Jahren.

Sie nahmen alles fort. Den so zierlichen, feinfühligen und sinnigen Schmuck finden wir jetzt im Gregorianischen Museum im Vatikan. Auf zwei der kleinen silbernen Gefäße aus dem Regolini-Galassi-Grab ist die Inschrift: *Mi Larthia* eingeritzt. Es sind fast die ersten geschriebenen etruskischen Worte, die wir kennen. Und was bedeuten sie? «Dies ist Larthia» — die Dame Larthia?

Selbst siebenhundert Jahre v. Chr. muß Reichtum und Wohlleben in Caere geherrscht haben; damals liebte man feines Gold und Festgelage, Tanz und griechische Vasen. Nichts von alledem wird man jetzt dort finden. Die Gräber sind leer; die Schätze, die sie erbrachten — und Cerveteri hat uns einen reichen Ertrag geschenkt —, sind in den Museen. Wer hingeht, wird dort sehen, was ich gesehen habe: eine graue, verlassene kleine, von festen Mauern umschlossene Stadt — mit vielleicht tausend Einwohnern — und leere Grabstätten.

Sitzt man indessen gegen vier Uhr an einem sonnigen Nachmittag im Postomnibus, der einen zum Bahnhof hinunterrütteln soll, so wird man wahrscheinlich ein Dutzend draller, stattlicher Frauen um den Bus herumstehen sehen, die sich von einer ihrer 62
Mitbürgerinnen verabschieden. Und in den vollen, dunklen, stattlichen, heiteren Gesichtern wird man bestimmt noch den Glanz der lebensfreudigen Etrusker wiederfinden. Wohl gibt es einige gleichmäßige griechische Augenbrauen. Doch gewiß finden sich dort andere lebhafte, lebensvolle Gesichter, die schön sind vom Geheimnis des ungeplünderten Schoßes, reif von phallischer Weisheit und etruskischer Sorglosigkeit.

MAP OF TARQUINII AND ITS NECROPOLIS. (ADAPTED FROM WESTPHAL.)

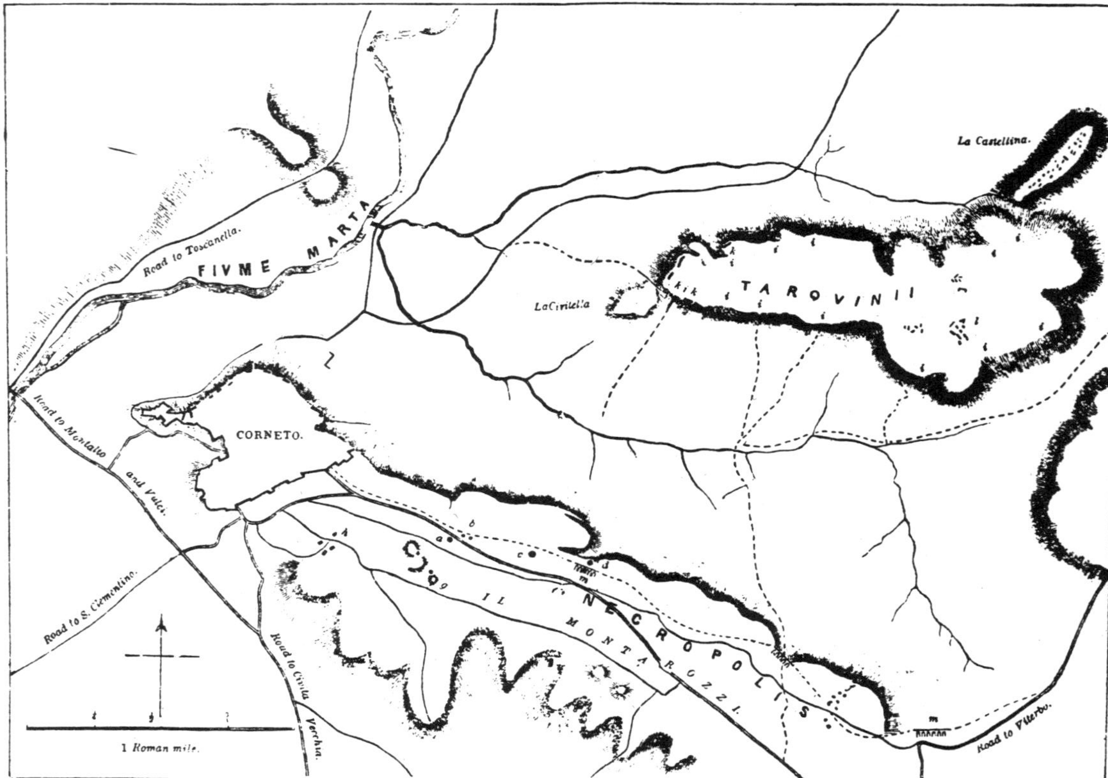

a Grotta Querciola.
b Grotta del Triclinio, and G. del Morto.
c Grotta de' Pompej.
d Grotta del Cardinale.
e Grotta delle Bighe, G. del Mare, G. del Barone, G. Francesca, and G. della Scrofa Nera.
f Grotta delle Iscrizioni.
g La Mercareccia.
h Caves.
i Sites of the ancient gates.
k Fragments of the ancient walls.
l Ara della Regina, or the Acropolis.
m Aqueduct.

Carriage-roads.
Country-roads or bridle-paths.
Lines of ancient roads. Where it connects the portions of *m* it marks the subterranean course of the aqueduct.

2. TARQUINIA

In Cerveteri gibt es nirgends eine Schlafgelegenheit; man kann daher nur nach Rom zurückfahren oder die Fahrt nach Civitavecchia fortsetzen. Der Autobus brachte uns gegen fünf Uhr zum Bahnhof nach Palo; er setzte uns in einem Niemandsland ab, damit wir auf den Zug nach Rom warten sollten. Aber wir wollten nach Tarquinia, nicht zurück nach Rom, und so mußten wir zwei Stunden warten — bis sieben Uhr.

In der Ferne konnten wir die Betonvillen und die neuen Häuser eines Ortes sehen, der offenbar Ladispoli war: ein Badeort in etwa zwei Meilen Entfernung. So machten wir uns auf den Weg nach Ladispoli auf der flachen Meeresstraße. Zur Linken, in dem Gehölz, das zum großen Park gehört, hatten die Nachtigallen bereits zu singen begonnen, und wenn man über die Mauer blickte, sah man viele kleine Alpenveilchen im Abendlicht auf dem Rasen leuchten.

Wir gingen weiter, während der Zug nach Rom um die Kurve brauste. Er berührt Ladispoli nicht, dessen zwei Meilen lange Nebenstrecke nur in den heißen Bademonaten in Betrieb ist. Als wir uns den ersten häßlichen Villen an der Straße näherten, klapperte das von dem uralten Schimmel gezogene uralte Wägelchen an uns vorbei: beide von der Sonne so ausgedörrt, daß sie fast gespenstisch wirkten. Sie hatten uns knapp überrundet.

Ladispoli ist einer jener häßlichen kleinen Orte an der römischen Küste, die aus neuen Betonvillen, neuen Betonhotels, Kiosken und Badeanstalten bestehen und zehn Monate im Jahr ausgestorben und nicht existent sind, während sie im Juli und August ergiebig mit fetten Badegästen schmoren. Jetzt war es verlassen, völlig verlassen, abgesehen von zwei oder drei Beamten und vier ungebärdigen Kindern.

Die BK und ich lagen auf dem grauschwarzen Lavasand an

dem stumpfen seichten Meer, über dem der graue und formlose Himmel ein stumpfblasses Abendlicht ausgoß. Kleine Wellen kräuselten sich grün über der dunkelgrauen Fläche, über der
13 sonderbar seichten Stumpfheit des Wassers. Es ist eine merkwürdig verlassene Küste; das Meer wirkt dort seltsam matt und eingesunken, wie leblos; das Land scheint seinen letzten Seufzer von sich gegeben zu haben und nunmehr in ständiger Trägheit zu verharren. Und doch ist dies das Tyrrhenische Meer der Etrusker, auf dem ihre Schiffe spitze Segel ausspannten und die See mit Sklavenrudern schlugen, während sie von Griechenland und Sizilien, dem Sizilien der griechischen Tyrannen, hereinkamen; oder auch von Cumae, der Stadt der altgriechischen Kolonie Campania, die das Gebiet der jetzigen Provinz Neapel einnahm, und von Elba, wo die Etrusker ihr Eisenerz gewannen. Die Etrusker befuhren das Meer. Es heißt sogar, sie seien in einer weit zurückliegenden Zeit, die sich in den dunklen Nebeln vor dem achten vorchristlichen Jahrhundert verliert, auf dem Seeweg aus Lydien in Kleinasien herübergekommen. Daß aber ein ganzes Volk, oder auch nur ein ganzes Heer, auf den winzigen Schiffen jener Tage gleichzeitig übers Meer gefahren wäre, um das spärlich besiedelte Mittelitalien zu bevölkern, läßt sich schwer vorstellen. Wahrscheinlich trafen in der Tat Schiffe ein — sogar noch vor Odysseus. Wahrscheinlich landeten Männer an der seltsamen flachen Küste, schlugen ein Lager auf und verhandelten dann mit den Eingeborenen. Niemand weiß, ob die Neuankömmlinge Lyder waren oder Hethiter, die ihr Haar zusammengerollt auf dem Hinterkopf trugen, oder ob sie aus Kreta oder Mykene stammten. Vielleicht kamen Angehörige aller dieser Völkerschaften in Schüben herüber, denn in den Tagen Homers scheint das ganze Mittelmeerbecken von Wanderlust befallen worden zu sein; alte Rassen begannen damals ihre Schiffe wie Saatkörner über das Meer zu streuen.

Außer den Griechen oder Hellenen und der indogermanischen Gruppe waren noch andere Völker in Bewegung.

Welche Schiffchen aber auch vor dreitausend Jahren oder noch früher auf dem weichen, tiefen, schwarzgrauen, vulkanischen Sand dieser Küste aufgelaufen sein mögen — jedenfalls fanden ihre Insassen die Hügel des Hinterlandes nicht menschenleer. Was waren es wohl für Eingeborene, die herbeiströmten, um die Lyder oder Hethiter neugierig zu betrachten, wenn sie ihre kleinen langen, zweiäugigen Schiffe ans Ufer zogen, um hinter einer Anhöhe, geschützt vor den feuchten, starken Winden, ihr Lager aufzuschlagen? Denn Eingeborene waren dort, das steht fest. Sogar noch vor Trojas Fall und bevor von Athen auch nur die Rede war. Und sie lebten in Hütten auf den Hügeln; höchstwahrscheinlich in Strohhütten, die primitive Siedlungen bildeten, mit Getreideäckern, Ziegenherden und möglicherweise auch Rindern. Wahrscheinlich war es wie die Ankunft in einem alten irischen Dorfe der schottischen Hebriden zur Zeit Prinz Charlie Stuarts, wenn man vor dreitausend Jahren ein Dorf dieser italienischen Ureinwohner über das Tyrrhenische Meer erreichte. Doch als die etruskische Geschichte, etwa acht Jahrhunderte vor Christi Geburt, in Caere begann, war sicherlich schon mehr da als ein Dorf auf dem Hügel. Bestimmt war damals schon eine Eingeborenenstadt entstanden; und ein fleißiges Leinenspinnen und Goldhämmern hatte schon lange begonnen, bevor das Regolini-Galassi-Grab gebaut wurde.

Wie dem auch sein mag: irgend jemand kam, irgend jemand war bereits da: davon können wir ausgehen; und jedenfalls waren keine Griechen oder Hellenen darunter. Es war in der Zeit, bevor Roms Aufstieg begann; wahrscheinlich trafen die ersten Besucher sogar schon in vorhomerischen Tagen ein. Die Neuankömmlinge, mögen es nun wenige oder viele gewesen sein, sind offenbar aus dem Osten gekommen: aus Kleinasien, aus Kreta oder aus Zypern. Sie gehörten, diese Vermutung drängt sich auf, zu einem uralten mediterranen und asiatischen oder ägäischen Stamme. Die Dämmerung des Anfangs unserer Geschichte war zugleich der Anbruch der Nacht für eine frühere Geschichte, die niemals geschrieben werden wird. «Pelasgisch» ist nur ein Schattenwort. Aber hethisch und kretisch, lydisch, karisch, etruskisch — diese Worte tauchen aus dem Schatten auf, und vielleicht sind die Völker, denen diese Namen gehören, aus ein und demselben großen Schatten hervorgegangen.

Die etruskische Kultur scheint ein Sprößling, vielleicht der letzte, der vorgeschichtlichen Mittelmeerwelt zu sein, und wahrscheinlich entstammten die Etrusker, Neuankömmlinge wie

Ureinwohner, jener alten Welt, obwohl sie verschiedenen Völkern und Kulturstufen angehörten. Später übten natürlich die Griechen einen großen Einfluß aus. Doch das ist eine andere Geschichte.

Jedenfalls fanden die Ankömmlinge bereits viele Eingeborene mit blühendem Landsitz vor. Diese Ureinwohner, die jetzt lächerlicherweise Villanovaner[1] genannt werden, wurden weder ausgerottet noch unterdrückt. Wahrscheinlich waren ihnen die Fremden willkommen, deren Pulsschlag mit dem ihren übereinstimmte. Wahrscheinlich stand auch die höherentwickelte Religion der Ankömmlinge nicht im Gegensatz zu der primitiveren der Ureinwohner; zweifellos gingen beide Religionen auf den gleichen Ursprung zurück. Vermutlich wurden die Ankömmlinge von den Ureinwohnern freiwillig zu einer Art religiöser Aristokratie erhoben; die Italiener könnten heutzutage beinahe das gleiche tun. Und so vollzog sich der Aufstieg der etruskischen Welt. Doch das dauerte Jahrhunderte. Etrurien war keine Kolonie; es war ein Land, das sich langsam entwickelte.

Es gab niemals eine etruskische Nation: lediglich, in geschichtlichen Zeiten, einen großen Zusammenschluß von Stämmen oder Völkern, die die etruskische Sprache und die etruskische Schrift benutzten — zumindest offiziell — und in ihrer religiösen Empfindung und ihren religiösen Observanzen übereinstimmten. Das etruskische Alphabet scheint vom altgriechischen entlehnt worden zu sein; offenbar geht es auf die Chalcedonier in Cumae zurück, der griechischen Kolonie, die etwas nördlich von dem Gebiete des heutigen Neapel gelegen war. Aber die etruskische Sprache ist mit keinem der griechischen Dialekte und offenbar auch nicht mit dem italienischen verwandt. Doch wissen wir nichts darüber. Wahrscheinlich ist sie weitgehend die Sprache der Ureinwohner von Südetrurien, ebenso wie die etruskische Religion vermutlich in ihren Grundzü-

[1] Im Jahre 1853 entdeckte Graf Giovanni Gozzadini in Villanova bei Bologna ein altertümliches Gräberfeld aus der frühen italischen Eisenzeit. Von daher bezeichnet man allgemein die Kultur dieses Zeitalters als "Villanova-Kultur". Sie zeichnet sich aus durch "Feuerbestattungsgräber mit großen doppelkonischen Aschenurnen aus schwarzem Ton, verziert mit geometrischen Eingravierungen" (Pallottino 1968;48), datierbar vom späten 10. Jh. bis zum späten 8. Jh. v. Chr.

gen im Lande entstanden ist und zu irgendeiner größeren religiösen Gruppe der Vorzeit gehörte. Aus dem Schatten der vorgeschichtlichen Welt tauchen sterbende Religionen auf, die sich nicht Götter oder Göttinnen erfunden haben, sondern aus dem Mysterium der elementaren Kräfte des Weltalls heraus leben: aus jenen komplexen Lebensmächten, die wir mit dem dürftigen Namen «Natur» bezeichnen. Zu ihnen gehörte offenbar auch die etruskische Religion. Götter und Göttinnen scheinen in ihr keine scharf umrissenen Konturen angenommen zu haben.

Doch es ist nicht meine Sache, Behauptungen aufzustellen. Nur sind die Dinge, die verschwommen aus dem dunklen Hintergrunde der Zeit auftauchen, seltsam erregend; und wenn man alle die gelehrten Deutungen, die häufig einander widersprechen, gelesen hat, um sodann mit wachen Sinnen die Gräber und die übriggebliebenen etruskischen Geräte zu betrachten, kommt man zu eigenen Vorstellungen, die sich daraus ergeben.

Schiffe nahten auf diesem unansehnlichen Meere; sie kamen, mochten wir glauben, aus dem Nahen Osten, schon in Salomos Tagen — vielleicht schon zu Lebzeiten Abrahams.

Und sie kamen auch weiterhin. Während das Licht der Geschichte dämmert und heller wird, sehen wir sie herangleiten mit ihren weißen und purpurnen Segeln. Als dann die Griechen in den Kolonien in Italien einströmen und die Phönizier das westliche Mittelmeer zu erforschen beginnen, hören wir auch von den stummen Etruskern und bekommen sie zu Gesicht.

Etwas nördlich von dieser Stelle gründet Caere einen Hafen namens Pyrgi, und wir wissen, daß ihn zahlreiche griechische Schiffe anliefen, mit Vasen und Stoffen und Kolonisten, die von Hellas oder von *Magna Graecia* herüberkamen, und daß phönizische Schiffe mit schnellen Rudern von Sardinien, von Karthago, von Tyrus und Sidon herbeieilten; zugleich besaßen die Etrusker ihre eigene Flotte, gezimmert aus dem Holz von den Bergen, geteert mit dem Pech aus Volterra im Norden, ausgerüstet mit Segeln aus Tarquinia, beladen mit Weizen aus den reichen Ebenen oder mit den berühmten etruskischen Gerätschaften oder Bronze und Eisen — Flotten, auf denen sie nach Korinth oder nach Athen oder zu den asiatischen Häfen fuhren.

Wir wissen von den großen und schließlich verhängnisvollen Seeschlachten mit den Phöniziern und dem Tyrannen von Syrakus[2]. Und wir wissen, daß die Etrusker, alle mit Ausnahme derer aus Caere, zu rücksichtslosen Piraten wurden, allmählich wie später die Mauren und die barbareskischen Korsaren. Dies gehörte zu ihrem lasterhaften Wesen und war ein großes Ärgernis für ihre liebevollen und harmlosen Nachbarn, die gesetzestreuen Römer — die an die Eroberung als höchstes Gesetz glaubten.

Doch all das ist lange vorbei. Sogar die Küste hat sich seither verändert. Die verpestete See sank ab und wich zurück; das erschöpfte Land tauchte auf, als es offenbar gar nicht das Bedürfnis hierzu verspürte, und die Blumen der Küste sind elende Badeorte wie Ladispoli und Ostia, profan und trostlos, zur Freude der Moskitos, die hier ihren Trumpf ausspielten.

Der Wind blies matt und fast kühl von der dunkelnden See her; die toten Wellen hoben Fleckchen reinen Grüns aus bleiernem Grau, unter bleiernem Himmel. Wir erhoben uns von dem dunkelgrauen, aber weichen Sande und gingen auf der gleichen Straße zum Bahnhof zurück, angestiert von den wenigen Einwohnern und Beamten, die den Ort zusammenhielten, bis die nächsten Badegäste erschienen.

Am Bahnhof herrschte völlige Verlassenheit. Aber unsere Sachen lagen immer noch unberührt in einem dunklen Winkel des Restaurants, und der Mann richtete uns eine nette kleine Mahlzeit her, mit kaltem Fleisch und Wein und Orangen. Es war schon dunkel. Der Zug lief pünktlich ein.

Man fährt eine Stunde oder etwas mehr nach Civitavecchia, einem Hafen ohne große Bedeutung, außer der, daß von ihm der fahrplanmäßige Dampfer nach Sardinien abfährt. Wir übergaben unser Gepäck einem freundlichen alten Gepäckträger und baten ihn, uns zum nächsten Hotel zu bringen. Es war schon finster, stockfinster, als wir aus dem Bahnhof heraustraten.

[2] Im Jahre 474 v. Chr. besiegten die Syrakuser die Etrusker in einer Seeschlacht bei Cuma. Diese Schlacht, an die noch die etruskischen Helme erinnern, die die Sieger dem Heiligtum von Olympia widmeten, war symptomatisch für den Rückgang des etruskischen Einflusses auf dem Meer vom 5. Jh. v. Chr. an (Pallottino 1968;136).

Da machte sich ein Bursche verstohlen an mich heran. «Sie sind doch Ausländer, stimmt's?»

«Ja.»

«Welche Staatsangehörigkeit?»

«Englisch.»

«Haben Sie eine Aufenthaltserlaubnis oder Ihren Paß bei sich?»

«Meinen Paß habe ich mit — was wollen sie denn?»

«Ich möchte ihren Paß sehen.»

«Er ist in der Reisetasche! Und warum? Wofür das alles?»

«Dies ist ein Hafen, und wir müssen die Papiere der Ausländer kontrollieren.»

«Und warum? Genua ist auch ein Hafen, und niemand denkt dort im Traum daran, nach Papieren zu fragen.»

Ich war wütend. Er antwortete nicht. Ich sagte dem Gepäckträger, er solle zum Hotel weitergehen, und der Kerl folgte auf unserer Straßenseite, einen halben Schritt hinter uns: auf jene Straßenkötermanier, wie sie bei solchen lümmelhaften Spitzeln üblich ist.

Im Hotel bat ich um ein Zimmer und schrieb mich ein, worauf der Kerl wieder nach meinem Paß fragte. Ich wollte von ihm wissen, weshalb er ihn verlangte; weshalb er mich vor dem Bahnhof angesprochen hatte, als wäre ich ein Verbrecher; was er mit seinen uns beleidigenden Fragen bezweckte — und so fort, in beträchtlicher Rage.

Er antwortete nicht, aber sah ständig aus, als hätte er am liebsten Gift gespritzt. Er starrte auf den Paß — wobei es mir zweifelhaft ist, ob er sich einen Vers darauf machen konnte —, fragte nach unserem Reiseziel, starrte auf den Paß der BK, entschuldigte sich halbwegs auf eine winselnde, widerliche Art und Weise und verschwand in der Nacht. Ein richtiger Lümmel.

Ich war wütend. Gesetzt den Fall, ich hätte meinen Paß nicht bei mir gehabt — und für gewöhnlich denke ich nicht daran, ihn mitzunehmen —, hätte mir dieser Lümmel gewiß die übelsten Scherereien gemacht! Ich hätte dann die Nacht im Gefängnis verbringen müssen und wäre dort durch ein halbes Dutzend erbärmlicher Grobiane angeschnauzt worden.

Diese kläglichen Ratten in Ladispoli hatten gewiß gesehen,

wie die BK und ich ans Meer gingen und eine halbe Stunde am Strand saßen, worauf wir uns wieder zum Bahnhof begaben. Und vermutlich hatte das ausgereicht, um ihren Verdacht zu erwecken, worauf sie nach Civitavecchia telegrafierten. Weshalb müssen denn Beamte immer solche Idioten sein? Auch wenn kein Krieg ist? Was haben sie sich wohl dabei vorgestellt?

Der Hoteldirektor sagte gnädig, es sei ein sehr interessantes Museum in Civitavecchia; ob wir nicht noch den nächsten Tag bleiben wollten, um es anzuschauen. «Aber es enthält nur römische Sachen, und so was wollen wir nicht sehen!» Das war boshaft von mir, denn das gegenwärtige Regime hält sich für ausgesprochen altrömisch. Der Mann betrachtete mich verstört, und ich grinste ihn an. «Aber was bezwecken Sie mit solch einem Benehmen gegenüber einem einfachen Touristen?» fuhr ich fort. «Und das in einem Lande, wo man die Ausländer zum Reisen auffordert?» — «Ach», sagte der Gepäckträger sanft und beschwichtigend, «das ist nur so in der römischen Provinz! Wenn Sie erst aus dieser römischen Provinz heraus sind, erleben Sie so was nicht mehr!» Und wenn die Italiener eine sanfte Antwort geben, um einen Ärger zu verscheuchen, verschwindet der auf irgendeine Weise.

Wir spazierten eine Stunde in der langweiligen Hauptstraße Civitavecchias umher. Es schien dort solch ein Argwohn zu herrschen, daß man hätte meinen sollen, es wären mehrere Kriege im Gange.

Der Hoteldirektor fragte, ob wir noch blieben. Wir sagten, wir führen um acht Uhr früh weiter nach Tarquinia.

Und wahrhaftig nahmen wir den Zug um acht Uhr. Tarquinia ist nur eine Station von Civitavecchia entfernt. Man fährt etwa zwanzig Minuten lang durch die flache Maremma; links liegt das Meer, der grüne Weizen sprießt üppig, und der Affodill sträubt seine Stacheln.

49 Bald sahen wir, einige Meilen landeinwärts, Tarquinia, dessen Türme sich wie Fühlhörner am Abhang eines steilen Hügels aufreckten. Und das war einst die Metropole Etruriens, die Hauptstadt des großen etruskischen Bundes. Doch sie starb, wie alle die anderen etruskischen Städte, und erlebte mehr oder weniger eine mittelalterliche Wiedergeburt unter einem neuen

Namen. Dante kannte sie — wie mehrere Jahrhunderte sie kannten — als Corneto (Corgnetum oder Cornetium), und vergessen war ihre etruskische Vergangenheit[3]. Dann stellte sich vor hundert Jahren gewissermaßen eine schwache Erinnerung wieder ein; damals wurde Tarquinia an das Corneto angeheftet: die Stadt hieß nun Corneto — Tarquinia. Das faschistische Regime jedoch, das auf die italischen Ursprünge Italiens stolz war, strich das «Corneto» weg, so daß die Stadt abermals einfach Tarquinia heißt. Wenn man im Autobus vom Bahnhof herauffährt, sieht man auf die Mauer neben dem Stadttor TARQUINIA, mit schwarzen Buchstaben auf weißen Grund gemalt. So dreht sich das Rad der Geschichte. Da steht nun — in latinisierter Form — das etruskische Wort neben dem mittelalterlichen Ton, von den faschistischen Machthabern hingeschrieben, um zu kennzeichnen und zugleich unkenntlich zu machen. Doch die Faschisten, die sich in jeder Hinsicht als Römer, Römer der Cäsaren, Erben des Imperiums und der römischen Weltmacht betrachten, schießen am Ziel vorbei, wenn sie den etruskischen Orten die Fetzen ihrer Würde zurückgeben. Denn von allen Völkern, die jemals in Italien lebten, waren die Etrusker sicher die unrömischsten. Genauso, wie von allen Völkern, die jemals in Italien hochkamen, die Römer des antiken Rom sicherlich die unitalienischsten waren, wenn man von den heutigen Bewohnern ausgeht.

Tarquinia ist nur etwa drei Meilen vom Meer entfernt. Der Omnibus bringt einen schnell hinauf, braust durch das erweiterte Tor, dreht sich auf dem leeren Platz dahinter im Kreise herum und ist am Ziel. Wir steigen auf der kahlen *piazza* aus, die nichts *14*
zu erwarten scheint. Zur Linken liegt ein prächtiger steinerner Palazzo, zur Rechten ein Café auf den niedrigen Wällen über dem Tor. Der Mann vom *dazio,* vom Stadtzoll, sieht nach, ob jemand Lebensmittel in die Stadt gebracht hat — aber nur

[3] Dante beschreibt Corneto als Heimat des berühmten Räubers Rinieri (Inferno XII,137) und als südliche Grenze der herben Maremma-Macchia, die er mit dem "Wald des Selbstmords" vergleicht (Inferno XIII,9).

Non han si aspri sterpi nè si folti
Quelle fiere selvagge che n'odio hanno
Tra Cecina e Corneto i luoghi colti

flüchtig. Ich frage ihn nach einem Hotel. Er sagt: «Meinen Sie zum Schlafen?» Ich bejahe. Dann läßt er einen kleinen Jungen meine Handtasche tragen und bringt uns zum Gentile[4].

In diesen kleinen wallumschlossenen Orten gibt es keine großen Entfernungen. Im warmen Aprilmorgen scheint das versteinerte Städtchen noch halb im Schlaf zu liegen. In Wahrheit sind die meisten Einwohner draußen auf den Feldern und werden erst gegen Abend durch die Tore heimkehren. Das leichte Gefühl der Verlassenheit ist überall zu spüren, selbst im Gasthof, zu dem wir die Treppe hinaufgeklettert sind, denn das Erdgeschoß gehört nicht dazu. Ein kleiner Bursche in langen Hosen, der wie ein Zwölfjähriger aussieht, aber wie ein Erwachsener auftritt, kommt uns mit geschwellter Brust entgegen. Wir fragen nach Zimmern. Er mustert uns, stürzt nach dem Schlüssel, führt uns eine weitere Treppe hinauf und gebietet einem jungen Mädchen, offenbar dem Stubenmädchen, mitzukommen. Er zeigt uns zwei kleine Zimmer, deren Türen auf einen großen, öden Gemeinschaftsraum führen, wie das in solchen Gasthäusern üblich ist. «Da werden Sie nicht einsam sein», sagt er munter, «denn Sie können sich miteinander durch die Wand unterhalten... *Toh, Lina!*» Er hebt den Finger und lauscht. «*Eh!*» dringt es durch die Wand, wie ein Echo, überraschend deutlich und nah. «*Fai presto!*» sagt Albertino. «*È pronto!*» antwortet Linas Stimme. «*Ecco!*» sagt Albertino zu uns. Die Trennungswand muß aus Mull gewesen sein. Und Albertino war entzückt, weil er uns beruhigt hatte, daß wir uns nachts nicht einsam zu fühlen und zu fürchten brauchten.

Er war in der Tat der männlichste und väterlichste kleine Hoteldirektor, den ich je gesehen habe, und er leitete den ganzen Betrieb. In Wahrheit war er vierzehn Jahre alt, aber im Wachstum zurückgeblieben. Von fünf Uhr früh bis zehn Uhr abends war er ständig auf den Beinen, mit einer seltsamen, abrupten, nach links und rechts davonstürzenden Dienstfertigkeit, die viel Energie verbraucht haben muß. Vater und Mutter

[4] Eine Gedenktafel, die von der "Società Tarquinese di Arte e Storia" zum fünfzigsten Jahrestag von L.s Besuch angebracht wurde, kann man heute am Gebäude der alten Locanda Gentile sehen, wenige Schritte entfernt vom Palazzo Vitelleschi, in der Via C. Battisti, vormals Via del Mare, Nr.3

waren im Hintergrund — recht jung und angenehm. Aber sie schienen sich nicht besonders anzustrengen. Albertino machte alles. Wie sehr hätte Dickens ihn geschätzt! Doch Dickens hätte nicht das seltsam Nachdenkliche, Vertrauensvolle und Beherzte gesehen, das in dem Jungen steckte. Gegen uns Fremde war er völlig ohne Mißtrauen. Offenbar sind die Leute sehr menschlich und anständig in Tarquinia, sogar die Handelsreisenden: wahrscheinlich kaufen sie vor allem landwirtschaftliche Produkte ein und verkaufen landwirtschaftliche Maschinen und dergleichen.

Wir machten uns auf den Weg, gingen zurück zum Platz am Stadttor und tranken dort Kaffee im Freien an einem der Blechtische. Jenseits des Walls lagen einige neue Villen; das Land fiel schnell und grün ab, bis zu dem ebenen Küstenstreifen und dem verschwommenen, schwach glitzernden Meer, das sozusagen gar nicht wie ein Meer aussah.

Ich dachte darüber nach, daß dieser freie Platz gerade hinter dem Stadttor auch dann noch daliegen würde, wenn hier noch eine etruskische Stadt wäre. Aber statt einer ziemlich öden, leeren Fläche wäre er dann eine geweihte Stätte, mit einem kleinen Tempel, der ihn beleben würde.

Ich denke gern an die hölzernen Tempel der frühen Griechen und der Erusker, die so klein, zierlich, gebrechlich und vergänglich wie Blumen waren. Wir haben ein Stadium erreicht, in dem wir der riesigen Steinbauten müde geworden sind und allmählich gewahr werden, daß es besser ist, wenn man das Leben fließend und veränderlich erhält, statt daß man versucht, es in schwerfällige Monumente festzubannen. Die gewichtigen Bauwerke des Menschen sind eine Bürde für den Erdball.

Die Etrusker bauten kleine Tempel aus Holz, die aussahen wie Häuschen mit Spitzgiebeln. Aber auf deren Außenwand brachten sie Friese und Kranzgesimse aus Terrakotta an, so daß der obere Teil des Tempels nahezu aus Ton zu bestehen schien: aus sauber eingefügten Terrakottatafeln, die sehr lebendig wirkten mit ihren zwanglos modellierten, bemalten Relieffiguren: heiter tanzenden Geschöpfen, fliegenden Wildenten, Gesichtern rund wie die Sonne, und Gesichtern, die grinsten und eine lange Zunge herausstreckten — alle lebhaft und frisch und unaufdringlich. Das Ganze klein und zierlich in den Proportionen und erfrischend, irgendwie charmant statt beeindruckend.

Die Etrusker scheinen instinktiv das aufrichtige Verlangen gehabt zu haben, die natürliche Stimmung des Lebens zu bewahren. Und diese Aufgabe ist gewiß verdienstvoller und sogar auf die Dauer schwieriger als Welteroberung oder Selbstaufopferung oder Erlösung der unsterblichen Seele.

Warum ist die Menschheit so sehnlichst darauf bedacht, daß ihr etwas imponiere? Woher kommt diese Sucht nach imposanten Bauten, nach einer imposanten Sprache, nach imposanten Kunstwerken? So etwas wird schließlich zu einer lästigen Bürde! Gebt uns Dinge, die lebendig und elastisch sind; die nicht zu lange dauern und dadurch zu einem Hindernis und zu einer Last werden! Sogar Michelangelo wird schließlich zu einem Klotz, der bedrückend und langweilig wirkt. Es fällt so schwer, an ihm vorbeizusehen.

Gegenüber dem Café, auf der andern Seite des Platzes liegt der Palazzo Vitelleschi, ein entzückender Bau, jetzt ein staatliches Museum, wie die Marmortafel sagt. Doch die schweren Türen sind geschlossen. Das Museum öffnet um zehn, sagt der Mann. Es ist neun Uhr dreißig. Wir wandern die steile, aber nicht sehr lange Straße zum Gipfel hinauf.

Oben finden wir die Andeutung einer öffentlichen Anlage und einen Aussichtspunkt. Zwei alte Männer sitzen in der Sonne unter einem Baum. Wir treten ans Geländer und erblicken auf einmal eine der entzückendsten Landschaften, die ich je zu sehen bekam: die echte Jungfräulichkeit eines grünen Hügellandes. Überall Weizen — grün und sanft und wogend, auf und nieder wogend, kein Haus weit und breit. Neben uns geht es bergab, dann sanft bewegtes Gelände, das wieder ansteigt zum benachbarten Hügel, der sich in seiner ganzen Grüne zeigt, seiner ausgedehnten Unbeflecktheit. Dahinter wellen sich die Hügel, fort zu den Bergen, und weit in der Ferne erhebt sich ein abgerundeter Gipfel, den eine verzauberte Stadt zu krönen scheint.

Was für ein reines, aufsteigendes, unbeschmutztes Grün des Weizens an einem Aprilmorgen! — und die seltsame Verschlingung der Hügel! Nichts, was zur modernen Welt gehört, scheint es hier zu geben — keine Häuser, keine Planungen, nur so etwas wie ein makelloses Wunder und Stille, eine Offenheit, die nicht entweiht worden ist.

Der Hügel gegenüber ist wie ein etwas entfernter Gefährte. Auf der uns zugewandten Seite ist es ganz steil und wild, mit immergrünen Eichen und Gestrüpp und schwarzweiß geflecktem Vieh auf den Händen der Allmende. Aber der sich lang hinziehende Kamm ist wieder grün von Weizen; er läuft nach Süden, um dorthin abzufallen. Und sofort spürt man: dieser Hügel hat eine Seele, er hat einen Sinn.

Da er Tarquinias ausgedehntem Hügel gegenüberliegt, als ein Gefährte auf der andern Seite eines kleinen, sanft geschwungenen Tales, spürt man sofort: Wenn hier der Hügel ist, auf dem die lebenden Tarquinier ihre heiteren Holzhäuser besaßen, dann dort der Hügel, wo die Toten begraben und doch so lebendig liegen — wie Saatkörner — in ihren bemalten Häusern unter der Erde. Die beiden Hügel sind so untrennbar miteinander verbunden, wie eben Leben und Tod es sind; selbst jetzt, an diesem sonnigen Aprilmorgen mit seiner grünen Fülle; mit der Brise, die vom Meer herüberweht. Und das Land dahinter wirkt so geheimnisvoll und so frisch, als wäre noch immer der Morgen der Zeit.

Doch die BK möchte zurück zum Palazzo Vitelleschi: jetzt wird er geöffnet sein. Wir gehen die Straße hinab, und wahrhaftig sind die großen Türen weit offen; mehrere Beamte stehen im schattigen Eingangshof. Sie grüßen uns auf faschistische Art; *alla Romana*. Warum entdecken sie nicht den etruskischen Gruß und grüßen uns *all'Etruska!* Aber sie sind durchaus höflich und freundlich. Wir betreten den Hof des Palazzos.

Das Museum ist für jeden, der auch nur ein wenig über die Etrusker Bescheid weiß, von größtem Interesse und ein Genuß. Es enthält zahlreiche Funde aus Tarquinia und zwar wichtige Funde.

Wollten wir es doch nur begreifen und die Dinge nicht aus ihrer Umgebung herausreißen! Museen sind in jedem Fall verkehrt. Aber wenn es schon Museen geben muß, so halte man sie klein und lasse ihnen vor allem einen lokalen Charakter! Das etruskische Museum in Florenz mag so glanzvoll sein, aber wieviel glücklicher fühlt man sich im Museum in Tarquinia, wo alle Dinge tarquinisch sind, zumindest in einem gewissen Zusammenhang miteinander stehen und ein organisches Ganzes bilden.

In einem Eingangssaal, den man vom *cortile* erreicht, stehen einige der langen Sarkophage, in denen die Vornehmen bestattet wurden. Anscheinend verbrannten die Ureinwohner Italiens stets ihre Toten und schütteten dann die Asche in einen Krug; zuweilen bedeckten sie den Krug mit dem Helm des Verstorbenen, zuweilen auch mit einer flachen Schale an Stelle eines Deckels und verwahrten dann die Aschenurne in einem kleinen Rundgrab, das einem kleinen Brunnen glich. Man nennt das die Villanova-Bestattungsweise, das Schachtgrab[5].

Die Neuankömmlinge aus dem Osten bestatteten jedoch offenbar ihre Toten unverbrannt. Hier in Tarquinia sieht man noch die Hügel, in denen die Schachtgräber der Ureinwohner entdeckt wurden, mit den Aschenurnen darin. Sodann kommen die Gräber, in denen die Toten erdbestattet wurden — Gräber, die den heutigen recht ähnlich sind. Doch ganz in der Nähe oder mit ihnen verbunden findet man Gräber der gleichen Periode mit Aschenurnen. Daraus ergibt sich, daß das neue Volk und das alte offenbar seit sehr frühen Zeiten harmonisch nebeneinander lebten und daß zwei Bestattungsweisen jahrhundertelang Seite an Seite fortbestanden, lange bevor die bemalten Gräber geschaffen wurden.

In Tarquinia scheint es jedenfalls, zumindest vom siebenten Jahrhundert an, im allgemeinen üblich gewesen zu sein, die Vornehmen in großen Sarkophagen zu bestatten und in den Grabkammern aufzubahren, während man die Sklaven offenbar verbrannte, worauf man ihre Asche in Urnen füllte und die Urnen häufig in das Familiengrab stellte, in dem ihre Herren in den Steinsärgen ruhten. Andererseits wurde das gemeine Volk wahrscheinlich teilweise verbrannt, teilweise in Gräbern bestattet, die den unseren sehr ähnlich sind, obwohl die Seitenwände mit Steinen umsäumt wurden. Die Überzahl des gemeinen Volkes war ein Rassengemisch und bestand vermutlich zumeist aus leibeignen Bauern und halbfreien Handwerkern. Sie richteten sich in Bestattungsfragen anscheinend nach ihren eigenen Bedürf-

[5] S. Fußnote 1, Kap. 2.

nissen; einige besaßen Grabmäler, andere wurden verbrannt, worauf man ihre Asche in einer Urne oder einem Krug verwahrte, der in der Grabstätte eines armen Mannes nur einen geringen Raum einnimmt. Wahrscheinlich wurden sogar die weniger prominenten Mitglieder vornehmer Familien verbrannt und ihre Überreste in Vasen aufgehoben, die um so prächtiger wurden, je mehr die Verbindung mit Griechenland zunahm.

Der Gedanke ist eine Beruhigung, daß sogar die Sklaven — und die reichen Etrusker besaßen deren viele in geschichtlichen Zeiten — darauf vertrauen konnten, daß man ihre sterblichen Überreste anständig in Krügen verwahrte und an geweihter Stätte unterbrachte. Offenbar hatten die «lasterhaften» Etrusker keine Einrichtung, die sich mit den außerhalb Roms, neben der großen Heerstraße, gelegenen umfangreichen Totengruben vergleichen ließ, in die man die Leichen der Sklaven einfach hineinwarf.

Es ist alles eine Frage des Feingefühls. Rohe Gewalt und Anmaßung können eine ungeheure Wirkung hervorrufen. Aber letztlich lebt alles Lebendige durch zarte Feinfühligkeit. Wäre rohe Gewalt entscheidend, so würde nicht ein einziger Säugling vierzehn Tage überstehen. Das Gras auf dem Felde, das gebrechlichste aller Dinge, erhält alles Leben zu allen Zeiten. Ohne das grüne Gras könnte kein Reich aufsteigen, kein Mensch würde Brot essen, denn Brot ist Gras; und Herkules oder Napoleon oder Henry Ford wären in gleicher Weise vom Dasein ausgeschlossen.

Rohe Gewalt erdrückt viele Pflanzen. Doch die Pflanzen erheben sich wieder. Im Vergleich mit den Gänseblümchen werden die Pyramiden nicht einen Augenblick dauern. Und bevor Buddha oder Jesus sprach, sang die Nachtigall, und lange nachdem die Worte Jesu und Buddhas in Vergessenheit geraten sind, wird die Nachtigall immer noch singen. Denn nicht Predigen oder Belehren oder Befehlen oder Nötigen entscheidet. Sondern eben das Singen. Und am Anfang war nicht ein Wort, sondern ein Zwitschern.

Ist ein Narr größer als die Nachtigall, weil er eine Nachtigall mit einem Stein tötet? War der Römer deshalb größer als der Etrusker, weil er ihm das Leben raubte? Gewiß nicht! Rom fiel, und mit ihm das römische Phänomen. Italien ist heutzutage weit etruskischer in seinem Lebensrhythmus als römisch; und das wird es immer bleiben. Warum versucht man also zu der Apparatur und zu der Unterdrückung zurückzukehren, wie sie Lateiner und Römer kennzeichneten?

Im Freien, auf dem Hof des Palazzo Vitelleschi, stehen einige steinerne Sarkophage, bei denen Bildnisse in die Deckel gemeißelt sind, etwa so wie die verstorbener Kreuzfahrer in englischen Kirchen. Und hier in Tarquinia erinnern die Porträts noch stärker an die Kreuzfahrer als anderswo; denn einige liegen flach auf dem Rücken und haben einen Hund unter ihren Füßen während sich üblicherweise die gemeißelte Gestalt des Toten, auf einen Ellbogen gestützt, vom Sargdeckel aufrichtet, als sei sie lebendig, um stolz und ernst Ausschau zu halten. Es ist ein Mann, sein Körper ist bis unter dem Nabel entblößt, und in der
66 Hand hält er die geweihte *Patera* oder das *Mundum*: die runde Schale mit dem erhöhten Knauf in der Mitte, die den runden Keim von Himmel und Erde versinnbildlicht[6]. Zugleich verkörpert sie das Plasma, die lebendige Zelle mit ihrem Kern, die den unteilbaren Gott des Anfangs darstellt, und bis zum Ende lebendig und ungebrochen bleibt: die ewige Lebenskraft aller Dinge, die sich jedoch teilt und unterteilt, so daß sie zur Sonne des Firmamentes wird, zur Lotosblume der Wasser unter der Erde und zur Rose allen Daseins über der Erde. Die Sonne bewahrt ihre eigene Lebenskraft ungebrochen für immer; und es gibt eine Lebenskraft des Meeres und aller Gewässer; und jedes lebendige erschaffene Wesen hat seine eigene, nie versagende

[6] Die flache, kreisförmige *patera*, genannt *umbilicata*, der Sarkophage, mit dem typischen "Knopf" bzw. einer Erhebung in der Mitte, läßt L. vermuten, es könne sich um ein kosmisches Symbol handeln, von daher *mundum*. Der *mundus*, wie er richtig heißt, ist jedoch vielmehr "die Grube, angefüllt mit den Knochen der Opfer, der Graben, der bei der Gründung angelegt wurde, um die Opferdarbringungen aufzunehmen, symbolische Verbindung zwischen der Welt der Lebenden und der Welt der Toten" (Ducati 1925 I 98; Dennis 1848 ed. 1907 I 35,181). Von daher können wir annehmen, daß L. einen Zusammenhang vermutete mit der *patera* der rituellen Trankopfer. Die *patera* als *mundum* zu bezeichnen, mag es auch eindrucksvoll sein, findet jedoch keinerlei Bestätigung, weder in der zu L.s Zeit gängigen etruskologischen Literatur noch in der aktuellen, und sollte deshalb als dichterische Freiheit betrachtet werden.

Lebenskraft. In jedem Menschen existiert daher seine Lebenskraft, wenn er noch Säugling ist, und ist er alt, bleibt sie die gleiche; als ein Funken, ein ungeborenes und nicht sterbendes, lebendiges Lebens-Elektron. Und für all die ist Sinnbild die *Patera*, die zum Blühen gebracht werden kann wie eine Rose oder wie die Sonne, die sich aber stets gleich bleibt, als der Keim inmitten des lebendigen Plasmas.

Und diese *Patera*, dieses Symbol, findet sich fast immer in der
Hand eines männlichen Toten. Wird eine Frau dargestellt, so
fällt ihr das Kleid in sanften Falten von den Schultern herab; sie
trägt glänzendes Geschmeide und hält in der Hand nicht das
Mundum, sondern den Spiegel, das Parfumkästchen, den Gra- 71
natapfel: Symbole ihrer reflektierten Natur oder ihres weiblichen
Wesens. Auch ihr aber wird ein stolzer, hochmütiger Blick
verliehen; gehört sie doch zu den geweihten Familien, die
herrschen und die Zeichen lesen.

Die Sarkophage und Bildnisse hier entstammen alle den Jahrhunderten des Verfalls, nachdem die Etrusker lange Umgang mit den Griechen gepflogen hatten, und vielleicht entstanden die meisten erst nach der Eroberung Etruriens durch die Römer. Genausowenig wie auf modernen Grabsteinen können wir daher frische, spontane Kunstwerke erwarten. Die Gräberkunst pflegt eine mehr oder weniger kommerzielle Angelegenheit zu sein. Der reiche Mann bestellt noch zu seinen Lebzeiten seinen Sarkophag, und der Bildner führt dann das Werk, je nach dem Preis, mehr oder weniger sorgfältig aus. Das Bildnis bemüht sich, die Züge des Bestellers wiederzugeben, und so gewinnen wir einigermaßen eine Vorstellung davon, wie die späteren Etrusker aussahen. Im dritten und zweiten Jahrhundert vor Christi Geburt, am kläglichen Ende ihrer nationalen Existenz, sehen sie den Römern jener Zeit, deren Büsten wir so gut kennen, recht ähnlich. Und oft wird ihnen das ermündend hoffärtige Aussehen von Leuten verliehen, die in Wahrheit nicht mehr zu herrschenden Schicht gehören und nur durch ihre Wohlhabenheit noch etwas gelten.

Doch wenn auch die etruskische Kunst romanisiert und verdorben ist, so scheint in ihr doch noch ein gewisses natürliches Empfinden durch. Die etruskischen *Lucumones*, fürstliche Amtsherren, waren vornehmlich religiöse Seher; sie hatten eine

wichtige religiöse Stellung inne und waren nur nebenher Amtsherren und Fürsten. Sie waren nicht Edelleute im germanischen Sinne, nicht einmal Patrizier im römischen Stil. Sie waren vor allem die Wahrer der heiligen Mysterien und erst in zweiter Linie Amtspersonen und wohlhabende Familienoberhäupter. Stets geht daher von ihren Monumenten etwas Vitales aus, ein Hauch von Lebenssymbolik. Und man wird unter den modernen
16 Grabdenkmälern schwerlich etwas so Vorzügliches finden wie den Sarkophag des Amtsherrn mit der vor ihm entfalteten beschrifteten Pergamentrolle — des Amtsherrn, dessen energisches, wachsames altes Gesicht ernst blickt und der um den Hals seine Kette und am Finger den seine Würde bekundenden Ring trägt. So sieht man ihn im Museum von Tarquinia. Das Kleid läßt seinen Oberkörper frei bis zu den Hüften, und er liegt schlaff und gelockert da, so daß jene Wirkung völliger körperlicher Entspannung entsteht, die die etruskischen Künstler so gut wiedergeben und die so schwer zu erreichen ist. Auf der einen Seite des Sarkophags eine bildliche Darstellung: die beiden Todesboten schwingen den Todeshammer; die geflügelten Gestalten erwarten die Seele und werden sich nicht fortkomplimentieren lassen. Schön ist diese Darstellung mit ihrer ungezwungenen, lebensnahen Schlichtheit. Aber sie ist in einer späten Zeit entstanden. Wahrscheinlich war dieser alte etruskische Richter schon ein von den Römern eingesetzter Beamter, denn er hält nicht das geweihte *Mundum*, die Schale, sondern nur die Schriftrolle, vermutlich mit einem Gesetzestext. Als wäre er nicht länger der religiöse Meister oder *Lucumo*. Obwohl vielleicht in diesem Fall der Tote überhaupt nicht zu den *Lucumones* gehörte.

Im oberen Stock des Museums befinden sich viele Vasen: Man sieht dort die alte Töpferware der Villanova-Leute sowie die frühen, schwarzen Gefäße, die durch eingeritzte Darstellungen oder auch gar nicht geschmückt waren und *bucchero* genannt werden; ferner die bemalten Näpfe, Schalen und Amphoren, die aus Korinth und Athen herüberkamen, und die bemalten Krüge, die die Etrusker selber, mehr oder weniger nach griechischen Vorlagen, herstellen. Diese Krüge mögen nicht unbedingt von Interesse sein, denn in der Vasenmalerei leisteten die Etrusker nichts Außerordentliches; sie müssen ihre Erzeugnisse indessen sehr geschätzt haben. Die großen Vasen, die kleinen Mischgefäße, Trinkbecher, Kannen und flachen Weinschalen bildeten in der Frühzeit einen wertvollen Bestandteil ihres Hausschatzes. In sehr frühen Jahrhunderten sind die Etrusker offenbar nach Korinth und nach Athen hinübergefahren, wobei sie vielleicht Weizen und Honig, Wachs und Bronzegeräte, Eisen und Gold auf ihren Schiffen mitnahmen, um mit diesen kostbaren Vasen, mit Stoffen, Parfums und Gewürzen heimzukehren. Und die Vasen, die sie ihrer gemalten Schönheit wegen von Übersee mitbrachten, wurden dann gewiß in ihren Hausschatz aufgenommen.

Später stellten die Etrusker jedoch eigene Töpferware her und ahmten die griechischen Vasen zu Tausenden nach. Es muß daher Millionen herrlicher Krüge in Etrurien gegeben haben. Schon im ersten Jahrhundert vor Christi Geburt waren die Römer darauf versessen, griechische und etruskische bemalte Vasen zu sammeln, die aus etruskischem Besitz, vor allem aus den etruskischen Gräbern stammten. Sie interessierten sich für Krüge und für die kleinen bronzenen Votivfiguren und Statuetten, die *sigilla Tyrrhena* der römischen Prachtliebe. Und als die Gräber zum erstenmal ausgeraubt wurden, weil man Gold- und Silberschätze erbeuten wollte, wurden vermutlich Hunderte erlesener Vasen umgestürzt und zerschmettert. Denn heute noch liegen die Scherben zerbrochener Vasen umher, wenn solch ein teilweise geplündertes Grab entdeckt und geöffnet wird.

Trotz alledem sind die Museen voller Vasen. Wenn man nach dem eleganten und konventionellen griechischen Stil, nach diesen eleganten, «noch ungeschändeten Bräuten der Todesruhe» [7]

[7] Bezieht sich auf den ersten Vers von John Keats "Ode on a Grecian Urn":

Thou still unravish'd bride of quietness!
Thou foster-child of Silence and Slow time,
Sylvan historian, who canst thus express
A flowery tale more sweetly than our rhyme?

"Du Braut der Stille, noch Ungeschändete!
Schützling des Schweigens und der Beschaulichkeit,
Waldesdichterin, so erzählst du
blumige Mär süßer als unsre Verse?"

Ausschau hält, wird man enttäuscht werden. Überwindet man indessen dieses seltsame, uns innewohnende Verlangen nach der eleganten Konvention, so werden die Vasen und Schalen der Etrusker, vor allem viele der schwarzen *bucchero*-Ware, aufblühen wie seltsame Blumen – schwarze Blumen, denen die Zartheit und die Empörung des Lebens gegen die Konvention zu eigen ist, oder rotschwarze Blumen, die mit erheiternd freien und kühnen Szenen bemalt sind. Fast immer äußert sich in etruskischen Dingen eine Natürlichkeit, die ans Banale grenzt, für gewöhnlich aber diese Grenze nicht überschreitet und häufig eine so freie und kühne, so frische Originalität erreicht, daß wir, die wir die Konvention und die «auf eine Norm reduzierte Dinge» lieben, solche Vollendung als eine "Bastard" Kunst und Banalität bezeichnen.

Es ist nutzlos, etruskische Dinge zu betrachten, um sich zu «erheben». Wenn man Erhebung wünscht, so gehe man zu den Griechen und zur Gotik. Möchte man Masse haben, gehe man zu den Römern. Liebt man aber die alten, spontanen Ausdrucksformen, die sich niemals auf einen Leisten bringen lassen, so gehe man zu den Etruskern. In dem bezaubernden kleinen Palazzo Vitelleschi könnte man viele Stunden verbringen, stände dem nicht entgegen, daß man eben wegen der Überfülle der Museen durch sie hindurchstürzt.

3. DIE BEMALTEN GRÄBER IN TARQUINIA *(1)*

Wir vereinbarten, daß uns der Führer zu den bemalten Gräbern bringen sollte, die Tarquinias eigentlichen Ruhm begründet haben. Nach dem Mittagessen machten wir uns auf den Weg, stiegen zum höchsten Punkt der Stadt hinauf und gelangten durch das südwestliche Tor zur ebenen Fläche des Hügelkamms. Als wir zurückblicken, tritt der mittelalterliche Stadtwall hervor, mit dem tiefer gelegenen Überrest einer noch älteren schwarzen Mauer. Gleich hinter dem Tor liegen ein oder zwei einsame neue Häuser; dann erstreckt sich das weitausgedehnte Tafelland des Hügelkamms, mit der weißen Landstraße, die plötzlich versinkt, um landeinwärts weiter nach Viterbo zu führen.

«Dieser ganze Hügel vor uns», sagt der Führer, «besteht aus Gräbern! Alles Gräber! Die Totenstadt.»

Dann ist dieser Hügel also der Nekropolishügel! Die Etrusker bestatteten ihre Toten niemals innerhalb der Stadtmauern. Und der moderne Friedhof und die ersten etruskischen Gräber schließen sich nahezu an die Stadtmauer an. Sollte daher die alte Stadt Tarquinia diesen Hügel eingenommen haben, so hätte sie kaum mehr Raum beansprucht als die jetzige kleine Stadt mit ihren wenigen tausend Einwohnern. Das erscheint undenkbar. Weit wahrscheinlicher ist, daß die eigentliche Stadt auf dem Hügel dort gegenüber lag, der sich ohne Makel ausbreitet und parallel zu unserem Stadttor verläuft.

Wir überqueren die verwilderte Strecke des Gipfels, wo die Steine zum Vorschein kommen, wo die erste Felsenrose flattert
und der Affodill sprießt. Das ist die Nekropole. Einst befanden 17
sich hier viele *Tumuli* und Gräberstraßen; jetzt findet sich von Gräbern keine Spur; kein *Tumulus*, nichts als der rauhe, kahle Hügelkamm mit Steinen und kurzem Gras und Blumen; zur

Rechten glänzt fern das Meer, unter der Sonne, und binnenwärts leuchtet das sanfte Land sehr grün und rein.

Doch wir gewahren eine kleine Mauer, die vielleicht gebaut wurde, um ein Wasserloch zu bedecken. Unser Führer geht geradewegs darauf zu. Er ist ein dicker, gutmütiger junger Mann, der nicht den Eindruck macht, als wäre er an Gräbern interessiert. Doch wir irren uns. Er weiß eine ganze Menge, zeigt ein lebhaftes, einfühlendes und völlig unaufdringliches Interesse und erweist sich als ein so angenehmer Begleiter bei solch einem Besuch, wie man ihn sich besser nicht hätte wünschen können.

Das Mäuerchen, das wir sehen, ist ein kleiner Überbau mit einem eisernen Tor und verdeckt eine Treppe, die unter die Erde führt. Inmitten der rauhen Unscheinbarkeit des Hügels stößt man ganz unvermittelt darauf. Der Führer kniet nieder, um seine Acetylenlampe anzuzünden, und sein alter Terrier streckt sich ergeben in der Sonne aus, umweht von der Brise, die ständig vom Südwesten her über diesen ausgedehnten, ungeschützten Gipfel streicht.

Die Lampe beginnt zu leuchten und zu rauchen, dann zu leuchten, ohne zu rauchen; der Führer öffnet das Eisentor, und wir steigen die steilen Stufen zum Grabe hinunter. Es wirkt wie ein dunkles, enges, unterirdisches Loch, nach dem Sonnenlicht des Tages! Doch die Lampe des Führers flackert auf, und so sehen wir uns in einem Felsenkämmerchen: einer kleinen, kahlen Zelle, in der ein Eremit gelebt haben könnte. Sie ist eng und kahl und intim, ganz anders als die glänzenden geräumigen Gräber in Cerveteri.

Die Lampe leuchtet jetzt hell auf, wir haben uns an das veränderte Licht gewöhnt und erblicken die Malereien an den
18 kleinen Wänden. Es ist das Grab der Jagd und des Fischfangs, das diesen Namen nach seinen Fresken erhalten hat und im sechsten Jahrhundert vor Christi Geburt entstanden sein soll. Es ist stark beschädigt; Stücke der Wand sind abgefallen, die Feuchtigkeit hat die Farben angefressen, nichts scheint erhalten geblieben. Doch in der trüben Beleuchtung sehen wir Schwärme von Vögeln durch den Dunst fliegen, die noch die Zugluft des Lebens in ihren Flügeln bewahren. Und als wir uns ein Herz fassen und näher hinschauen, sehen wir, daß der kleine Raum

rings herum mit dem dunstigen Himmel, dem dunstigen Meer, mit fliegenden Vögeln und springenden Fischen und kleinen jagenden, fischenden, in Booten rudernden Menschen bemalt ist. Der untere Teil der Wand ist ganz vom Blaugrün des Meeres bedeckt, mit einer sich kräuselnden Oberfläche als Silhouette, die um die Kammer herumläuft. Aus dem Meer ragt ein hoher Fels *19*
empor, von dem ein nackter Mann, schattenhaft, aber noch zu erkennen, prächtig und gewandt in die Fluten taucht, während hinter ihm ein Gefährte den Felsen hinaufklettert und ein Boot auf dem Wasser mit eingelegten Rudern wartet; drei Männer, von denen der mittlere sich nackt aufrichtet und seine Arme ausbreitet, beobachten den Taucher. Derweil springt hinter dem Boot ein großer Delphin hoch, und ein Vogelschwarm steigt auf, um sich am Felsen vorbei in die klare Luft emporzuschwingen. Über dem allem hängen von den die Wände umlaufenden Farbbändern regelmäßige Girlanden herunter, Girlanden mit Blüten und Blättern und Knospen und Beeren, Girlanden, die zu Mädchen und Frauen passen, den blumenhaften Kreislauf des weiblichen Lebens und Geschlechts versinnbildlichen. Der oberste Rand der Wände besteht aus horizontalen Streifen oder Farbbändern, die den ganzen Raum umspannen und in Rot und Schwarz, in stumpfem Gold, Blau und blassem Gelbgrün gehalten sind, und das sind die Farben, die ständig wiederkehren. Die Männer sind fast immer in dunklem Rot gemalt: der Farbe, die viele Italiener annehmen, wenn sie sich nackt der Sonne aussetzen, wie das die Etrusker zu tun pflegten. Frauen werden blasser dargestellt, weil sie sich nicht nackt in die Sonne begaben.

Auf der hinteren Wand, in die eine Nische eingelassen ist, sieht man einen anderen aus dem Meer aufsteigenden Felsen; auf ihm steht ein Mann und zielt mit einer Schleuder auf Vögel, die nach allen Seiten aufflattern. Ein Boot mit einem großen Ruder stößt vom Felsen ab; ein nackter Mann mittschiffs entbietet dem Schleuderer einen seltsamen Gruß; ein anderer kniet im Vorderschiff, er kehrt seinen Gefährten den Rücken zu und wirft ein Netz aus. Der Bug des Bootes hat ein köstlich gemaltes Auge, damit das Fahrzeug zu erkennen vermag, wohin die Fahrt geht. In Syrakus sieht man heute noch viele zweiäugige Boote am Kai anlegen. Ein Delphin taucht im Meer unter, ein anderer springt hoch. Die Vögel fliegen, und die Girlanden hängen vom Rand herunter.

Alles ist klein und heiter und lebenslustig: ungezwungen, wie nur junges Leben zu sein vermag. Wäre das Fresko nicht so stark beschädigt, so könnte man zufrieden sein, denn hier äußert sich die echte etruskische Lebendigkeit und Natürlichkeit. Sie ist nicht beeindruckend oder erhaben. Möchte man aber nur eben den schnellen Pulsschlag des Lebens verspüren, so wird man ihn hier finden.

Das kleine Grab ist leer, abgesehen von seinen schattenhaften Malereien. Kein Felsenbett läuft herum: nur eine tiefe Nische diente dazu, um Gefäße — vielleicht Gefäße voller Kostbarkeiten — aufzunehmen. Der Sarkophag stand auf dem Boden, vielleicht unter dem Mann mit der Schleuder an der hinteren Wand, und zwar allein, denn dies ist ein nur für eine Person bestimmtes Einzelgrab, wie das bei den älteren Gräbern dieser Nekropole üblich ist.

Im dreieckigen Giebel der hinteren Wand, über dem Mann mit der Schleuder und dem Boot, wird der Raum mit einer jener so häufigen Szenen etruskischer Totenbankette ausgefüllt.

Der Tote, der kaum mehr erkenntlich ist, liegt auf seinem für das Festmahl gerüsteten Ruhebett mit einer flachen Weinschale in der Hand und stützt sich auf den Ellbogen; neben ihm, gleichfalls halb aufgerichtet, ruht eine stattliche und mit Schmuck behängte edle Frau in prächtigen Kleidern, deren linke Hand offenbar auf der nackten Brust des Mannes liegt. Mit ihrer Rechten streckt sie ihm die Girlande entgegen — die Girlande als weibliches Festgeschenk. Hinter dem Mann steht ein nackter junger Sklave, vielleicht mit einem Musikinstrument, während daneben ein anderer nackter Sklave gerade mit einer stattlichen Amphore einen Weinkrug auffüllt. Neben der Frau steht ein Mädchen, das eine Flöte spielt: denn bei stilgerechten Begräbnissen war eine Flötenspielerin vorgesehen, und im Hintergrund sitzen zwei Mädchen mit Girlanden und zwei Vögeln, vielleicht Tauben. Auf der Wand, hinter dem Kopf der am Bankett teilnehmenden vornehmen Frau, befindet sich ein nicht genau erkennbarer Gegenstand, wahrscheinlich ein Vogelkäfig.

Die Szene ist so natürlich wie das Leben, und doch eignet ihr schwerwiegende archaische Bedeutung. Sie stellt ein Totenmahl dar, und zugleich nimmt der Tote an einem Festmahl in der Unterwelt teil, denn die Unterwelt der Etrusker war ein heiterer Ort. Während die Lebenden im Freien am Grabe des Verstorbenen pokulierten, tafelte der Tote ebenso in der Entrückung der Unterwelt, wobei ihm eine edle Frau Girlanden darbot und Sklaven ihm Wein brachten. Denn das Leben auf Erden war ja so köstlich, das Leben dort unten konnte daher nur seine Fortsetzung darstellen.

Dieser tiefe Glaube an das Leben, die Lebensbejahung scheint ein Kennzeichen der Etrusker zu sein. Man spürt das noch in den bemalten Gräbern. Ein besonderer Zauber, ein Tanzrhythmus spricht aus allen Bewegungen, selbst aus denen der nackten Sklaven. Sie sind durchaus nicht unterdrückte Knechtsnaturen, was auch später die Römer von ihnen sagen mögen. Die Sklaven in den Gräbern schäumen über von Lebensfülle.

Wir steigen die Stufen zur Oberwelt hinauf, zu Seewind und Sonne. Der alte Hund erhebt sich humpelnd, der Führer bläst seine Lampe aus und verschließt das Tor, dann gehen wir weiter, während der Hund apathisch hinter seinem Herrn hertrottet und der Herr mit ihm redet, in jenem sanft-vertraulichen Ton, der sich so sehr vom Geist des Römers, des herrschenden Lateiners unterscheidet.

Der Führer überquert den Gipfel in der hellen Nachmittagssonne und steuert auf ein anderes kleines Gemäuer zu. Und wir bemerken, daß es zahlreiche solcher kleinen Torwege gibt; sie wurden von der Regierung gebaut, um die Treppen zu schützen, die zu den einzelnen Gräbern führen. Es ist alles ganz anders als in Cerveteri, obgleich die beiden Orte nicht vierzig Meilen voneinander entfernt liegen. Hier gibt es keine staatliche Grabhügelstadt, mit einer Straße zwischen den Gräbern, die im Innern recht vornehme vielräumige Totenhäuser enthalten. In Tarquinia scheinen die kleinen einräumigen Gräber aufs Geratewohl über die Gipfel verstreut zu sein: obgleich man wahrscheinlich auch hier, wenn man gründliche Ausgrabungen durchführen würde, eine planmäßig angelegte Totenstadt mit Straßen und Kreuzwegen vorfände. Und wahrscheinlich hatte ein jedes Grab seinen kleinen *Tumulus* aus aufgehäufter Erde, so daß es auch über der Erde Hügelstraßen mit Grabeingängen gab. Doch selbst dann wäre es nicht das gleiche wie in Cerveteri, in Caere: die Hügel wären kleiner, die Straßen gewiß unregelmäßiger.

Jedenfalls sieht man heute nur verstreute kleine Gräber mit einer Kammer, und wir tauchen in ihnen unter, genau wie Kaninchen, die in ein Loch hineinhuschen. Der Ort ist ein Kaninchenrevier.

Dieser Unterschied gegenüber Cerveteri ist interessant. Die Etrusker führten auf vollkommene Weise aus, was auf einen italienischen Urinstinkt zurückzugehen scheint, denn die Italiener schätzen einzelne unabhängige Städte mit einem zugehörigen Territorium — Gebiete, von denen ein jedes seinen eigenen Dialekt spricht und sich einer eigenen Hauptstadt erfreut, während der Bund der Stadtstaaten durch eine gemeinsame Religion und ein mehr oder weniger gemeinsames Interesse nur lose miteinander zusammenhängt. Selbst heutzutage unterscheidet sich Lucca von Ferrara, und die Sprache ist kaum dieselbe. Im alten Etrurien muß eine isolierte Entwicklung der Städte entsprechend ihrer Eigenart, inmitten des losen Zusammenschlusses zur sogenannten Nation, sehr weit gegangen sein. Ein Kontakt zwischen der Plebs, den breiten Volksschichten in Caere und Tarquinia war offenbar kaum vorhanden. Sie standen sich zweifellos wie Fremde gegenüber. Nur die *Lucumones* als regierende Amtsherren aus adeligem Geschlecht, die Priester und die andern Vornehmen sowie die Kaufleute hielten vermutlich Verbindung miteinander und sprachen ein «korrektes» Etruskisch, während sich das einfache Volk gewiß in Dialekten ausdrückte, die sich so weitgehend wie fremde Sprachen voneinander unterschieden. Damit wir uns von der vorrömischen Vergangenheit eine Vorstellung machen können, müssen wir den Gedanken aufgeben, es sei damals alles einheitlich und uniform gewesen — wir sollten der endlosen Vielzahl von Unterschieden gewahr werden.

Wir steigen in ein anderes Grab hinunter, das, wie der Führer sagt, das Grab der Leoparden heißt. Jedes Grab hat einen Namen erhalten, um es von seinen Nachbarn zu unterscheiden. Im Leopardengrab befinden sich zwei gefleckte Leoparden im

21. *Grab des Trikliniums (Tomba del Triclinio), 1830 entdeckt. 480-470 v. Chr. Rückwand mit Bankettszene kurz vor Beendigung des Mahls.*

22. Grab des Trikliniums. Rechte Seitenwand, in den 60er Jahren abgetragen und ins Museo Nazionale gebracht.

23. Reproduktion der rechten Seitenwand des Triklinium-Grabs, aus: Weege, Etruskische Malerei, 1921.

24. *Grab der Bacchanten (Tomba dei Baccanti), 1874 entdeckt. Ende 6. Jh. v. Chr. Gesamtansicht der Rückwand: Zitherspieler und tanzendes Paar.*

25. Grab des toten Mannes (Tomba del Morto), 1832 entdeckt. Ende 6. Jh. v. Chr. Ausschnitt mit Mann beim Bankett.

26. Grab der Löwinnen (Tomba delle Leonesse), 1877 entdeckt. Datierbar etwa 530 v. Chr. Ausschnitt der Rückwand: Tanzszene und am Tympanon Löwin.

27. Grab der Löwinnen. Ausschnitt der rechten Wand: Mann beim Bankett und Fries mit Enten und Delphinen.

28. Grab des jungen Mädchens (Tomba della Pulcella), 1865 entdeckt. Mitte 5. Jh. v. Chr. Rückwand (Ausschnitt) mit Bankettszene.

29. Grab der bemalten Vasen (Tomba dei Vasi Dipinti), 1864 entdeckt. Etwa Ende 6. Jh. v. Chr. Rechte Wand (Ausschnitt) mit Tänzer, Krater und schwarzfigurigen Amphoren.

30. Grab des alten Mannes (Tomba del Vecchio), 1864 entdeckt. Etwa Ende 6. Jh. v. Chr. Rechte hintere Ecke mit Bankettszene.

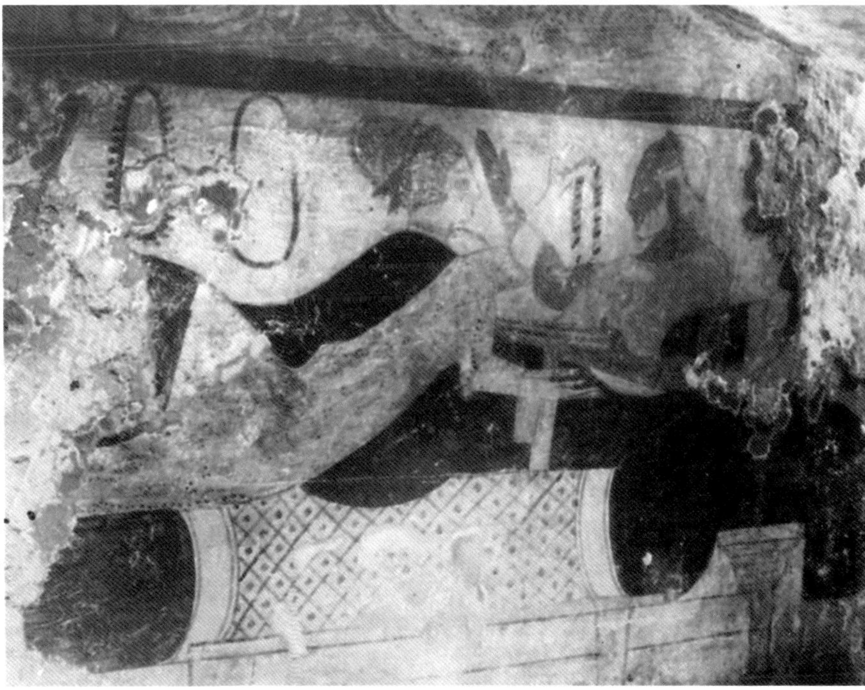

31. Grab der Inschriften (Tomba delle Iscrizioni), 1827 entdeckt. Ende 6. Jh. v. Chr. Linke, hintere Ecke mit Reiterprozession.

32. *Grab der Stiere (Tomba dei Tori), 1892 entdeckt. Um 550-540 v. Chr. Gesamtansicht der Rückwand.*

33. Grab der Stiere. Rückwand (Ausschnitt): "un po' di pornografico".

34. Grab der Stiere. Mittelteil der Rückwand: Achill (zu Fuß) lockt Troilos in eine Falle.

35. Chimära von Arezzo (Chimera d'Arezzo). Bronze, spätes 5. bis frühes 4. Jh. v. Chr. Restauriert von Benvenuto Cellini (Museo Archeologico, Florenz).

36. *Francesca-Giustiniani-Grab, 1833 entdeckt. Mitte 5. Jh. v. Chr. Gesamtansicht der Rückwand: Abschiednahme von einem Verstorbenen.*

37. Grab der Auguren (Tomba degli Auguri), 1877 entdeckt. Datierbar um 530 v. Chr. Rückwand (Ausschnitt); Abschiednahme von einem Verstorbenen. Die Person wird als Tanasar bezeichnet.

38. Grab der Auguren. Rechte Seitenwand (Ausschnitt): Kämpfer. Links ein Schiedsrichter oder ein Augur.

39. Grab der Auguren. Rechte Seitenwand (Ausschnitt): Das Phersu-Spiel: ein Mann mit übergezogener Kaputze und mit einer Keule in der Hand kämpft gegen einen an der Leine gehaltenen Bluthund.

40. Sarkophag der gemalten Amazonen; Herkunftsort: Tarquinia. Zweite Hälfte des 4. Jh. v. Chr. Die Seite des Deckels ist mit der Darstellung Aktaions dekoriert, der von seinen Hunden zerrissen wird. Auf der Truhe sind Kämpfe mit Amazonen dargestellt. (Museo Archeologico, Florenz).

Dreieck der hinteren Wand zwischen den Dachschrägen. Daher der Name.

Das Grab der Leoparden ist ein entzückender gemütlicher 20
kleiner Raum, und die Malereien an der Wand haben nicht so sehr Schaden gelitten. Alle Gräber sind bis zu einem gewissen Grade durch das Wetter und gemeinen Vandalismus zerstört worden, da man sie wie gewöhnliche Löcher ihrem Schicksal überließ, nachdem sie wiederum aufgebrochen und aufs gründlichste ausgeraubt worden waren.

Doch noch sind die Fresken frisch und voller Leben: Ihr Ockerrot, ihr Schwarz und Blau und Blaugrün wirken seltsam lebendig und harmonisch auf den gelblich weißen Wänden. Die meisten Grabwände sind mit einer dünnen Stuckschicht überzogen, die jedoch aus der gleichen Masse wie der lebende Fels besteht; dieser ist zartgelb und verwittert zu einem köstlichen Hellgold — einer schönen Farbe für einen Hintergrund.

Die Wände des kleinen Grabes sind ein einziger Freudentanz. Der Raum scheint noch von Etruskern aus dem sechsten Jahrhundert vor Christi Geburt bewohnt zu sein, einem lebhaften, lebensbejahenden Volk, das aus einer rechten Fülle heraus gelebt haben muß. Da nahen die Tänzer und Flötenspieler und bewegen sich in einem breiten Fries auf die vordere Wand des Grabes zu — die Wand, auf die wir blicken, wenn wir von der dunklen Treppe eintreten und auf der das Festmahl in seiner ganzen Pracht im Gange ist. Über dem Festmahl, in dem Winkel, den der Giebel bildet, sind die beiden gefleckten Leoparden, die einander über einen kleinen Baum hinweg anschauen, wie es die Heraldik verlangt. Und an der Decke der Felsenkammer sieht man karierte Schrägen mit roten und schwarzen und gelben und blauen Feldern, dazu einen Dachbalken, der mit farbigen — dunkelroten, blauen und gelben — Kreisen bemalt ist. So ist alles Farbe, und anscheinend befinden wir uns überhaupt nicht unter der Erde, sondern in einem heiteren Gemach aus vergangenen Tagen.

Die Tänzer auf der rechten Wand rücken vor in fremd anmutender machtvoller Behendigkeit. Die Männer sind nur mit einer lockeren farbigen Schärpe bedeckt oder mit einer heiteren, stattlichen, als Mantel drapierten *chlamys*. Der *Subulo*[1] spielt die Doppelflöte, die die Etrusker so sehr liebten, wobei er die Grifflöcher mit übertrieben großen Händen berührt; der Mann hinter ihm greift in die siebensaitige Leier; der Mann im Vordergrund wendet sich um und gibt mit der linken Hand ein Zeichen, während er einen großen Weinkrug in seiner Rechten hält. Und so schreiten sie weiter auf ihren langen, mit Sandalen bekleideten Füßen, an den kleinen früchtetragenden Olivenbäumchen vorüber; sie bewegen sich schnell mit Gliedmaßen, die voller Leben sind: voller Leben bis zu den Fingerspitzen.

Diese kräftige, starke Lebensfülle ist kennzeichnend für die Etrusker und gewissermaßen eine Erscheinung jenseits der Kunst. Man kann nicht an Kunst denken, sondern nur an das Leben selber, als wäre dies das wahre Leben der Etrusker, wenn man sie hier in ihren bunten Tüchern tanzen sieht, mit derben, aber üppigen nackten Gliedern, gerötet von Luft und Meereslicht; so ziehen sie tanzend und flötend vorüber, inmitten der kleinen Ölbäume, hinaus in den frischen Tag.

Die hintere Wand zeigt eine glänzende Bankettszene. Die Schmausenden lagen auf einer karierten oder buntgewürfelten Decke, die über das Ruhebett gebreitet ist; sie feiern im Freien, man sieht Bäumchen hinter ihnen. Die sechs Festgenossen sind keck und lebenslustig wie die Tänzer, doch sie sind stark: ihr so schönes und reiches Leben ruht in sich selbst; sie sind nicht ausgelassen, sie lassen sich nicht gehen, selbst nicht in ihren wilden Augenblicken. Sie liegen paarweise — Mann und Frau ruhen in gleicher Weise auf dem Lager —, seltsam zutraulich. Die beiden Frauen rechts und links werden *Hetaerae*[2], Kurtisanen, genannt, vor allem ihres blonden Haares wegen, das ein beliebtes Kennzeichen der Freudenmädchen gewesen zu sein scheint. Die Männer sind dunkel, mit rötlicher Hautfarbe und

[1] *subulo,-onis*, ein Wort von möglicherweise etruskischer Herkunft, bedeutet Flötenspieler, Querpfeifenspieler, gleichbedeutend mit dem bekannteren lateinischen *tibicen,-icinis* (Dennis, 1848 I, 321). Im alten Rom traten die etruskischen *subulones* beim Fest der Quinquatrus minori auf (Ovid, “Fasti” VI, Vers 651ff.).

[2] Der Gedanke stammt von Dennis (1848 ed. 1907 I, 323-327), der die biblische Episode der beiden Prostituierten Oholah und Oholibah aufgreift, Symbol Jerusalems und Samariens, von L. weiter unten im Zitat Ezechiel 23: 14-15 angeführt. S. auch Fußnote 7, Kap.4.

nackt bis zur Taille. Die Frauen, leicht hinskizziert auf dem gelblichen Felsen, sind hellhäutig und tragen dünne Kleider und prächtige Mäntel um ihre Hüften. Sie haben einen gewissen kecken und freien Blick — und vielleicht sind es wirklich Kurtisanen.

Der Mann am äußeren Ende hält zwischen Daumen und Zeigefinger ein Ei hoch und zeigt es der neben ihm ruhenden blonden Frau; sie streckt ihre linke Hand aus, als wollte sie seine Brust berühren. Er hält in der Rechten eine große Weinschale für das Trinkgelage.

Die nächsten, ein Mann und eine blonde Frau, blicken umher und entbieten ihren Gruß mit der rechten abgewinkelten Hand — der üblichen etruskischen Gebärde. Anscheinend grüßen auch sie das geheimnisvolle Ei, das der Mann neben ihnen hochhält; er ist offenbar der Verstorbene, für den das Fest gefeiert wird. Gegenüber dem ersten Paar steht ein nackter Sklave mit einem Kreuz im Haar und schwingt einen leeren Weinkrug, als wollte er sagen, er hole noch mehr Wein herbei. Weiter hinten hält ein anderer Sklave einen seltsamen Gegenstand, der wie eine Axt oder wie ein Fächer aussieht. Die letzten beiden Festgäste sind arg beschädigt. Einer von ihnen streckt dem andern Blumengewinde entgegen, aber er streift es ihm nicht über den Kopf, wie das noch heute in Indien als Ehrung üblich ist.

Über den Schmausenden, im Giebeldreieck strecken die beiden großen gefleckten Leoparden ihre Zunge heraus und heben eine Tatze; zu beiden Seiten steht ein Bäumchen. Das sind die Leoparden oder Panther des unterweltlichen Bacchus, die die Aus- und Eingänge der Lebenslust bewachen.

Es steckt ein Geheimnis, etwas Bedeutungsschweres in diesen schlichten Szenen, die einen tieferen Sinn haben als das Alltagsleben. Alles wirkt so heiter und leicht. Und doch äußert sich darin ein bedeutsamer innerer Gehalt, der über ästhetische Schönheit hinausgeht.

Wenn man sich hineinvertieft, gibt es viel zu sehen. Doch wenn man nur einen flüchtigen Blick darauf wirft, sieht man nicht mehr als eine rührende kleine Kammer mit wenig eindrucksvollen, halb verwischten, kritzeligen kleinen Malereien in Tempera.

Es gibt viele Gräber. Haben wir eines besichtigt, steigen wir wieder, ein wenig benommen, hinauf in die Nachmittagssonne, überqueren eine Strecke rauhen, gemarterten Hügellandes, und dann geht es wieder unter die Erde, wie Kaninchen im Bau. Das Hügelplateau ist ein Bauwerk aus Gräbern. Und allmählich wird die Unterwelt der Etrusker wirklicher als der helle Nachmittag dort oben. Man *lebt* nach und nach mit den gemalten Tänzern, den Festgenossen und Trauergästen und hält eifrig Ausschau nach ihnen.

21 Ein sehr reizvolles Tanzgrab ist die *Tomba del Triclinio* oder *del Convito,* was beides Grab des Festmahls bedeutet. In Form und Umfang ist es den andern Gräbern sehr ähnlich, die wir schon sahen. Es ist eine kleine Kammer von etwa fünfzehn mal elf Fuß, die Wände sind sechs und in der Mitte etwa acht Fuß hoch. Es ist wieder ein Grab für eine Person, wie fast alle bemalten Gräber hier. Wie die andern hat es keine Innenausstattung. Nur auf der hinteren Hälfte des Steinbodens ist der blasse gelb-weiße Fels zwei oder drei Zoll angehoben, und auf der einen Seite dieses höheren Teils befinden sich die vier Löcher, auf denen die Füße des Sarkophags standen. Im übrigen enthält das Grab nur die bemalten Wände und die Decke.

Und wie entzückend waren diese einstmals und sind es auch
22 noch! Der Streifen mit den tanzenden Gestalten, der sich um den Raum herumzieht, ist immer noch hell und frisch in den Farben; die Frauen tragen dünne getüpfelte Kleider aus leinenem Musselin und bunte Mäntel mit zarten Rändern, die Männer haben nur eine Schärpe. Wild wirft die Bacchantin ihren Kopf zurück und krümmt ihren langen, kräftigen Finger, wild und doch selbstbeherrscht, während sich der stämmige junge Mann zu ihr wendet und seine tanzende Hand zu der ihren emporhebt, bis sich die Daumen nahezu berühren. Sie tanzen im Freien an kleinen Bäumen vorüber, Vögel laufen umher, und ein kleiner fuchsschwänziger Hund beobachtet etwas mit der naiven Eindringlichkeit der Jugend. Wild und glückselig tanzt die nächste Frau, jeder Zoll von ihr tanzt in ihren weichen Schuhen und ihrem umsäumten Mantel, es tanzen die edelsteingeschmückten Arme; bis man sich an den alten Spruch erinnert, ein jeder Teil des Leibes und der Seele müsse die Religion kennen und mit den

Göttern in Verbindung stehen. Auf sie zu kommt ein junger Mann, der auf der Doppelflöte bläst und dabei tanzt. Er hat nur eine feine leinene, umsäumte Schärpe, die ihm über die Arme hängt, seine starken Beine tanzen von selber; so lebensvoll sind sie. Doch aus seinem Gesicht spricht zugleich eine feierliche Intensität, während er sich der Frau neben ihm zuwendet; sie neigt sich ihm entgegen und läßt ihre Kastagnetten spielen.

Sie ist mit hellem Teint dargestellt, wie alle Frauen, und er ist von dunkelroter Hautfarbe. Das ist so Brauch in den Gräbern. Aber es ist noch mehr als ein Brauch. In frühen Zeiten pflegten sich die Männer rot anzumalen, wenn sie ihre geheiligte Natur annahmen. Die Indianer tun das noch heute. Wenn sie als ihr geheiligtes und Unheil verkündendes Ich erscheinen wollen, malen sie ihren ganzen Körper rot an. In der Vergangenheit rieben sie sich bei jedem ernsthaften oder feierlichen Anlaß roten Farbstoff in die Haut. Sie tun es heute vielfach noch. Und wenn sie ihre Sicht schärfen und genau sehen wollen, umschmieren sie noch immer ihre Augen mit Zinnober, den sie in die Haut einreiben. So kann man ihnen auf den Straßen amerikanischer Städte begegnen.

Es ist ein uralter Brauch. Der amerikanische Indianer pflegt zu sagen: «Die rote Farbe ist Medizin, sie macht einen sehend.» Aber er versteht unter Medizin etwas anderes als wir. Der Sinn ist noch tiefgründiger als Zauberei. Zinnober ist die Farbe seines geheiligten, machtvollen oder göttlichen Leibes. Offenbar war das so in der gesamten antiken Welt. Ein völlig scharlachroter Mann war sein leibliches göttliches Ich. Wir wissen, daß die Könige des antiken Rom, die wahrscheinlich Etrusker waren, in der Öffentlichkeit mit Gesichtern erschienen, die sie mit Mennige rot gefärbt hatten. Und Ezechiel (23. Kap. 14,15) sagt: «... Sie sah die Bilder auf die Wand gemalt, die Bilder von Chaldäern, mit Mennige gemalt... sie alle waren wie Fürsten anzusehen, nach Art der Babylonier aus Chaldäa, ihrem Heimatland.»

So war es bei den Etruskern teilweise eine Konvention und teilweise ein Symbol, daß sie die Männer farbig, in kräftigem Rot darstellten. Hier in den Gräbern erscheint alles in seinem geheiligten Aspekt oder seiner inneren Bedeutung. Doch auch die rote Farbe ist nicht so unnatürlich. Wenn der Italiener heutzutage nahezu nackt den Meeresstrand aufsucht, nimmt er eine köstliche dunkelrote Farbe an, so dunkel wie ein Indianer. Und die Etrusker gingen häufig unbekleidet. Die Sonne gab ihnen die Farbe des geheiligten Mennige.

Die Tänzer tanzen weiter, die Vögel laufen einher, am Fuß eines Bäumchens rollt sich ein Kaninchen zu einem Ball, geballte Lebenslust. Und am Baum hängt eine schmale, mit Fransen besetzte Schärpe, wie eine priesterliche Stola; ein weiteres Symbol.

Auf der hinteren Wand ist ein Festmahl dargestellt, eine stark beschädigte, aber noch interessante Freske. Wir sehen zwei getrennte Ruhebetten, und auf einem jeden liegen ein Mann und eine Frau. Die Frauen sind diesmal dunkelhaarig; sie sind wohl nicht Kurtisanen. Die Etrusker teilen das Lager beim Festmahl mit ihren Frauen, was über das in jener Epoche bei Griechen und Römern Übliche hinausgeht. Die klassische Welt hielt es für unschicklich, wenn sich eine ehrbare Frau hinlegte, wie das die Männer zu tun pflegten, das galt sogar für den Familientisch. Wenn eine Frau überhaupt erschien, mußte sie gerade auf einem Stuhl sitzen.

Hier liegen die Frauen friedlich neben den Männern, und eine zeigt ihren nackten Fuß am unteren Ende des dunklen Ruhebetts. Vor einem jeden der *lecti,* der Lager, steht ein niedriges, viereckiges Tischchen, auf dem köstliche Speisen für die Festgäste gerichtet sind. Aber sie essen nicht. Eine Frau faßt mit der Hand an den Kopf, um dem bekleideten Flötenspieler am Rande des Freskos einen fremdartigen Gruß zu entbieten, die andere Frau scheint mit erhobener Hand ein reizendes Mädchen, vielleicht eine Magd, abzuweisen, die neben ihr steht und vermutlich das *alabastron* oder den Salbentopf anbietet, während der Mann daneben offenbar ein Ei hochhält. Kränze hängen von der oberen Efeuumrandung herunter, ein Junge bringt einen Weinkrug, die Musik spielt weiter, und unter den Betten schleicht eine Katze umher, die von einem wachsamen Hahn beobachtet wird. Das törichte Rebhuhn jedoch kehrt ihr den Rücken und geht unschuldig seines Weges.

In diesem lieblichen Grab zieht sich ein Muster von Efeu und Efeubeeren — vom Efeu des Bacchus der Unterwelt — das Dach entlang und umsäumt den oberen Rand der Wände. Die Dachschrägen sind in rote und schwarze, weiße, blaue, braune und gelbe Karrees aufgeteilt. Im Giebelfeld sitzen, statt der heraldischen Tiere, zwei nackte Männer und greifen nach einem efeubedeckten Altar im Hintergrund, wobei sie den Arm durch den Efeu strecken. Doch der eine Mann ist fast unkenntlich. Zu Füßen des andern Mannes, im engen Winkel des Daches, sitzt eine Taube, der Vogel der Seele, die aus dem Unsichtbaren ihr Gurren hören läßt.

Dieses Grab ist seit 1830 geöffnet und hat noch seine Frische bewahrt. Interessant ist ein altes Aquarell mit einer Darstellung 23
der Tänzer auf der rechten Wand, das Fritz Weege in seinem Buche: «Etruskische Malerei» abgebildet hat. Es ist ein gutes Aquarell; sieht man jedoch näher hin, enthält es mehrere Irrtümer, die sowohl die Zeichnung als auch die Stellung betreffen. Da diese etruskischen Malereien nicht unserer konventionellen Auffassung entsprechen, sind sie recht schwer zu kopieren. Auf der Abbildung sieht mein Kaninchen ganz scheckig aus, als wäre es eine sonderbare Katze. Und man bemerkt auch ein Eichhörnchen auf dem Bäumchen vor dem Flötenspieler sowie Blumen und viele Einzelheiten, die jetzt verschwunden sind.

Doch es ist ein gutes Aquarell, im Gegensatz zu andern Reproduktionen in Weeges Buch, die so klassizistisch und präzisiert sind und so sehr dem angeglichen wurden, was sie nach Auffassung unserer Urgroßväter sein *sollten,* daß sie wirklich komisch wirken und eine Warnung vor jedem Denken bedeuten, das die Dinge so machen möchte, wie sie sein *sollten,* wenn sie schon höchst vollkommen das sind, was sie sind.

Wir klettern in die Welt hinauf und wandern ein paar Minuten durch das offene Tageslicht. Dann geht es wieder hinunter. Im Grab der *Bacchanti* sind die Farben fast verblichen. 24
Aber noch sehen wir auf der hinteren Wand einen seltsam nachdenklichen Tänzer mit seiner Zither aus den Nebeln der Zeit auftauchen, und hinter ihm, hinter dem Bäumchen, einen Mann aus der dunklen antiken Welt, einen Mann mit einem kurzen Bart, kräftig und von geheimnisvoller Männlichkeit, der

nach einem wilden archaischen Mädchen greift; sie ihrerseits wirft ihre Hände hoch und kehrt ihm ihr erregtes, feines Gesicht zu. Es ist köstlich, welche Kraft und welches Mysterium des antiken Lebens aus diesen verblaßten Figuren zum Vorschein kommt. Die Etrusker sind immer noch gegenwärtig auf dieser Wand.

Über den Gestalten im Giebelfeld, auf beiden Seiten des Altars, springen zwei gefleckte Hirsche in heraldischer Courtoisie gegeneinander, und hinter ihnen heben zwei dunkle Löwen mit blassen Mähnen und heraushängenden Zungen ihre Pranke, um sie in der Hinterhand zu packen. So wiederholt sich die alte Geschichte.

Von der gestreiften Borte hängen derbe Blumengewinde herunter, und auf dem Dach sind kleine gemalte Sterne oder vierblättrige Blumen. Allzuviel ist verschwunden! Doch welch ein Leben spricht noch aus dem letzten Hauch von Farbe und Form!

In der *Tomba del Morto,* dem Grab des toten Mannes, ist die Bankettszene durch ein Bild ersetzt, das offenbar einen Toten auf seinem Bett darstellt, während sich eine Frau liebevoll über ihn neigt, um sein Gesicht zu bedecken. Es gleicht fast einer Bankettszene. Aber es ist so stark beschädigt. Im Giebelfeld darüber heben zwei dunkle heraldische Löwen die Pranke gegen zwei hüpfende, erschrockene, rückwärts blickende Vögel. Das ist eine neue Variation. Auf der geborstenen Wand sieht man die
25 tanzenden Beine eines Mannes, und es steckt mehr Leben in diesen etruskischen Beinen, auch wenn sie nur ein Fragment sind, als in den vollständigen Körpern der heutigen Menschen. Dann gibt es noch die wirklich beeindruckende Gestalt eines nackten Mannes, der seine Arme hochwirft, so daß sein großer Weinkrug emporragt, und der mit gespreizter Hand und verschlossenem Gesicht eine seltsam zweckbestimmte Geste vollführt. Er hat einen Kranz auf dem Kopf und trägt einen kleinen Spitzbart; so lebt er dort schattenhaft und bedeutsam.

26 Entzückend ist auch die *Tomba delle Leonesse,* das Grab der Löwinnen. In seinem Giebelfeld schwingen zwei gefleckte Löwinnen ihre glockenartigen Euter und blicken über den Altar hinweg einander heraldisch an. Darunter befindet sich ein großes

Gefäß, und ein Flötenspieler spielt auf der einen Seite, ein Zitherspieler auf der andern; so musizieren sie für einen geheiligten Inhalt. Auf beiden Seiten dieser Musikanten läuft ein schmaler Fries von Tänzern, die in ihren sich bäumenden Bewegungen sehr kräftig und lebendig wirken. Unter dem Fries der Tänzer ist ein Lotosmuster und darunter, ringsum auf allen Wänden, springen Delphine, schnellen alle hinab in die sich kräuselnde See, während Vögel zwischen den Fischen umherfliegen.

Auf der rechten Wand ruht ein sehr beeindruckender dunkelroter Mann auf seinem Lager; er trägt eine merkwürdige Kappe oder auch einen Kopfputz mit langen Schwänzen, die wie Zöpfe aussehen. Mit der rechten Hand hält er ein Ei empor, und in seiner Linken sieht man die flache Weinschale des Festmahls. Die 27
Schärpe oder Stola, das Zeichen seines irdischen Amtes, hängt vor ihm von einem Baum herunter, und das Blumengewinde seiner menschlichen Freude hängt an seiner Seite. Er hält das Ei der Auferstehung in die Höhe, in dem, wie die Seele im Grabe, der Keim schläft, bevor er die Schale zerbricht und wieder zum Vorschein kommt. Es gibt noch einen andern ruhenden Mann, der sehr undeutlich ist, und neben ihm hängt ein Blumengebinde oder eine Kette, die an die Kette aus Löwenzahnstengeln erinnert, wie wir sie als Kinder flochten. Und dieser Mann hat einen nackten Flötenknaben neben sich, mit entzückenden Konturen, der auf ihn zukommt.

Die *Tomba della Pulcella,* das Grab der Jungfrau, zeigt 28
verwitterte, aber sehr kräftige Gestalten beim Festmahl, schön verzierte Decken für die Ruhelager mit karierten Feldern und dem Schlüsselmuster sowie prächtige Mäntel.

In der *Tomba dei Vasi dipinti,* dem Grab der bemalten Vasen, 29
sieht man große bemalte Amphoren auf der Seitenwand, und auf sie zu springt ein unheimlicher Tänzer, die Enden seines Leintuchs flattern hinter ihm her. Auf zwei der Amphoren ist die Szenerie noch erkennbar. Auf der hinteren Wand ist eine friedliche kleine Bankettszene dargestellt, auf der der bärtige Mann die Frau neben ihm sanft ans Kinn faßt, ein junger Sklave steht kindlich dahinter, und unter dem Ruhebett sitzt ein wachsamer Hund. Die *kylix* oder Weinschale, die der Mann in

der Hand hält, ist sicherlich die größte bisher festgestellte; sie ist zweifellos so übertrieben, um die ganz besondere Bedeutung des Festes darzutun. Sehr sanft und liebevoll ist die Art, wie er die Frau mit einer zarten Liebkosung unter das Kinn faßt. Wiederum zeigt sich hier einer der besonderen Reize etruskischer Malerei: Sie hat wahrhaftig einen Sinn für Verbundenheit, die Menschen und Geschöpfe stehen wirklich in Beziehung zueinander. Es ist das eine der seltensten Eigenschaften, im Leben wie in der Kunst. Plumpes Betatschen und Festhalten gibt es zur Genüge, aber keine wirkliche Verbundenheit. Auf Bildern vor allem mögen sich die Leute berühren, sich umarmen oder anfassen. Es fehlt jedoch der sanfte Fluß der Verbundenheit. Die Beziehung kommt nicht aus der Mitte des menschlichen Wesens. Sie ist lediglich oberflächlich und eine Gegenüberstellung von Gegenständen. Deshalb wirken viele der großen Meister so langweilig, trotz all ihrer Gewandtheit in der Komposition. In dieser verblaßten etruskischen Malerei spürt man jedoch den stillen Fluß einer Verbundenheit, der den Mann und die Frau auf dem Ruhebett, den schüchternen Knaben hinter ihnen, den Hund, der seine Nase hebt, und sogar die von der Wand herabhängenden Girlanden miteinander vereint.

Über dem Festmahl, im Dreieck, haben wir statt Löwen und Leoparden das Seepferdchen — ein von der etruskischen Phantasie bevorzugtes Tier. Es ist ein Pferdchen, das in einen langen, herabhängenden Fischschwanz ausmündet. Hier blicken die beiden Seepferdchen einander an und stolzieren auf ihren Vorderbeinen, während ihre Fischschwänze in den engen Winkel des Dachs hineinhängen. Sie sind das Lieblingssymbol der am Meer wohnenden Etrusker.

In der *Tomba del Vecchio,* dem Grab des alten Mannes, ist eine wunderschöne Frau zu sehen, deren Haar auf dem Hinterkopf kegelförmig im östlichen Stil hochgebunden ist, so daß ihr Kopf einer schräg zulaufenden Eichel gleicht; sie überreicht ihre elegante Girlande dem weißbärtigen alten Mann, der schon über Girlanden hinaus ist. Er hebt seine linke Hand zu ihr empor, mit der vielsagenden Gestik dieses Volkes.

Über ihnen werden die sich bäumenden gefleckten Rehe von zwei Löwen in der Flanke gefaßt. Und die Wellen der 'Zerstörung, die Verwitterung und die Beschädigung durch den Menschen, ziehen unmerklich, aber stetig über alles hinweg.

So wandern wir weiter, sehen ein Grab nach dem andern, eine Düsternis nach der andern, und sind hin- und hergerissen zwischen der Freude, so viel zu finden, und der Enttäuschung, daß so wenig übrigbleibt. Ein Grab nach dem andern, und fast alles ist verwittert oder weggefressen oder von Alkali fortgeätzt oder absichtlich zerstört. Bruchstücke von Festgästen, Glieder, die ohne Tänzer tanzen, Vögel, die im Nirgendwo fliegen, Löwen, deren gefräßige Köpfe fortgefressen sind! Einstmals war alles hell und tanzend: die Seligkeit der Unterwelt; die Toten wurden mit Wein geehrt, Flöten spielten zum Tanz auf, und Glieder wirbelten und drängten. Und die Ehre war tief und aufrichtig, die man den Toten und den Mysterien erwies. Das widerspricht unseren Vorstellungen, aber die Alten machten sich ihren eigenen Vers darauf. Wie ein antiker heidnischer Schriftsteller sagt: «Denn es soll keinen Teil von uns oder von unseren Leibern geben, der nicht die Religion fühlte: und laßt es der Seele nicht am Gesang fehlen und den Knien und Herzen nicht am Hüpfen und Springen, denn sie alle kennen die Götter.»

Bei den etruskischen Tänzern ist das offensichtlich. Sie haben die Götter erfahren bis in die Fingerspitzen. Die wunderbaren Bruchstücke von Gliedern und Leibern, die in einem Felde der Vernichtung tanzen, kennen noch immer die Götter und tun es uns kund.

Aber wir können kaum noch weitere Gräber sehen. Als wir abermals auftauchen, wirkt die Luft oben blaß und unkörperlich, weiß vom Licht des Meeres und des anbrechenden Abends. Und matt und langsam steht der alte Hund wieder auf, um uns zu folgen.

Wir beschließen, daß die *Tomba delle Iscrizioni,* das Grab der Inschriften, für heute der Abschluß sein soll. Es ist düster, aber faszinierend, als die Lampe aufflammt, und wir sehen die hintere Wand vor uns, auf der eine mit matt glänzenden Nägeln besetzte blinde Tür gemalt ist, als wenn sie dahinter in ein anderes Zimmer führte. Von links reitet eine Schar schattenhafter, schlanker Reiter heran, und von rechts naht ein Zug wilder schattenhafter Tänzer, wild wie Dämonen.

Die Reiter sind nackt auf vier nackten Pferden, sie gestikulieren, während sie sich der gemalten Tür nähern. Die Pferde sind abwechselnd rot und schwarz: die roten haben blaue Mähnen und Hufe, die schwarzen rote oder weiße. Es sind große archaische Pferde mit schlanken Beinen, mit gebogenen Nacken wie ein krummes Messer. Sie kommen gravitätisch und schmuck daher mit ihren langen Schwänzen; so streben sie zur dunkelroten Todestür.

Von links stürzt wild der Strom der Tänzer herbei; sie musizieren, tragen Blumengewinde oder Weinkrüge, heben ihre Arme wie ausgelassene Zecher, heben ihre gelenkigen Knie und geben Zeichen mit ihren langen Händen. Neben manchen sind kleine Inschriften angebracht: ihre Namen.

Und über der blinden Tür im Giebelfeld befindet sich ein schönes Muster: zwei schwarze Löwen mit weiten Rachen und blassen Mähnen sitzen Rücken an Rücken; zwischen ihnen steigen ihre Schwänze auf wie gebogene Blumenstengel, während ein jeder eine schwarze Pranke hebt, um den gekrümmten Kopf eines sich kauernden gefleckten Rehs zu schlagen, das vor dem Todesstreich zurückzuckt. Hinter jedem Reh erscheint ein kleinerer dunkler Löwe im spitzen Winkel des Daches und schickt sich an, das zurückscheuende Tier in der Hinterhand zu packen, um ihm so die zweite Todeswunde zuzufügen. Die Todeswunden sitzen im Nacken und in der Flanke.

Die gegenüberliegende Wand des Grabes zeigt Ringkämpfer und Spieler; aber so schattenhaft wirken sie jetzt! Wir können nicht länger die Schatten sehen, nicht weiter in ihnen nach dem unbezwingbaren Leben der Etrusker Ausschau halten — der Etrusker, die die Römer lasterhaft nannten, deren Dasein indessen in diesen Gräbern frisch und ungetrübt lebendig bleibt.

Die Luft oben ist dünn und bläßlich und irgendwie leer. Wir können keine der beiden Welten mehr sehen: weder die etruskische Unterwelt noch das gewöhnliche Tageslicht. Schweigend, erschöpft gehen wir im Winde zur Stadt zurück, während der alte Hund stoisch hinterherhumpelt.

Die etruskischen Darstellungen verfolgen uns. Diese Leoparden mit ihren langen heraushängenden Zungen, diese wallenden Seepferdchen, diese in Flanke und Nacken getroffenen, zusammengekauerten, gefleckten Rehe ergreifen Besitz von der Phantasie und lassen sie nicht mehr los. Und wir sehen das wogende Meeresufer, die umherschießenden Delphine, den gewandten Taucher, den kleinen Mann, der hinter ihm so eifrig den Felsen hinaufklettert. Dann die bärtigen Männer, die während des Banketts auf ihren Ruhebetten lagern — wie halten sie das geheimnisvolle Ei empor! Und die Frauen mit dem kegelförmigen Kopfputz — wie seltsam neigen sie sich vor, mit Liebkosungen, die wir nicht mehr kennen! Die nackten Sklaven beugen sich fröhlich über die Weinkrüge. Ihre Nacktheit ist eine Kleidung eigener Art, ungezwungener als Gewandung. Aus den Kurven ihrer Glieder spricht Lebensfreude — eine Freude, die die Glieder der Tänzer, ihre großen, langen, ausgestreckten, bis zu den Fingerspitzen tanzenden Hände noch tiefer erfaßt hat, in einem Tanze, der von innen aufbrandet, wie eine Strömung im Meere. Als wenn sie die Strömung eines starken andersartigen Lebens überflutete, die sich von der seichten Strömung unserer Gegenwart unterscheidet: als ob sie ihre Lebenskraft aus Tiefen gewännen, die uns versagt sind.

Doch in wenigen Jahrhunderten verloren sie ihre Vitalität. Die Römer saugten ihnen das Leben aus. Es scheint fast, als ob es der Widersetzlichkeit gegen das Leben, der Anmaßung und Überheblichkeit, wie die Römer sie kannten — einer Kraft, die notwendig moralisch ist oder die die Moral als Deckmantel für ihre innere Verwerflichkeit mit sich führt —, immer gelänge, das natürliche Blühen des Lebens zu zerstören. Und doch gibt es noch immer einige wilde Blumen und Geschöpfe.

Das natürliche Blühen des Lebens! Für menschliche Wesen ist das nicht so einfach, wie es klingt. Hinter aller etruskischen Lebendigkeit steht eine Lebensreligion, für die die führenden Männer tiefe Verantwortung trugen. Hinter all dem Tanz stand eine Schau und eine Wissenschaft vom Leben, eine Auffassung vom Weltall, die bewirkte, daß Menschen ihre Fähigkeiten ausschöpften.

Für die Etrusker war alles lebendig, das ganze Weltall; und es war die Aufgabe des Menschen, selber inmitten all dessen zu leben. Er hatte das Leben in sich hineinzuholen, es aus den ungeheuren Lebensmächten zu gewinnen, die die Welt durchwanderten. Der Kosmos war lebendig wie eine unermeßliche Kreatur. Alles atmete und bewegte sich. Ausdünstung stieg hoch wie der Atem eines Wals — dampfte empor. Der Himmel empfing sie in seinem blauen Busen, atmete sie ein, bedachte und verwandelte sie, bevor er sie wieder ausatmete. In der Erde drinnen brannten Feuer wie die Hitze in der heißen roten Leber eines Tieres. Aus den Spalten der Erde drang ein Hauch von andern Atemzügen, drangen Dämpfe, die unmittelbar aus der lebendigen, stofflichen Unterwelt stammten, Dünste, die Erleuchtung mit sich brachten. Das Ganze war lebendig und hatte eine große Seele oder *Anima,* und trotz der einen großen Seele gab es Myriaden umherschweifender kleinerer Seelen: jeder Mensch, jedes Geschöpf, jeder Baum und See und Berg und Fluß war beseelt und hatte sein eigenes besonderes Bewußtsein. Und hat es auch heute noch.

Der Kosmos war eins, und seine *Anima* war eins; aber er war aus Geschöpfen zusammengesetzt. Und das größte Geschöpf war die Erde, mit ihrer Seele aus innerem Feuer. Die Sonne war nur ein Widerschein oder ein Ableger oder eine leuchtende Handvoll des großen inneren Feuers. Aber gleichgeordnet zur Erde lag das Meer, lagen die Gewässer, die eine eigene tiefe Seele bewegte und bedachte und zusammenhielt. Erde und Wasser lagen Seite an Seite, zusammen und völlig voneinander verschieden.

So war es. Das Weltall, das ein einziges Leben mit einer einzigen Seele bildete, veränderte sich im gleichen Augenblick, in dem man darüber nachdachte, und wurde zu einem Doppelgeschöpf mit zwei Seelen: einer Feuer- und einer Wasserseele, die sich ständig vermischten und ständig auseinanderstrebten und durch die große Lebenskraft des Universums in einem letzten Gleichgewicht gehalten wurden. Aber sie strömten zusammen und strömten auseinander und wurden sofort zu Myriaden: zu Vulkanen und Meeren, dann zu Strömen und Bergen, zu Bäumen, Tieren und Menschen. Und alles war doppelt oder enthielt seine eigene Zweiheit, da es sich ständig vermischte und auseinanderstrebte.

Die alte Vorstellung von der Lebenskraft des Weltalls wurde schon lange vor dem Beginn der Geschichte entwickelt und in einer umfassenden Religion genau ausgeführt, bevor wir einen

Schimmer davon wahrnahmen. Wo immer Geschichte beginnt, in China oder Indien, Ägypten, Babylonien, selbst im Stillen Ozean und im ursprünglichen Amerika, finden wir Beweise für eine zugrunde liegende religiöse Idee: die Vorstellung von der Lebenskraft des Kosmos, von den unzähligen Lebenskräften in wildem Durcheinander, die dennoch geordnet sein müssen. Inmitten all dieses brodelnden Wirrwarrs besteht der Mensch sein Abenteuer, kämpft, bemüht sich um eines: das Leben, die Lebenskraft, damit er selber immer mehr von der strahlenden Vitalität des Kosmos sich einverleiben kann. Das ist der Schatz. Die aktive religiöse Idee besteht darin, daß der Mensch durch rege Aufmerksamkeit, Feinfühligkeit und Aufbietung all seiner Kraft mehr Leben, immer mehr glitzernde Vitalität in sich hineinholen soll, bis er wie der Morgen erglänzt, wie ein Gott leuchte. Wenn er ganz er selber war, malte er sich rot an wie der Schlund der Morgenröte und war Gottes Leib, deutlich sichtbar, rot und äußerst lebendig. So war er ein Fürst, ein König, ein Gott oder ein etruskischer *Lucumo*: Pharao oder Belsazar oder Assurbanipal oder Tarquinius; später, in einem schwächeren *Decrescendo*, Alexander oder Caesar oder Napeolen.

Das ist der Leitgedanke, der hinter all den großen alten Kulturen stand. Er war sogar — halb verwandelt — ein Hintergedanke Davids und fand seinen Ausdruck in den Psalmen. Doch von David ab wurde der lebende Kosmos lediglich zu einem persönlichen Gott. Bei den Ägyptern, Babyloniern und Etruskern gab es strenggenommen keine persönlichen Götter. Es gab nur Idole oder Symbole. Es gab den lebenden Kosmos selber in seiner verwirrenden und beklemmenden Vielfalt, der göttlich war und nur von der stärksten Seele und nur in besonderen Augenblicken betrachtet werden konnte. Und nur die einzigartige Seele vermochte es, eine letzte Flamme des Lebensfeuers sich einzuverleiben. Dann gab es wahrhaftig einen Gott-König.

Darin besteht die uralte Königsidee: Die Könige sind Götter durch Lebenskraft, weil sie die Lebenskräfte des Universums sammeln und weil sie substantiell dem zentralen Feuer angehören, bis sie den Purpur tragen. Die Pharaonen und die Könige von Ninive, die Könige des Ostens und die etruskischen *Lucumones* sind der lebende Hinweis auf das reine Feuer, auf die kosmische Lebenskraft. Sie sind der lebendige Schlüssel zum Leben, der zinnoberrote Wegweiser zum Mysterium und zu der Wonne von Leben und Tod. Sie, in ihrem eigenen Leibe, schließen die weite Schatzkammer des Kosmos ihrem Volke auf und fördern das Leben zutage; zugleich weisen sie den Weg in das Todesdunkel, das das blaue Brennen des einen Feuers ist. Sie, in ihren eigenen Leibern, sind die Lebensbringer und die Todesführer; sie führen voran in der Finsternis und treten wieder heraus in den hellen Tag, mit mehr als Sonnenlicht in ihren Leibern. Ist es verwunderlich, daß solche Tote in Gold gehüllt werden oder gehüllt wurden?

Die Lebensbringer und die Todesführer. Doch sie stellen Wachen auf an den Toren für Leben und Tod. Sie hüten die Geheimnisse und sichern den Weg. Nur wenige sind eingeweiht in das Mysterium des Lebensbades und des Todesbades: des Teiches inmitten des Teiches, in dem ein Mensch, wenn man ihn hineintaucht, dunkler als Blut wird vom Tode, und heller als Feuer vom Leben; bis er zuletzt in königlichem Scharlach erscheint, als ein Teil des lebendigen Lebens, als reines Zinnoberrot.

Das Volk ist nicht eingeweiht in die kosmischen Vorstellungen, es hat auch nicht teil am erwachten Pochen eines lebendigeren Bewußtseins. Was man auch versuchen mag: niemals wird man in der breiten Masse jenes Pochen völliger Wachheit hervorrufen. Sie *können nicht* mehr als nur ein wenig gewahr werden. Daher muß man ihnen Symbole, einen Ritus und Gebärden geben, die ihre Leiber mit Leben füllen sollen, bis ihr eigenes volles Maß erreicht ist. Mehr wäre verhängnisvoll. Und daher muß ihnen auch das wirkliche Wissen vorenthalten bleiben, denn wenn sie nur die Formeln erführen, ohne die ganze Erfahrung nachzuvollziehen, die diesen Formeln entspricht, könnten sie vermessen werden und jede Ehrfurcht verlieren, da sie dann auf den Gedanken kämen, sie hätten das Ganze, während sie doch nur ein leeres Affengeschwätz besäßen. Das esoterische Wissen wird stets esoterisch bleiben, da Wissen eine Erfahrung und keine Formel ist. Aber es ist töricht, die Formeln auszuhändigen. Ein wenig Wissen ist in der Tat gefährlich. Keine

Zeit beweist das schlagender als die unsere. Affengeschwätz ist im Grunde das Verheerendste von allem.

Der Schlüssel zum etruskischen Leben war der *Lucumo*, der religiöse Fürst. Unter ihm standen die Priester und die Krieger. Dann kamen das Volk und die Sklaven. Das Volk, die Krieger und die Sklaven machten sich über die Religion keine Gedanken. Sonst wäre bald keine Religion mehr übriggeblieben. Sie empfanden die Symbole und tanzten die heiligen Tänze. Denn es wurde stets dafür gesorgt, daß sie, körperlich, mit den Mysterien in *Fühlung* blieben. Die *Fühlung* pflanzte sich fort vom *Lucumo* bis zum niedrigsten Sklaven. Der Blutstrom erfuhr keine Unterbrechung. Aber «Wissen» war Sache der Hochgeborenen, der Vollblütigen.

In den Gräbern finden wir daher nur die einfache, uneingeweihte Auffassung des Volkes. Es gibt kein Grab, das der Leistung der ägyptischen Priester entspräche. Die Symbole bedeuten für den Künstler lediglich Formen des Wunderbaren, die Gemütsbewegungen auslösen und für dekorative Zwecke geeignet sind. Das gilt für die ganze Entwicklung der etruskischen Kunst. Die Künstler stammten offenbar aus dem einfachen Volk, sie waren Handwerker. Vermutlich waren sie überdies altitalischen Ursprungs und verstanden nichts von Religion in jener komplizierten Form, wie sie vom Osten herübergekommen war; obwohl sicherlich die rohen Prinzipien der amtlichen Religion die gleichen waren, die auch für die primitive Religion der Ureinwohner Geltung hatten. Die gleichen Grundsätze durchzogen die Religionen der ganzen ungesitteten Welt jener Zeit, mochte es sich nun um Druiden, Teutonen oder Kelten handeln. Aber die Neuankömmlinge in Etrurien hielten das Wissen und die Philosophie, die ihre Religion betrafen, geheim und übermittelten daher dem Volk nur die Symbole und den Ritus; zugleich ließen sie den Künstlern freie Hand im Gebrauch der Symbole, woraus hervorgeht, daß es keine Priesterherrschaft gab.

Später, als die zivilisierte Welt von Skepsis befallen wurde, wie das in den Zeiten nach Sokrates geschah, begann die etruskische Religion zu sterben, während der griechische Rationalismus Eingang fand: damals nahmen griechische Sagen mehr oder weniger die Stelle der alten etruskischen symbolischen Vorstellung ein. Nun verwandten die etruskischen Künstler, denen es an Bildung fehlte, die griechischen Geschichten auf die gleiche ganz ungezwungene Weise, wie sie früher die etruskischen Symbole verwandt hatten, und wandelten sie ab, ganz wie es ihnen beliebte.

Doch etwas Grundlegendes vergaßen die Etrusker niemals, weil sie es, ebenso wie ihre Herren, im Blute hatten: und das war das Mysterium der Reise vom Leben in den Tod; die Todesreise und der Aufenthalt im Jenseits. Ihre Seele umspielte unablässig das Geheimnis dieser Reise und dieses Aufenthalts.

In den Gräbern sehen wir es deutlich: Staunen und lebendige Empfindung pochen wie Geburtswehen über dem Tode. Entblößt und glühend schreitet der Mensch durch das Weltall. Dann kommt der Tod: er taucht in das Meer, er bricht auf in die Unterwelt.

Das Meer ist jenes unermeßliche Urgeschöpf, das ebenfalls eine Seele besitzt; sein Inneres ist der Schoß aller Dinge, aus dem alle Dinge auftauchten und von dem sie wieder verschlungen werden. Dem Meere hält die Erde die Waage: die Erde des inneren Feuers, des Vor- und Nachlebens. Jenseits der Gewässer und des letzten Feuers lag jenes Eine, von dem das Volk nichts wußte: es war ein Geheimnis, das die *Lucumones* hüteten, so wie sie sein Symbol in der Hand bargen.

Doch das Meer war dem Volk bekannt. In ihm und aus ihm heraus springt der Delphin, wie ein Geschöpf, das auf einmal existiert und von nirgendwoher kommt. Er war nicht: und sieh — dort ist er! Der Delphin, der die Regenbogen des Meeres erst mit seinem Tode aufgibt. Er springt hoch; dann taucht er mit einem Kopfsprung zurück in die See. Er ist so voller Leben, er ist wie der Phallus, der den feurigen Funken der Zeugung in die feuchte Dunkelheit des Schoßes hinabträgt. Der Taucher tut das gleiche, da er wie ein Phallus seinen kleinen glühenden Funken in die Tiefen des Todes versenkt. Und das Meer wird seine Toten freigeben wie Delphine, die herausspringen und den Regenbogen mit sich führen.

Doch mit der Ente, die auf dem Wasser schwimmt und ihre Flügel hebt, verhält es sich anders — mit der blauen Ente oder

der Gans, die so oft von den Etruskern dargestellt wird. Es ist die gleiche Gans, die Rom nächtens errettet hat.

Die Ente lebt nicht inmitten des Wassers wie der Fisch. Der Fisch ist die *Anima,* das beseelte Leben, der eigentliche Sinn des weiten Meeres, das nasse Element der ersten Unterwerfung. Aus diesem Grunde wurde Jesus in den ersten christlichen Jahrhunderten als Fisch dargestellt, vor allem in Italien, wo die Menschen noch immer in etruskischen Symbolen dachten. Jesus war die *Anima* des weiten, feuchten, immer willfährigen Elements — des Gegensatzes und Gegenstücks zur roten Flamme, mit der sich die Pharaonen und die Könige des Ostens zu versehen gesucht hatten.

Doch die Ente hat nicht solch eine Unterwassernatur wie der Fisch. Sie schwimmt auf den Wassern und ist warmblütig, da sie zur roten Flamme der animalischen Lebenssubstanz gehört. Doch sie taucht unter und putzt ihr Gefieder in den Fluten. So wurde sie für den Mann zum Symbol jenes Teils seines Ich, das sich in den Wassern ergötzt, in sie eintaucht, wieder emporsteigt und seine Flügel schüttelt. Sie ist das Symbol für den eigenen Phallus eines Mannes und sein phallisches Leben. Daher sieht man einen Mann die heiße, weiche, wachsame Ente in seiner Hand halten und sie einem Mädchen darbringen. Daher überreicht noch heute der Indianer seinem Mädchen als geheimes Geschenk eine hohle, tönerne Ente, die ein kleines Feuer und Weihrauch enthält. Sie stellt jenen Teil seines Leibes und seines feurigen Lebens dar, den ein Mann einem Mädchen darbringen kann. Und sie verkörpert jene Wachsamkeit oder Behendigkeit in ihm — jenes andere Bewußtsein, das des Nachts erwacht und die Stadt aufstört.

Und die Jungfrau schenkt dem Mann eine Girlande — das Blumengewinde vom Rande des «Teiches», das sie dem Manne auf seinen Kopf legen und über seine Schulter breiten kann, als ein Symbol, daß er mit der Macht des jungfräulichen Mysteriums und ihrer andersartigen Stärke, mit der weiblichen Macht begabt wurde. Denn was man über die Schultern breitet, ist das Zeichen für einen Machtzuwachs.

Ominöse Vögel fliegen auf den Grabwänden. Der Künstler muß oft jene Priester, die Auguren mit ihren gekrümmten, einen

Vogelkopf tragenden Stäben in der Hand, gesehen haben, wenn sie von einem hochgelegenen Ort den Flug von Lerchen oder Tauben am Himmel beobachteten. Sie lasen die Zeichen und die Voraussagen, hielten Ausschau nach einem Hinweis, wie sie den Lauf irgendeiner wichtigen Angelegenheit lenken sollten. Uns mag das närrisch vorkommen. Für sie aber flogen heißblütige Vögel durch das lebendige Weltall, so wie Empfindungen und Vorahnungen eine menschliche Brust durchfliegen oder Gedanken den Geist durchziehen. Auf ihrem Fluge bewegten sich die jäh aufgescheuchten oder beständig von weit her ihre Bahn ziehenden Vögel im Einklang mit einem tieferen Bewußtsein, mit der komplexen Bestimmung aller Dinge. Und da alle Dinge in der antiken Welt miteinander zusammenhingen und sich die menschliche Brust in der Tiefe des Himmels spiegelte und umgekehrt, flogen die Vögel in der Brust des beobachtenden Mannes auf ein bedeutsames Ziel zu und hielten zugleich in der Tiefe des Himmels ihre eigene Bahn ein. Gelang es dem Augur, die Vögel *in seinem Herzen* fliegen zu sehen, so wußte er auch, welche Bahn das Schicksal für ihn einschlagen würde.

Gewiß war die Wissenschaft der Zeichendeutung keine exakte Wissenschaft. Aber sie war ebenso exakt wie unsere Psychologie oder Nationalökonomie. Und die Auguren waren genauso gescheit wie unsere Politiker, die sich ebenfalls mit Vorahnungen befassen müssen, wenn sie etwas vollbringen wollen, was den Namen «Politik» verdient. Es gibt keine andere Möglichkeit, wenn man mit dem Leben zu tun hat. Und wenn man durch den Kosmos lebt, schaut man auf den Kosmos, um einen Fingerzeig zu finden. Lebt man durch einen persönlichen Gott, betet man zu ihm. Ist man ein Rationalist, denkt man über die Dinge nach. Doch alles kommt letztlich auf das gleiche heraus. Beten oder Nachdenken oder Sterndeuten, die Beobachtung des Vogelflugs oder das Studium der Eingeweide des Opfertiers — all das ist im Grunde der gleiche Vorgang: es ist Vorahnung. Dabei hängt alles von dem Ausmaß an *echter,* aufrichtiger, religiöser Konzentration ab, die man dem fraglichen Gegenstand zu widmen vermag. Ein Akt reiner Aufmerksamkeit, wenn man zu ihm fähig ist, wird seine eigene Antwort hervorbringen. Und um diese Konzentration zu erreichen, wählt man den Gegenstand, der am besten das eigene Bewußtsein in einem Brennpunkt zu sammeln vermag. Jede wirkliche Entdeckung, jede ernsthafte und bedeutsame Entscheidung, die jemals zustande kamen, wurden durch Vorahnung bewirkt. Die Seele wird erweckt und vollbringt einen Akt reiner Aufmerksamkeit — und das ist dann eine Entdekkung.

Die Wissenschaft des Auguren und des Haruspex war nicht so töricht wie unsere moderne Staatswissenschaft. Wenn die heiße Leber des Opfertiers die Seele des Haruspex erhellte und ihn zu jener äußersten Konzentration befähigte, die uns allein eine Antwort auf unsere letzten Fragen vermittelt — weshalb soll man dann mit dem Haruspex rechten? Für ihn war das Weltall lebendig und stand in einem vibrierenden Zusammenhang. Für ihn war das Blut bewußt; er dachte mit seinem Herzen. Für ihn war das Blut der rote und leuchtende Strom des Bewußtseins selber. Infolgedessen war für ihn die Leber — jenes große Organ, in dem das Blut kämpft und «den Tod überwindet» — ein Gegenstand voller tiefen Geheimnisses und tiefer Bedeutung. Sie erweckte seine Seele und läuterte sein Bewußtsein; denn es war ja auch *sein* Opfer. Daher betrachtete er die heiße Leber, die in Felder und Gegenden eingeteilt wurde wie der Sternenhimmel; doch diese Felder und Gegenden bezogen sich auf das rote, leuchtende Bewußtsein, das die ganze beseelte Schöpfung durchzieht. Und dieses Bewußtsein mußte die Antwort auf die Frage seines eigenen Blutes enthalten.

Ebenso verhält es sich mit der Deutung der Sterne oder des Sternenhimmels. Jeder Gegenstand, der das Bewußtsein zu einer Zeit der Ratlosigkeit in einen Zustand reiner Aufmerksamkeit versetzt, wird auch eine Antwort auf diese Ratlosigkeit erteilen. Aber es muß sich um eine echte *Wahrsagung* handeln. Sobald ein Anspruch auf Unfehlbarkeit erhoben wird, sobald es um eine reine wissenschaftliche Berechnung geht, wird alles zu einem Betrug und einem Taschenspielerkunststück. Das gilt nicht nur für die Deutung des Vogelflugs und die Astrologie, sondern ebenso für das Gebet und die reine Vernunft, ja sogar für die Entdeckungen der großen wissenschaftlichen Gesetze und Prinzipien. Die Menschen mogeln heutzutage ebenso mit dem Gebet, wie sie einstmals mit der Deutung des Vogelflugs mogelten; und auf die gleiche Weise mogeln sie mit der Wissenschaft. Jede große Entdeckung oder Entscheidung kommt durch eine Vorahnung zustande. Die Tatsachen werden erst hinterher eingepaßt. Doch Wahrsageversuch und sogar Gebet und Vernunft, ja selbst Forschung, entarten zur Mogelei, wenn das Herz seine Reinheit verliert. In der Unreinheit seines Herzens vollführte Sokrates häufig unerfreuliche Taschenspielereien mit der Logik. Und als die Skepsis über die antike Welt kam, wurden der Augur und der Haruspex zweifellos zu Gauklern und Taschenspielern. Doch Jahrhunderte lang führten sie das Zepter. Es ist erstaunlich, bei Livius zu lesen[3], welchen Anteil sie am Aufbau des großen republikanischen Rom hatten.

Um von den Vögeln auf die Vierfüßer zu kommen, so finden wir in den Gräbern die Gegnerschaft zwischen Löwe und Reh in ständiger Wiederholung. Der antiken Vorstellung zufolge nahm die Welt alsbald nach ihrer Erschaffung eine Doppelnatur an. Alle Dinge wurden doppelt, nicht nur in der Zweiheit des Geschlechts, sondern auch in der Polarität der Tat. Darin besteht die «gottlose heidnische Zweiheit». Freilich war in sie nicht die spätere fromme Zweiheit von gut und böse einbegriffen.

Der Leopard und das Reh, der Löwe und der Stier, die Katze und die Taube oder das Rebhuhn — sie alle haben teil an der großen Zweiheit oder Polarität des Reiches der Tiere. Doch sie verkörpern nicht die gute und die böse Tat. Hingegen verkörpern sie die polarisierte Aktivität des göttlichen Kosmos in seiner animalischen Schöpfung.

Der Schatz aller Schätze ist die Seele, die in jeder Kreatur, in jedem Baum oder Teich jenen geheimnisvollen Gleichgewichtspunkt zwischen den beiden Hälften der Dualität, der feurigen

[3] Livius berichtet (V, 15-17), daß die Römer während der Belagerung von Veji (396 v. Chr.) einen alten etruskischen Haruspex entführten, um die wundersame Anhebung des Wasserspiegels im Albano-See zu erklären. Tatsächlich war es Brauch bei den Römern, sich etruskischer Wahrsager zu bedienen, die zu jener Zeit jedoch durch den Krieg unauffindbar waren. Als man später in Rom diskutierte, die von den Kelten zerstörte Stadt zu verlassen, um nach Veji überzusiedeln, überzeugte Camillus das Volk zu bleiben, indem er an den sakralen Charakter der Lage der Stadt erinnerte, sowie an die Gründung *etrusco ritu*, in Übereinstimmung mit bösen Omen und Weissagungen (V, 51-52).

und der nassen, darstellt. Dieser geheimnisvolle Punkt kleidet sich in Lebendigkeit zur Rechten und zur Linken. Und auch im Tode verschwindet er nicht, sondern wird im Ei oder im Kruge oder im Baum aufgespeichert, der neues Leben hervorbringt.

Doch die Seele selber, der bewußte Funke einer jeden Kreatur, ist nicht doppelt, und da sie das Unsterbliche darstellt, ist sie auch der Altar, auf dem unsere Sterblichkeit und unsere Zweiheit zu guter Letzt geopfert werden.

Als eine Art Schlüsselbild in den Gräbern finden wir daher immer wieder die heraldischen Tiere, die einander über den Altar oder den Baum oder die Vase hinweg anblicken; und der Löwe erlegt das Reh durch einen Hieb auf Flanke und Hals. Das Reh ist gefleckt, als Sinnbild für Tag und Nacht, der Löwe ist ebenfalls hell und dunkel.

Reh oder Lamm oder Ziege oder Kuh sind die freundlichen Geschöpfe, deren Euter von Milch und Fruchtbarkeit überfließen; neben ihnen gibt es auch den Hirsch oder den Widder oder den Stier, den großen Vater der Herde, dessen machtvolle Hörner augenfällig auf die Stirn gesetzt sind, um den gefährlichen Aspekt der Tiere der Fruchtbarkeit anzuzeigen. Sie alle sind die Kreaturen der fruchtbaren, unbeschränkten Zeugung, die Tiere des Friedens und der Vermehrung. Und die endlose, endlose Fortpflanzung dieser Geschöpfe wird die ganze Erde so reichlich mit Vieh versehen, bis sich die Herden überall miteinander die Flanken reiben und kaum noch ein Baum zwischen ihnen aufwachsen kann.

Doch so braucht es nicht zu sein, da sie ja nur die eine Hälfte der animalischen Schöpfung ausmachen. Das Gleichgewicht muß gewahrt bleiben. Und das ist der Altar, auf dem wir alle geopfert werden: es ist ein gleichmäßiger Tod; ebenso wie es unsere Seele und unser lauterster Schatz ist.

Dem Reh stehen daher Löwinnen und Leoparden gegenüber. Auch sie sind männlich und weiblich. Auch sie haben Euter voller Milch und nähren Junge; so wie die Wölfin die ersten Römer nährte: prophetisch als die Vertilger so vieler Rehe, einschließlich der Etrusker. Diese Stolzen hüten also den Schatz und das Tor, die die Fruchtbaren durch eine zu große Fortpflanzung vergeuden oder versperren würden. Sie beißen das Reh in

Nacken und Flanke, wo die großen Blutströme rinnen.

Auf diese Weise durchzieht die Symbolik alle alten Gräber. Sie ähnelt sehr der Symbolik der ganzen antiken Welt. Doch hier ist sie nicht exakt und wissenschaftlich wie in Ägypten. Sie ist schlicht und rudimentär, und der Künstler spielt mit ihr wie ein Kind mit Märchen. Gleichwohl ist es das symbolische Element, das das Gemüt tiefer bewegt und den tanzenden Gestalten und den Tieren ihre so besonders befriedigende Qualität verleiht. Ein Maler wie Sargent[4] zum Beispiel mag sehr begabt sein. Aber im Grunde ist er völlig uninteressant, ein langweiliger Tropf. Ein einziger etruskischer Leopard — sogar eine einzige kleine Wachtel — ist mehr wert als all die Meilen seiner Leinwand.

[4] John Singer Sargent (Florenz 1856 - London 1925), amerikanischer Maler, vor allem von Portraits, den Konventionen der Bildlichkeit des 19. Jh. getreu. Zu seiner Zeit genoß er große Berühmtheit.

4. DIE BEMALTEN GRÄBER VON TARQUINIA *(2)*

Wir sitzen an den Blechtischen des Cafés über dem Tor und betrachten die Landleute, die abends von den Feldern heimkommen, mit ihren Geräten und ihren Eseln. Während sie durch das Tor ziehen, mustert sie der Mann vom *dazio,* der Stadtzöllner, stellt ihnen Fragen, wenn sie Bündel tragen, sticht in den Packen auf dem Esel hinein, und wenn eine Reisigladung heranrollt, läßt er halten, während er die Ladung mit einer langen Stahlrute durchbohrt und sorgfältig stochert, um festzustellen, ob er nicht versteckte Weinfässer oder Korbflaschen mit Öl, Orangenpakkungen oder andere Nahrungsmittel ertasten kann. Denn für alle Nahrungsmittel, die in eine italienische Stadt hineingelangen — übrigens außer für Eßwaren auch noch für unzählige andere Dinge —, muß man Zoll zahlen, in manchen Fällen sogar einen recht beträchtlichen.

In etruskischen Zeiten kamen die Landleute wahrscheinlich auf ganz ähnliche Weise des Abends heim in die Stadt. Die Etrusker waren von Natur aus Stadtmenschen. Selbst die Landleute wohnten hinter Wällen. Und in jenen Tagen waren die Bauern zweifellos Leibeigene, wie sie es noch heute weitgehend in Italien sind; sie bearbeiteten das Land nicht für Lohn, sondern für einen Teil des Ertrags; und sie bearbeiteten das Land intensiv, mit jener sorgsamen, fast leidenschaftlichen Aufmerksamkeit, wie sie der Italiener noch heute dem Boden widmet. Sie lebten in der Stadt oder im Dorfe, aber für den Sommer hatten sie Strohhütten auf den Feldern.

Doch in jenen Tagen pflegten die Männer an einem schönen Abend wie dem heutigen heimzukommen: unbekleidet, dunkelrot gefärbt von Sonne und Wind, mit starken, unbekümmerten Leibern; und auch die Frauen kamen in weiten, kleidsamen Kitteln aus blauem oder weißem Leinen. Gewiß spielte dabei einer auf der Flöte, und gewiß begann auch einer zu singen, denn die Etrusker liebten Musik leidenschaftlich und besaßen jene innere Sorglosigkeit, die die modernen Italiener verloren haben. Die Landleute betraten dann den hellen, sauberen, geheiligten Platz innerhalb der Tore und grüßten den kleinen, heiter bemalten Tempel, während sie die Straße entlanggingen, die zur *Arx* hinaufführte, zwischen Reihen niedriger Häuser, deren Fassaden bunt bemalt oder mit leuchtenden Terrakotten verkleidet waren. Fast kann man sie noch hören, wie sie rufen, jauchzen, flöten, singen und dabei die gemischten Herden von Schafen und Ziegen heimtreiben, die so ruhig ihres Weges ziehen, oder die langsamen, weißen, gespenstischen Ochsen führen, die noch ihr Joch auf dem Nacken tragen.

Und sicherlich sprengten in jenen Zeiten junge Edelleute auf ihren Pferden heran, ritten mit nackten Leibern auf nacktem Pferderücken; wahrscheinlich trugen sie einen Speer und galoppierten prahlerisch durch das Gedränge der rotbraunen, stämmigen, glatthäutigen Bauern hindurch. Vielleicht fuhr sogar bei Sonnenuntergang ein *Lucumo* durchs Tor, saß sehr vornehm in seinem von einem kerzengeraden Kutscher gelenkten Wagen und hielt vor dem Tempel, um dort den kurzen Ritus beim Eintritt in die Stadt zu vollziehen. Dann pflegte die Volksmenge zu warten; denn der *Lucumo* der alten Zeit — rotglühenden Leibes, mit steif gestutztem Bart nach orientalischer Art, mit der goldenen Kette um den Hals und mit dem scharlachumsäumten Mantel oder Umhang, der in vollen Falten niederfiel und die Brust frei ließ —, der *Lucumo,* in seiner ganzen Machtfülle auf dem Wagen thronend, war göttlich. Das Volk gewann neue Kraft, wenn es ihn nur ansah.

Der Wagen fuhr etwas weiter, vom Tempel fort; der *Lucumo* saß aufrecht, mit bloßen Schultern, bloßer Brust, und wartete auf das Volk. Dann pflegten die Landleute furchtsam zurückzuweichen. Aber vielleicht erhob ein Bürger in weißer Tunika seine Arme zum Gruße und trat vor, um seine Schwierigkeiten darzulegen oder Gerechtigkeit zu erbitten. Und der *Lucumo* saß schweigend, delegiert von einer höheren Macht, gebunden an seine Verantwortung, die ihm für das Wohl des Volkes auferlegt war, und hörte zu bis zum Ende. Dann ein paar Worte — und schon jagt der Wagen aus vergoldeter Bronze den Hügel hinauf zum Hause des Stadtoberen, die Bürger ziehen weiter zu ihren Häusern, Musik erklingt in den dunklen Straßen, Fackeln flammen auf, der ganze Ort schmaust, festet und läßt es sich wohl sein, so gut es geht.

Jetzt ist das anders. In häßliche Kleider gehüllt, schlendern die mürrischen Bauern nacheinander über den weiten Platz und schleichen nach Hause, ohne Lied und ohne Sinn. Wir haben die Lebenskunst verlernt; und in der wichtigsten Wissenschaft von allen, der Wissenschaft des alltäglichen Lebens, der Wissenschaft des Verhaltens, sind wir völlige Ignoranten. Wir haben die Psychologie statt dessen. Wenn heutzutage in Italien, im heißen italienischen Sommer ein Straßenarbeiter sein Hemd auszieht, um mit freiem, nacktem Oberkörper zu arbeiten, stürzt sich ein Polizist auf ihn und kommandiert ihn in grobem Ton wieder in sein Hemd hinein. Man könnte meinen, ein menschliches Wesen sei alles in allem etwas so abscheulich Unanständiges, daß das Leben nur durch die weitmöglichste Auslöschung dieses unanständigen Objekts möglich würde. Schon die Entblößung weiblicher Arme und Beine auf der Straße geschieht nur, um dem ganzen menschlichen Körper einen Schimpf anzutun: «Seht das an! Es ist nicht der Mühe wert!»

Es ist auch nicht der Mühe wert! Weshalb war dann aber der Oberkörper des Arbeiters so wichtig?

Im Hotel, in seiner dunklen Leere, halten sich drei Japaner auf: kleine gelbe Männer. Sie sind gekommen, um die Salzwerke an der Küste unterhalb Tarquinias zu besichtigen, erzählt man uns, und sie haben eine Erlaubnis der Regierung. Die Salzwerke, in denen das Salz aus den vom Meer abgetrennten Lachen gewonnen wird, sind gewissermaßen Gefängnisse, in denen Sträflinge arbeiten. Man fragt sich, weshalb Japaner das Bedürfnis haben, solche Einrichtungen offiziell zu besichtigen. Doch man sagt uns, diese Salzwerke seien «sehr wichtig».

Albertino versteht sich ausgezeichnet mit den drei Japanern und scheint von ihnen tief ins Vertrauen gezogen zu sein; über ihrem Tisch sieht man ihn seinen jungen braunen Kopf mit ihren drei schwarzen zusammenstecken, ganz vertieft und dabei sprungbereit. Er stürzt fort, um ihr Essen zu holen — dann stürzt er zu uns, um uns nach unseren Wünschen zu fragen.

«Was gibt es denn?»

«Eh — c'è», er beginnt stets wundervoll durchdacht, als hätte er ein für den Zaren geeignetes Menü anzubieten. Dann bricht er plötzlich ab und sagt: «Ich werde die Mamma fragen!» — schießt davon, kommt zurück und sagt genau das, was wir erwartet hatten, in einer hellen Stimme, als wenn er das neue Jerusalem ankündigte: «Es gibt Eier — *eh* — und Beefsteak — und auch ein paar kleine Kartoffeln.» Eier und Beefsteak sind uns wohlbekannt! Immerhin beschließe ich, nochmals das Beefsteak zu mir zu nehmen, mit den — glücklicherweise vom Mittagessen übriggebliebenen — kleinen Kartoffeln als Bratkartoffeln. Fort stürzt Albertino, nur um gleich wieder zurückzukehren und zu melden, daß Kartoffeln und Beefsteak zu Ende sind («durch die Chinesen», flüstert er), «aber es gibt noch Frösche.» — «Was gibt es?» — «*Le rane*, Frösche!» — «Was für Frösche?» — «Ich werde sie Ihnen zeigen!» Er stürzt wieder fort und kommt mit einem Teller zurück, auf dem acht oder neun nackte Froschschenkel liegen. Die BK schaut nach der andern Seite, und ich bin mit den Fröschen einverstanden: sie sehen ganz gut aus. In seiner Freude, daß er die Frösche losgeworden ist, springt Albertino in die Luft und stürzt wieder fort, um gleich mit einer Flasche Bier zurückzukommen und uns alle Neuigkeiten über die Chinesen zuzuflüstern, wie er sie nennt. Sie können nicht ein Wort Italienisch. Wenn sie ein Wort brauchen, benützen sie das Büchlein: Französisch und Italienisch. *«Brot — eh?* Sie brauchen Brot, *eh!»* Albertino gibt solche Grunzlaute, wie Kommas und Semikolons, von sich, die ich mit *eh* bezeichne! «Brot brauchen sie — *eh* —, so nehmen sie das Büchlein», hier ergreift er ein imaginäres Büchlein, legt es aufs Tischtuch, feuchtet seinen Finger und wendet die imaginären Seiten um: *«Brot — eh! — p —* sie sehen unter "p" nach — *eh! — ecco! pane! — pane! si capisce* — Brot! Sie möchten Brot haben. Dann Wein!» Er nimmt das kleine Buch (er wendet eifrig imaginäre kleine Seiten um) «— *eh* — da haben wir's, *vino! — pane, e vino!* So machen sie's mit jedem Wort! Sie sahen nach, was "Name" heißt: *Eh! Du! Eh!* Ich sage es ihnen: *Albertino.*» Und so schwatzt der Junge weiter, bis ich ihn frage, wie es denn mit

den *rane* steht? «*Ah! Eh! Le rane!*» Er stürzt fort und eilt wieder mit einem Teller herbei, auf dem paarweise gebratene Froschbeine liegen.

Er ist ein amüsanter und lebhafter Junge, doch insgeheim etwas ernst und versonnen durch all seine Verantwortung. Am nächsten Tag stürzt er herbei, um uns ein Buch mit Ansichten von Venedig zu zeigen, das die Chinesen, wie er sie hartnäckig weiter nennt, liegengelassen hatten, und fragt mich, ob ich es haben möchte. Ich lehne ab. Dann zeigt er uns zwei japanische Briefmarken und die auf einen Zettel geschriebene Adresse eines der Japaner. Der Japaner und Albertino werden einander Ansichtskarten schreiben. Ich bestehe darauf, daß die Japaner keine Chinesen sind. «*Eh*», sagt Albertino. «Aber die Japaner sind doch auch Chinesen!» Ich bleibe dabei, daß sie es nicht sind, daß sie in einem andern Land leben. Er stürzt fort und kommt mit einem Schulatlas zurück. «*Eh!* China liegt in Asien! Asien! Asien!» — er wendet die Blätter. Er ist wirklich ein intelligenter Junge und sollte in die Schule gehen, statt im zarten Alter von vierzehn Jahren schon ein Hotel zu leiten.

Da der Führer zu den Gräbern die ganze Nacht über im Museum Wache halten mußte, möchte er nach Tagesanbruch etwas schlafen; wir können daher erst gegen zehn Uhr aufbrechen. Die Stadt ist schon leer, die Leute sind auf den Feldern. Wenige Menschen stehen untätig umher. Die Stadttore sind weit offen. Nachts werden sie geschlossen, damit der Mann vom *dazio* schlafen kann; man kann dann weder in die Stadt hinein noch heraus. Wir trinken noch einen weiteren Kaffee, denn Albertinos morgendliche Dosis war eine recht dürftige Angelegenheit.

Dann sehen wir den Führer, wie er sich mit einem blassen jungen Mann in alten Kniehosen aus geripptem Samt unterhält, der einen alten Hut und dicke Stiefel tägt: augenscheinlich einem Deutschen. Wir treten heran, begrüßen den Führer, wie sich's gehört, nicken dem jungen Deutschen zu, der aussieht, als hätte er Essig gefrühstückt — und brechen auf. Heute morgen haben wir einen Weg von mehreren Kilometern vor uns, da wir das äußerste Ende der Nekropole erreichen wollen. Wir haben noch ein Dutzend Gräber zu sehen. Im ganzen kann man f nfundzwanzig oder siebenundzwanzig bemalte Gräber besuchen[1].

An diesem Morgen weht eine steife Brise von Südwest. Aber der Wind ist frisch und rein und benimmt sich nicht auf die häßliche Weise, die der *libeccio* annehmen kann. Wir marschieren flott auf der Landstraße, während der alte Hund hinter uns hertrudelt. Er liebt es, einen Morgen bei den Gräbern zu verbringen. Das Meer strahlt eine gewisse Klarheit aus, und die Atmosphäre wird dadurch noch leuchtender und heiterer, als befänden wir uns auf einem Berggipfel. Der Omnibus aus Viterbo fährt vorüber. In den Feldern arbeiten die Landleute, und der Führer grüßt gelegentlich die Frauen, die ihm ein Scherzwort zurufen. Der junge Deutsche schreitet rüstig aus, aber sein Geist ist nicht so fest wie sein Tritt. Man weiß nicht, was man ihm sagen soll, er zeigt kein Entgegenkommen, gibt sich den Anschein, als wollte er nicht angeredet werden, und ist doch wahrscheinlich beleidigt, weil wir nicht mit ihm sprechen. Der Führer plaudert mit ihm in nie versagender Freundlichkeit auf italienisch, doch nach einer Weile bleibt er zurück und schließt sich mit sichtlicher Erleichterung der milderen BK an, während er mich dem jungen Deutschen überläßt, der bestimmt irgendwann einmal Essig geschluckt hat.

Doch ich habe Mitleid mit ihm, wie mit den meisten jungen Leuten heutzutage: Es wurde mehr an ihm gesündigt, als er selber sündigt. Er mußte den Essig hinuntertrinken. Ich beginne widerstrebend eine Unterhaltung auf deutsch, da italienisch albern wäre und er auf englisch nicht reagiert; so finde ich auf dem ersten Kilometer heraus, daß er dreiundzwanzig ist (er sieht wie neunzehn aus), sein Universitätsstudium beendet hat, Archäologe werden will, sich auf einer archäologischen Reise befindet und schon in Sizilien und Tunis war, von wo er gerade zurückgekehrt ist. Von beiden Ländern hielt er nicht viel: «Mehr Geschrei als es wert ist», preßt er heraus und wirft seine Worte weg wie einen Zigarettenstummel, der ihm lästig geworden ist. Er hält nicht viel von irgendeinem Orte; er hält nicht viel von den Etruskern: «Nicht viel wert!»; er hält offenbar auch nicht viel von mir; kennt einen oder zwei Professoren, deren Bekannt-

[1] Inzwischen sind es etwa doppelt soviele Gräber, aber sehr wenige, nur jeweils vier, werden Jahr für Jahr zur Besichtigung geöffnet.

schaft ich machte; über die Gräber in Tarquinia weiß er gut Bescheid, da er schon hier gewesen ist und sich schon zweimal länger hier aufgehalten hat; er hält nicht viel davon; er wird nach Griechenland reisen; verspricht sich nicht viel davon; er wohnt hier im andern Hotel, nicht im Gentile, weil es dort noch billiger ist; er wird voraussichtlich vierzehn Tage hier bleiben, da er alle Gräber mit einem großen Fotoapparat fotografieren will — wozu er eine Erlaubnis der Regierung hat, wie die Japaner —, er hat offenbar wirklich sehr wenig Geld, obwohl er auf wunderbare Weise alles ohne Mittel fertigbringt; er rechnet damit, ein berühmter Professor in einer Wissenschaft zu werden, von der er nicht viel hält; und ich frage mich, ob er stets genug zu essen hat.

Er ist bestimmt ein übelgelaunter und mürrischer, wenn auch in gewissem Sinne schweigsamer und stoischer junger Mann. «Nicht viel wert» scheint sein Lieblingsausdruck zu sein, so wie es der Lieblingsausdruck aller jungen Menschen heutzutage ist. Nichts hat für diese Jungen irgendeinen Wert.

Nun gut, ich habe die Empfindung, daß das nicht meine Schuld ist, und versuche, den Mut nicht zu verlieren. Aber obwohl es schon schlimm genug ist, wenn man zur Kriegsgeneration gehört, muß es noch schlimmer sein, wenn man in den Nachkriegsjahren aufgewachsen ist. Man kann den Jungen keinen Vorwurf machen, wenn sie nicht der Meinung sind, daß alles seinen Wert hat. Der Krieg hat die meisten Sinngehalte für sie aufgehoben.

Und mein junger Mann ist in Wahrheit gar nicht so schlimm: er möchte sogar ganz gern dazu *gebracht* werden, an etwas zu glauben. Irgendwo steckt in ihm ein sehnsüchtiges Pathos.

Wir kommen am modernen Friedhof mit seinen weißen marmornen Grabsteinen, an den Bogen eines mittelalterlichen Aquädukts vorüber, der geheimnisvoll eine Talsenke überspannt, verlassen die Landstraße und folgen nun einem Pfade auf dem langgezogenen Hügelkamm, inmitten des grünen Weizens, der wie feine Federn im Meereswinde flattert und sich kräuselt, im prächtigen Morgenglanz. Hie und da sieht man Büschel violetter Anemonen, Spuren von Verbene, viele Gänseblümchen, Kamillen. Auf einem steinigen Erdhügel, der einst ein *Tumulus*
war, sind die Affodille im Vorteil und strecken ihre Stacheln in 58

die helle, frische Luft wie Soldaten, die sich auf einem Berg zusammendrängen. Und wir schreiten an diesem Bergland mit seinem lebhaften grünen Weizen entlang — wo der Boden noch rauh und uneben ist, weil er einstmals ganz aus *Tumuli* bestand —, bieten unsere Gesichter dem Winde dar, der Meereshelle, welche die Luft mit Heiterkeit erfüllt, und dem ganzen schweigenden Lande, und reden deutsch wie zwei vorsichtige Hunde, die einander beschnüffeln.

Bis wir plötzlich zu einem nahezu versteckten Grab abbiegen: der junge Deutsche kennt den Weg ganz genau. Der Führer kommt schnell hinterher und zündet die Acetylenlampe an, der Hund sucht sich gemächlich einen windgeschützten Platz und streckt sich nieder, und wir versinken wieder langsam in der etruskischen Welt, verlassen die Gegenwart, während wir unter die Erde steigen.

Eines der berühmtesten Gräber an diesem äußersten Ende der
32 Nekropole ist das Grab der Stiere. Es enthält, was der Führer: *un po' di pornografico!* nennt, aber eben nur sehr wenig.

Der junge Deutsche zuckt mit den Schultern wie gewöhnlich, aber er teilt uns mit, dies sei eines der alleraltesten Gräber, und ich glaube ihm, da es mir den gleichen Eindruck macht.

Es ist etwas geräumiger als einige andere Gräber, das Dach ist nicht sehr hoch, für die Sarkophage ist ein Steinbett an den Seitenwänden angelegt, und in der Hinterwand befinden sich zwei aus dem Fels gehauene Türöffnungen, die in einen zweiten, dunkler und unbehaglicher wirkenden Raum führen. Der junge Deutsche sagt, diese zweite Kammer sei, von der ersten aus, erst später ausgehauen worden. Sie enthält keine Malereien von irgendwelcher Bedeutung.

Wir kehren in die erste und älteste Kammer zurück. Sie heißt
33 Grab der Stiere nach den beiden Stieren über den Türöffnungen in der Hinterwand: der eine mit dem Gesicht eines Mannes, dem das *un po' di pornografico* zur Last gelegt wird; der andere Stier hat sich gelassen niedergestreckt und blickt mit geheimnisvollen Augen in den Raum; friedlich kehrt er einer zweiten kleinen Szene den Rücken, von der der Führer bemerkt, sie sei nicht *pornografico* — «weil es eine Frau ist». Der junge Deutsche lächelt mit seinem säuerlichen Ausdruck.

41. *Grab des Barons (Tomba del Barone), 1827 entdeckt. Um 500 v. Chr. Rückwand: Abschiednahme von einem Verstorbenen.*

42. Grab des Taifuns (Tomba del Tifone), 1832 entdeckt. Malerei auf dem Mittelpfeiler: Aalfüßiger Mensch oder "Taifun". Erste Hälfte des 2. Jh. v. Chr.

43. Grab der Schilde (Tomba degli Scudi), 1870 entdeckt. Etwa Mitte 4. Jh. v. Chr. Mittelraum mit Bankettszene auf der linken Seite.

44. Grab der Schilde. Linke Seitenwand (Ausschnitt): Paar beim Bankett; die Frau reicht dem Mann ein Ei.

45. Grab des Orkus I (Tomba dell'Orco I), 1868 entdeckt. Frühes 4. Jh. v. Chr. Kopf einer jungen Frau aus der Velchas-Familie. Ausschnitt, jetzt im Museo Nazionale, Tarquinia.

46. Tarquinia. Porta Nuova und Abstieg im Osten der mittelalterlichen Stadt mit Blickrichtung zur etruskischen Akropolis.

47. Tarquinia, 20er Jahre. Porta Castello, Zugang zur Stadt von Norden her, zwischen der ersten und der zweiten Stadtmauer.

48. Fuhrleute aus Tarquinia.

49. Die Türme von Tarquinia, mit Blick nach Süden.

50. *Schäferhütte in der Maremma bei Montalto di Castro, 20er Jahre.*

51. *Eine der ersten Landwirtschaftsmaschinen, Anfang des 20. Jahrhunderts.*

52. *Freilebende Rinder bei der Tränke und berittener Hirte.*

53. *Wildschweinjagd in der Maremma.*

54. Fiora-Brücke und Grenzfestung (12. Jh.) in der Nähe der antiken Stadt Vulci.

55. Köhler errichten einen Stapel zur Gewinnung von Holzkohle in der Gegend von Vulci. 20er Jahre.

56. Der Holzstapel ist errichtet.

57. Das Produkt: Holzkohle, in Säcke verpackt.

58. Asphodelus ramosus oder Affodill, zur Gruppe der Liliengewächse gehörend. Galt in der Antike als Blume der Toten.

Alles in diesem Grabe erinnert an den alten Orient: an Zypern oder an die Hethiter oder an die Kultur eines Minos von Kreta. Zwischen den Türöffnungen der Hinterwand befindet sich das 34
entzückende Bild eines nackten Reiters mit einem Speer, der auf nacktem Pferde einem entzückenden kleinen Palmbaum und einem eingefaßten Quell oder Brunnen zustrebt; darauf ruhen zwei modellierte, schwarzköpfige Tiere: Löwen mit sonderbaren schwarzen Gesichtern. Aus dem Maul des einen, der neben dem Palmbaum liegt, strömt Wasser in eine Art Altarschale, während auf der entgegengesetzten Seite ein Krieger, der einen Bronzehelm und Beinschienen trägt, vorrückt und offenbar mit einem Schwerte, das er in seiner Linken schwingt, den Reiter bedroht, während er sich dem Quell nähert. Sowohl Krieger wie Reiter tragen die langen spitzen Schuhe des Orients, und der Palmbaum sieht nicht sehr italienisch aus.

Von diesem Bild geht ein eigenartiger Zauber aus; augenscheinlich hat es einen symbolischen Sinn. Ich sagte zu dem Deutschen: «Was glauben Sie, daß das alles bedeutet?» — «Ach, gar nichts! Der Reiter kommt zu dem Wassertrog, um sein Pferd zu tränken: weiter nichts!» — «Und der Mann mit dem Schwert?» — «Ach, der ist vielleicht sein Feind.» — «Und die Löwen mit den schwarzen Köpfen?» — «Ach nichts! Dekorationen des Brunnens.» Unter dem Bilde sind Bäume zu sehen, an denen ein Blumengewinde und ein Halsband hängen. Das Randmuster zeigt an Stelle von Ei und Speer das sogenannte Venuszeichen zwischen den Speeren: eine Kugel, die von einem kleinen Kreuz überragt wird. «Und das da, ist das denn kein Symbol?» fragte ich den Deutschen. «Hier nicht!» antwortete er schroff. «Bloß ein Ornament!» — was vielleicht stimmt. Aber daß der etruskische Künstler es ebensowenig als Symbol empfand wie etwa ein moderner Innenarchitekt — das ist etwas, was wir nicht glauben können.

Für den Augenblick gab ich es auf. Über dem Bild ist ein Spruch auf etruskisch leicht hingeschrieben, nahezu gekritzelt. «Können Sie das lesen?» fragte ich den jungen Deutschen. Er las es schnell herunter — ich selber hätte Buchstaben um Buchstaben studieren müssen. «Wissen Sie, was das bedeutet?» Er zuckte die Achseln. «Das weiß keiner.»

Die heraldischen Tiere im stumpfen Winkel des Daches sind eigenartig. Das gedrungene Mittelstück, der sogenannte Altar,
33 zeigt vier Widderköpfe an jeder Ecke. Zur Rechten galoppiert ein blasser, beleibter Mann mit losem Zügel auf einem schwarzen Pferde, dem ein galoppierender Stier folgt. Zur Linken ist eine größere Figur, ein seltsam galoppierender Löwe mit heraushängender Zunge. Doch an Stelle von Flügeln entwächst den Schultern des Löwen der zweite Nacken einer dunkelköpfigen, bärtigen Ziege, so daß das vielgestaltige Tier neben dem ersten drohenden Löwenkopf mit seiner Mähne einen zweiten, nach rückwärts geneigten Ziegenkopf besitzt. Der Schwanz des Löwen endet in einem Schlangenkopf. Also eine Chimäre. Und hinter dem Löwenschwanz galoppiert eine geflügelte weibliche Sphynx heran.

«Was bedeutet wohl dieser Löwe mit seinem zweiten Nacken und Kopf?» fragte ich den Deutschen. Er zuckte die Achseln und sagte: «Nichts.» Der Löwe hatte für ihn keinen Sinn, weil nichts, außer dem Abc der Tatsachen, für ihn irgendeine Bedeutung besitzt. Er ist ein Wissenschaftler, und wenn er nicht will, daß etwas einen Sinn haben soll, ist es damit *ipso facto* sinnlos.

Doch der Löwe mit dem Ziegenkopf, der rückwärts auf seinen Schultern sitzt, muß etwas bedeuten, denn da ist er, sehr
35 lebendig, in Gestalt der berühmten Bronze «Chimäre» aus Arezzo, die sich im Florentiner Museum befindet und die Benvenuto Cellini restauriert hat: eine der faszinierendsten Bronzen der Welt. Dort windet sich der bärtige Ziegenkopf rückwärts von den Schultern des Löwen, während das rechte Horn des Ziegenbocks vom Maul der Schlange gepackt wird — der Schlange, die den nach vorn über den Rücken geschnellten Schwanz des Löwen bildet.

Obwohl das eine abgewandelte Chimäre ist, mit den von Bellerophon zugefügten Wunden in Hüften und Nacken, stellt sie doch nicht bloß ein großes Spielzeug dar. Sie hat eine präzise esoterische Bedeutung, und das war auch von vornherein beabsichtigt. In der Tat sind die griechischen Mythen nur Vergröberungen sehr deutlicher und sehr weit zurückliegender esoterischer Vorstellungen, die weit älter sind als Mythen samt Griechen. Mythen und persönliche Götter sind nur Dekadenzerscheinungen einer vorhergehenden kosmischen Religion.

Die seltsame Macht und Schönheit dieser etruskischen Funde rührt, so scheint mir, von der tiefen symbolischen Bedeutung her, die dem Künstler mehr oder weniger bewußt war. Die etruskische Religion war sicher nie anthropomorph: das heißt, ihre Götter, soweit sie Götter enthielt, waren nicht *Wesen*, sondern Symbole, wie das früher in Ägypten der Fall war. Die ungeteilte Gottheit, wenn wir sie so nennen dürfen, wurde durch das *Mundum*[2]: die Plasma-Zelle mit ihrem Kern, der den eigentlichen Anfang verkörpert, versinnbildlicht; nicht durch ein Wesen — bei uns z.B. durch den personifizierten Gott —, das der Ausgang aller Natur und Entwicklung ist. So ist es immer: die etruskische Religion befaßt sich mit all jenen physischen und schöpferischen Mächten und Kräften, die zum Aufbau und zur Zerstörung der Seelen führen, wobei die Seele, die Persönlichkeit, das darstellt, was allmählich, wie eine Blume, aus dem Chaos hervorgeht, nur um wieder im Chaos oder in der Unterwelt zu verschwinden. Wir hingegen sagen: Am Anfang war das Wort! — und leugnen damit die wahre Existenz des physikalischen Universums. Wir existieren nur im Wort, das dünn ausgehämmert wird, um alle Dinge zu bedecken, zu vergolden und zu verbergen.

Der Mensch war für die Etrusker ein Stier oder ein Widder, ein Löwe oder ein Reh, je nach seinen verschiedenen Aspekten und Wirkungsvermögen. Der Mensch hatte das Blut von Vogelschwingen und das Gift von Schlangen in seinen Adern. Alle Dinge gingen aus dem Blutstrom hervor, und mochte die Blutbeziehung noch so verwickelt und widerspruchsvoll werden: sie wurde doch niemals unterbrochen oder vergessen. Es gab verschiedene Strömungen im Lauf des Blutes, und manche standen in ständigem Widerstreit: Vogel und Schlange, Löwe und Reh, Leopard und Lamm. Doch eben der Widerstreit war eine Form der Vereinigung, wie wir beim Löwen sehen, der zugleich einen Ziegenkopf trägt.

Doch der junge Deutsche will von alledem nichts wissen. Er ist ein Moderner, und für ihn ist nur das Augenfällige wirklich

[2] S. Fußnote 6, Kap. 2.

existent. Ein Löwe, der außer seinem eigenen Kopf einen Ziegenkopf trägt, ist undenkbar. Was aber undenkbar ist, existiert nicht, ist nichts. Alle etruskischen Symbole existieren daher für ihn nicht und verraten lediglich Unreife und Denkunfähigkeit. Er verschwendet nicht einen einzigen Gedanken an sie: sie sind eine Ausgeburt geistiger Impotenz und verdienen daher keine Beachtung.

Aber vielleicht will er sich auch keine Blöße geben oder nicht ein Geheimnis verraten, das ihn später einmal zu einem berühmten Archäologen machen wird. Freilich glaube ich nicht, daß das der Grund war. Er war im übrigen sehr gefällig und zeigte mir Einzelheiten mit seiner Taschenlampe, die ich sonst übersehen hätte. Die Zeichnung des weißen Pferdes beispielsweise ist ganz deutlich abgeändert. Man sieht noch die alten Umrisse von Rücken, Beinen und Brust sowie vom Fuße des Reiters und kann feststellen, wie beträchtlich der Künstler die Skizzierung, zuweilen mehr als einmal, korrigiert hat. Offenbar führte er jedesmal erst die ganze Zeichnung aus und veränderte dann die Stellung, veränderte die Richtung, wie das seinem Empfinden entsprach. Und da er keinen Radiergummi hatte, um die ersten Versuche auszuradieren, sieht man sie heute noch — diese mindestens aus dem Jahre 600 vor Christi Geburt stammenden, feinfühligen Korrekturen eines Etruskers, der den Instinkt eines wahren Künstlers mit einer munteren Unbekümmertheit verband, so daß er seine Abänderungen für einen jeden stehen ließ, dem es Spaß machen sollte, ihnen nachzuspüren.

Die etruskischen Künstler zogen die Konturen ihrer Figuren entweder mit dem Pinsel oder kratzten sie — vielleicht mit einem Nagel — in den weichen Stucco ein, worauf sie ihre Farben *al fresco* malten. Sie mußten daher schnell arbeiten. Einige der Bilder schienen mir in Tempera ausgeführt, und in einem Grabe — ich glaube, der *Tomba Francesca Giustiniani* — war die Malerei offenbar auf den nackten, gelblichen Fels aufgetragen. In diesem Falle wirkt die Schärpe des Mannes durch ihre blaue Farbe erstaunlich lebendig.

Die Feinheit der etruskischen Malerei beruht, ebenso wie die Malerei der Chinesen und der Hindus, auf dem wunderbar suggestiven Rand ihrer Figuren. Er ist nicht umrissen. Er ist nicht, was wir «Zeichnung» nennen. Er besteht aus den fließenden Konturen, in denen der Körper plötzlich aufhört und in die Atmosphäre übergeht. Der etruskische Künstler scheint lebende Dinge gesehen zu haben, die von ihrem eigenen Mittelpunkt zu ihrer eigenen Oberfläche ausströmten. Und die Krümmung und Konturierung der Randsilhouette deutet auf diese ganze Bewegung der inneren Modellierung hin. Es gibt in Wahrheit keine Modellierung. Die Figuren sind flach hingemalt. Und doch hat man den Eindruck einer vollen, nahezu schwellenden Muskelkraft. Erst wenn wir zu dem späten Grabe des Typhon kommen, sind die Figuren im pompejanischen Stil, mit Licht und Schatten, *modelliert.*

Es muß eine herrliche Welt gewesen sein, diese alte Welt, in der alles lebendig wirkte, alles im verdämmernden Kontakte mit allen Dingen zu leuchten schien, und nicht nur einen abgesonderten, individuellen Gegenstand darstellte, mit dem das Tageslicht sein Spiel trieb; diese Welt, in der jedes Ding für das Auge klare Konturen annahm, aber eben in seiner Klarheit gefühlsmäßig oder vital mit seltsamen andern Dingen verbunden war; in der ein Ding aus dem andern hervorging und gedanklich einander widerstreitende Dinge gefühlsmäßig miteinander verschmolzen, so daß ein Löwe im gleichen Augenblick ein Ziegenbock und doch kein Ziegenbock sein konnte. In jenen Tagen war ein Mann, der auf einem roten Pferde ritt, nicht einfach Fritz Müller auf seinem braunen Klepper; er war ein sanfthäutiges Geschöpf mit Tod oder Leben auf seinem Gesicht, das von einer Woge tierischer Kraft fortgetragen wurde — einer Kraft, glühend von Reiselust, vom leidenschaftlichen Flusse des Blutes, die ihn auf einer geheimnisvollen Bahn fortriß, einem unbekannten Ziele entgegen, ihn mit ihrem eigenen Schwergewicht fortriß. Damals war auch ein Stier nicht bloß ein Zuchttier von einem bestimmten Wert, der nach einer Weile für den Schlächter vorgesehen war. Er war ein gewaltiges Wundertier, ein Urquell der großen, schmelztiegelartigen Leidenschaft, die die Welt bewegt, die Sonne aufsteigen läßt und den Mann mit schwellender Zeugungskraft erfüllt; der Stier, der Herr der Herden, der Vater der Kälber und Färsen, der Kühe; der Vater der Milch, der die Hörner der Macht auf seiner Stirn trägt, als ein Sinnbild für den kriegerischen Aspekt des Hornes der Fruchtbarkeit; der brüllende Meister der Kraft, eifersüchtig, gehörnt, gegen Widerstand zum Angriff schreitend. Der Ziegenbock war von gleicher Art, ein Vater der Milch, aber statt der ungeheuren Stärke eignete ihm Verschlagenheit, das verschlagene *Bewußtsein* und Selbstbewußtsein des eifersüchtigen, hartköpfigen Vaters der Zeugung. Der Löwe hingegen war höchst schrecklich, gelb, und brüllend in blutdürstigem Drange, wiederum der Sonne gleich, doch jener Sonne, die sich durch Aufzehrung des Lebens auf Erden Geltung verschafft. Denn die Sonne kann die Welten wärmen wie eine Henne, die auf ihren Eiern brütet. Oder die Sonne kann mit heißer Zunge das Leben auflecken. Der Ziegenbock spricht: Laß mich immerdar Junge erzeugen, bis die Welt selber ein scharfriechender Ziegenbock wird! Doch dann brüllt der Löwe vom andern Blutstrom her, der gleichfalls im Menschen lebt, und hebt seine Pranke, um zuzuschlagen, in der Leidenschaft der andern Weisheit.

So sind alle Kreaturen auf ihre eigene Weise erfüllt von inneren Kräften, von einem tausendfachen, vielgestaltigen Bewußtsein, das Widersprüche und Gegensätze durchströmen; diese sind ewig und lassen sich gedanklich nicht miteinander versöhnen. Wir können die lebendige Welt durch Symbole erkennen. Doch ein jedes Bewußtsein: der Zorn des Löwen und das Gift der Schlange, *ist*, und ist daher göttlich. Alles entsteht aus dem ununterbrochenen Kreise: dem Kreise mit seinem Kern, dem Keim, dem einen, dem Gott, wenn man ihn so nennen will. Und der Mensch, mit seiner Seele und seiner Persönlichkeit, entsteht in ewigem Zusammenhang mit allem übrigen: Der Blutstrom ist eins und ununterbrochen, aber durchstürmt von Widersprüchen und Gegensätzen.

Die Alten sahen bewußt, so wie es Kinder jetzt unbewußt sehen, das immerwährende Wunder in allen Dingen. In der antiken Welt müssen Regungen des Staunens, der Furcht und der Bewunderung die drei beherrschenden Empfindungen gewesen sein: Bewunderung *(amiratio)* in der lateinischen Bedeutung des Wortes wie auch in unserer eigenen; und Furcht im weitesten Sinne, unter Einschluß von Abscheu, Schrecken und Haß; sodann entwickelte sich die letzte individuelle Empfindung; der

Stolz. Liebe ist nur eine Begleiterscheinung von Staunen und Bewunderung.

Doch indem sie alle Dinge wachsam im Pulsschlag einer wechselseitig verbundenen gefühlsmäßigen Bedeutung wahrnahmen, erhielten die Alten Wunder und Freude lebendig, genauso wie Furcht und Abscheu. Sie waren wie Kinder: doch ihnen eignete die Kraft, die Macht und die Sinnenerfahrung echter Erwachsener. Sie besaßen eine Welt kostbaren Wissens, das uns völlig verloren gegangen ist. Wo sie echte Erwachsene waren, sind wir Kinder; und umgekehrt.

Selbst die zwei kleinen «Pornographien» im Grabe der Stiere sind nicht zwei schmutzige kleine Zeichnungen. Der junge Deutsche empfand das genau wie wir. Aus den Zeichnungen spricht dasselbe naive Staunen wie aus allem übrigen, die gleiche archaische Unschuld, die das Leben bejaht, alles darüber weiß und seinen *Sinn* fühlt: den Sinn, der wie ein Stein ins Bewußtsein gefallen ist und seine immer weiter bis zu den äußersten Grenzen sich hinziehenden Ringe aussendet. Die beiden kleinen Bilder haben eine symbolische Bedeutung, die sich durchaus von einer *moralischen* Bedeutung unterscheidet — oder einer unmoralischen. Die Worte «moralisch» und «unmoralisch» haben hier keine Gewalt. Einige Akte — die Dennis als flagrante Obszönitäten bezeichnen würde — werden vom friedlich daliegenden Stier
hingenommen; gegen andere setzt er mit gesenkten Hörnern zum 33
Angriff an. Das stellt kein Urteil dar. Es ist der Schwung leidenschaftlicher Aktion und Reaktion: der Aktion und Reaktion des Vaters der Milch.

Es gibt herrliche Gräber auf diesem entlegenen, weizenbedeckten Hügel. Das Grab der Auguren ist beeindruckend. Auf
der Hinterwand ist eine Tür gemalt, die zu einem Grabe führt, 37
und auf jeder Seite vollführt ein Mann vermutlich eine trauernde Gebärde, eine seltsame und bedeutsame Geste, indem er sich mit einer Hand an die Stirn greift. Die beiden Männer trauern an der Grabestür.

«Nein!» sagt der Deutsche. «Die gemalte Tür stellt keinen Grabeingang dar, mit Trauernden auf jeder Seite. Sie ist lediglich eine gemalte Tür, die sie später aushauen wollten, um eine zweite Grabkammer zu schaffen. Und die Männer trauern auch nicht.»

«Was tun sie denn dann?»

Er zuckt mit den Achseln!

Im Dreieck über der gemalten Tür haben zwei Löwen, ein weißköpfiger und ein schwarzköpfiger, einen Ziegenbock oder eine Antilope gepackt: Der schwarzköpfige Löwe wendet sich um und beißt den Ziegenbock in den Nacken, der weißköpfige faßt seine Flanke. Hier sehen wir wieder die beiden heraldischen Tiere, aber diesmal umbrüllen sie nicht den Altar oder den Baum, sondern beißen den Ziegenbock, den Vater des milchspendenden Lebens, in Hals und Lende.

38 Auf den Seitenwänden entdecken wir sehr schöne Fresken mit
39 nackten Ringkämpfern und dann die Szene, durch die viel
Gerede über etruskische Grausamkeit aufkam. Ein Mann, der nur mit einem Gürtel bekleidet ist und dessen Kopf in einem Sack steckt, wird von einem wütenden Hund in den Schenkel gebissen; ein anderer Mann hält den Hund an einer Leine, die offenbar an einer hölzernen Koppel befestigt ist; dieser hölzerne Griff ist am Halsband des Tieres angebracht. Der Mann, der die Leine hält, trägt einen besonders hohen kegelförmigen Hut und steht stämmig und erregt, mit gespreizten Beinen, hinter dem Mann mit dem Kopf im Sack. Dieses Opfer verwickelt sich bereits in die Leine, den langen, langen Strick, an dem der Hund angebunden ist; aber mit der Linken scheint er den Strick in die Gewalt zu bekommen, um den Hund von seinem Schenkel fortzuzerren, während er in der Rechten eine mächtige Keule hält, mit der er den Hund schlagen will, sobald er ihn in Reichweite gebracht hat.

Dieses Bild soll angeblich die barbarisch grausamen Spiele der Etrusker enthüllen. Aber das Grab zeigt auch einen Augur mit seinem gekrümmten Stab, der gespannt seine Hand zu dem vorbeifliegenden dunklen Vogel emporhebt, und die Ringkämp-
38 fer ringen über einem seltsamen Stapel, der aus drei großen
Schaler besteht, während auf der andern Seite des Grabes der Mann mit dem spitzen Kegelhut — der gleiche, der auf dem ersten Bilde die Leine hält — nunmehr einen besonderen Freudentanz aufführt, als feierte er einen Sieg oder ein Be-

freiungsfest[3]. Wir müssen daher dieses Bild, ebenso wie alle übrigen, als Symbol ansehen: als den Kampf des Mannes mit den verbundenen Augen gegen ein zürnendes, anstürmendes Element. Wäre es ein Spiel, würde es auch Zuschauer geben, wie sie bei den Spielen im Grabe der Streitwagen zu sehen sind; hier sind jedoch keine Zuschauer vorhanden.

Indessen sind die in diesem Grabe dargestellten Szenen alle so realistisch, daß sie sich offenbar im wirklichen Leben ereignet haben. Vielleicht gab es eine Art Test oder Gottesurteil, bei dem man einem Manne einen großen Knüppel in die Hand drückte, seinen Kopf in einen Sack festband und ihm gebot, einen ihn angreifenden wütenden Hund zu bekämpfen; dieser Hund wurde jedoch an einer Leine gehalten und hatte sogar einen an seinem Halsband befestigten hölzernen Griff, den der Mann packen und festhalten konnte, während er das Tier auf den Kopf schlug. Der Mann im Sack hat recht gute Aussichten gegen den Hund. Und selbst wenn man zugibt, daß es sich um ein Spiel und nicht um eine Art Test oder Gottesurteil handelt, ist die Grausamkeit nicht übermäßig, denn der Mann hat die gute Chance, daß er den Hund recht bald auf den Kopf schlagen kann. Im Vergleich mit römischen Gladiatorenspielen ist das nahezu «*Fair play*».

Doch es muß noch mehr sein als ein Spiel. Der Tanz des Mannes, der die Leine hält, ist zu großartig. Und das Grab ist irgendwie zu intensiv, zu bedeutsam. Und der Hund — oder Wolf oder Löwe —, der den Mann in den Schenkel beißt, ist ein zu altes Symbol. Wir finden es sehr deutlich auf dem Deckel des *40*
Sarkophags der gemalten Amazonen im Florentiner Museum. Dieser Sarkophag stammt aus Tarquinia — und am Kopfende des Deckels ist ein nackter Mann mit ausgestreckten Beinen eingemeißelt, dem von jeder Seite ein Hund in den Schenkel beißt. Es sind Hunde der Krankheit und des Todes, die die großen Arterien der Schenkel packen, dort, wo das elementare Leben im Menschen hochsteigt. Und diese esoterische Vorstellung von den böswilligen Einflüssen, die die großen Schlagadern der Schenkel anfallen, wurde von den Griechen in den Mythos von Aktäon und seinen Hunden umgewandelt.

[3] Dies ist die Figur der farbigen Wollstickerei von Frieda Lawrence; angefertigt nach einer Skizze ihres Mannes, s. Abb. auf der Titelseite dieses Buches.

41 Ein anderes schönes Grab ist das Fürstengrab mit seinem Fries einzelner Figuren, die sich dunkel von einem hellen Hintergrund abheben und die Wände umwandern. Es sind Pferde und Menschen, alle in schwarzen Silhouetten und sehr faszinierend in der Zeichnung. Diese archaischen Pferde sind so völlig befriedigend *als* Pferde: sie wirken auf das Gemüt so sehr viel pferdhafter als die Pferde Rosa Bonheurs[4] oder Rubens' oder sogar Velasquez' (obwohl der letztere näher an sie herankommt), daß man sich fragt, worin denn eigentlich die «Pferdhaftigkeit» eines Pferdes besteht? Was sieht der Mensch, wenn er ein Pferd betrachtet? Was ist es, das sich niemals in Worte fassen läßt? Denn ein Mensch, der etwas anschaut, sieht nicht wie eine Kamera, wenn sie eine Momentaufnahme macht, nicht einmal wie ein kinematographischer Aufnahmeapparat, der eine Folge von Momentaufnahmen festhält; sein Sehen vollzieht sich vielmehr in einem sich seltsam fortwälzenden Fluß, in dem das Bild selber aufwallt und sich fortwälzt; und der Geist liest dann nur einzelne Faktoren heraus, die das geschaute Bild darstellen *sollen*. Aus diesem Grunde ist die Kamera so unbefriedigend: Ihr Auge ist stumpf, es steht nur in Verbindung mit einem negativen Ding im Gehäuse, während sich in unserem lebendigen Gehäuse etwas entschieden Positives befindet.

Wir gehen von Grab zu Grab, hinunter ins Dunkel, wieder herauf in Wind und Glanz; und so vergeht der Tag. Doch wir arbeiten uns durch Grab über Grab allmählich an die Stadt heran. Der neue Friedhof rückt näher. Wir haben den Aquädukt passiert, der die Senke überspannt und sodann in einen zur Stadt führenden unterirdischen Kanal einmündet. Nahe dem Friedhof steigen wir in ein großes Grab hinunter, das größte, das wir bisher gesehen haben — eine weiträumige unterirdische Höhle mit starken, breiten Untermauerungen für Sarkophage und
42 Bahren, und in der Mitte steht ein massiver quadratischer Pfeiler oder Schaft, auf den ein Typhon gemalt ist: der Seemann mit zusammengerollten Schlangenbeinen und Flügeln hinter den Armen, der mit seinen Händen das Dach stützt; ein weiterer

[4] Marie Rose Bonheur (1822-1899), französische Malerin und Bildhauerin, enge Freundin Königin Victorias. Ihr *Marché aux chevaux* (1863) brachte ihr internationalen Ruhm.

Typhon ist auf der gegenüberliegenden Pfeilerfläche zu sehen; er gleicht dem ersten aufs Haar.

An diesem Orte scheint sich der etruskische Charme plötzlich zu verflüchtigen. Das Grab ist geräumig, roh, irgendwie häßlich, wie eine Höhle. Der Typhon mit seinem rötlichen Fleisch, seiner Licht-und-Schatten-Modellierung ist geschickt ausgeführt und könnte modern sein: er dient dem Effekt. Er ist sehr pompejanisch — und erinnert an Blake. Er wurde eben aus einem ganz neuen, äußerlichen Bewußtsein heraus geschaffen; die alte Innerlichkeit ist verschwunden. Dennis, der ihn vor achtzig Jahren sah, zieht ihn bei weitem den archaischen Tänzern vor[5]. Wir aber nicht.

Es gibt dort einige Delphine mit Lockenperücken; sie tummeln sich über einer gekräuselten Rabatte, die wir, lehrte es uns nicht die Erfahrung, nicht als Meer ansehen würden. Und es gibt dort ein Beet mit «Rosen»: in Wahrheit dem geheiligten Symbol für den «Einen» mit dem Keim im Mittelpunkt, das hier zum erstenmal vulgarisiert wurde. Man sieht auch das Bruchstück einer Prozession zum Hades, das eine gute Leistung im griechisch-römischen Stil gewesen sein muß. Doch der echte archaische Zauber ist völlig verflogen. Der tanzende etruskische Geist ist tot.

Dies ist eines der allerspätesten Gräber: Angeblich stammt es aus dem zweiten Jahrhundert vor Christi Geburt, als die Römer schon lange die Herren von Tarquinia waren. Veji, die erste große etruskische Stadt, die die Römer einnahmen, wurde um 388 v.Ch. erobert und völlig zerstört. Von da an ging es mit den Etruskern allmählich bergab, bis zum Frieden des Jahres 280 v. Ch., mit dem die militärische Eroberung Etruriens als abgeschlossen gelten kann.

Daher tritt in den Gräbern ein plötzlicher Wechsel ein. Die angeblich im fünften Jahrhundert entstandenen — wie das
Fürstengrab mit seinem von Pferden und Menschen belebten *41*
Fries, oder das Grab der Leoparden — sind noch völlig *20*
etruskisch und ganz bezaubernd, mögen sie auch östlichen Einfluß verraten. Dann stoßen wir auf einmal auf das Grab des

[5] Dennis 1848, ed. 1907 I, 339ff.

45 Orkus oder der Hölle, das aus dem vierten Jahrhundert stammen soll, und hier verändert sich das ganze Bild von Grund auf. Man befindet sich in einem großen, düsteren, plumpen, planlosen, unterweltartigen Raume, der feucht und abscheulich ist, mit ausgedehnten, aber sehr beschädigten Fresken an den Wänden.

Diese Malereien sind zwar in ihrer Art interessant und weisen gekritzelte etruskische Inschriften auf, sie haben jedoch schon allen etruskischen Zauber verloren. Es eignet ihnen noch etwas von der etruskischen Ungezwungenheit, aber im großen und ganzen sind sie griechisch-römisch und erinnern teilweise an pompejanische, teilweise an römische Darstellungen. Sie sind freier als die Malereien der kleinen alten Gräber; zugleich ist aber jede Bewegung verschwunden; die Figuren sind hingeklebt, ohne daß irgendein lebendiges Fluidum zwischen ihnen zu spüren wäre. Es besteht keine Verbundenheit.

Statt der wunderbaren alten Silhouetten-Formen sehen wir moderne Zeichnungen, die oft nicht einmal übel sind. Doch für mich bedeuten sie eine tiefe Enttäuschung.

Als die Römer den etruskischen *Lucumones* die Macht aus den Händen nahmen — im vierten Jahrhundert vor Christi Geburt — und sie im besten Falle zu römischen Beamten machten, fand das Geheimnis Etruriens fast sofort ein Ende. In der Antike, in der die Gott-Könige im Einklang mit einer religiösen Vorstellungswelt herrschten, verlor ein Land durch die Absetzung seiner Oberen und der führenden Priester sogleich seine Stimme und seine Bedeutung. So geschah es Ägypten und Babylonien, Assyrien und den Reichen der Azteken und der Maya in Amerika. Das Volk wird durch die Blüte der Rasse regiert. Pflückt man die Blüte, bleibt die Rasse hilflos zurück.

Die Etrusker wurden nicht vernichtet. Doch sie verloren ihr Wesen. Ihr Leben beruhte im Grunde auf der *subjektiven* Meisterung der großen Naturkräfte. Ihre subjektive Macht brach zusammen vor der objektiven Macht der Römer. Und fast im gleichen Augenblick war es auch mit ihrer Rasse-Bewußtheit zu Ende. Das etruskische Wissen wurde nun zu bloßem Aberglauben. Die etruskischen Fürsten wurden zu fetten und trägen Römern. Das etruskische Volk verlor seinen Ausdruck, seine

Bedeutung. Das geschah erstaunlich schnell, im dritten und zweiten Jahrhundert vor Christi Geburt.

Doch das etruskische *Blut* pulste weiter. Und Giotto[6] und die frühen Bildhauer sind anscheinend eine Blüte dieses Blutes gewesen, das immer wieder Blüten treibt und immer wieder durch irgendeine höhere «Kraft» unterdrückt wird. Es ist ein Kampf zwischen der endlosen Geduld des Lebens und dem endlosen Triumph der Stärke.

Es gibt noch ein anderes großes Grab der Spätzeit: das Grab der Schilde, das aus dem dritten Jahrhundert stammen soll. Es enthält viele fragmentarische Malereien. Da gibt es eine Bankettszene, in der der Mann auf der Festmahlsbank der Frau das Ei fortnimmt, während sie seine Schulter berührt. Aber sie können genausogut zwei Stühle der gleichen «Serie» sein. Es geht nichts zwischen ihnen vor. Und sie haben jene «bedeutenden» Gesichter — völlig äußerlich, ohne Innerlichkeit —, die so langweilig sind. Trotzdem sind sie sehenswert. Sie könnten beinahe in unseren Tagen durch einen ultramodernen Künstler gemalt sein, der darauf versessen ist, sich durchaus kindlich und naiv und archaisch zu geben. Aber nach den wirklichen archaischen Bildern wirken diese hier leer. Ohne Atmosphäre. Das Ei wird noch hochgehalten. Doch für den Mann und die Frau hat es keine größere Bedeutung als für uns das Osterei aus Schokolade. Es ist kalt geworden.

Im Grabe des Orkus beginnt die Darstellung der garstigen Unterwelt, der Hölle und ihrer Schrecken, die die Etrusker sicherlich von den garstigen Römern übernommen haben. Die

[6] Die Idee stammt sicher von John Ruskin (1819-1900): "Ich bitte Sie, mir auf's Wort zu glauben, wenn ich Ihnen sage, daß Giotto ein authentischer Etrusker-Grieche des 13. Jh. war, war er auch zur Religion des Franziskus übergetreten anstelle der des Herkules; beim Malen jedoch war er genau der alte Etrusker wie eh und je... Die etruskische Kunst bleibt in ihren italienischen Tälern erhalten, im Arno-Tal und im oberen Tiber-Tal, in einer ununterbrochenen Reihe von Werken, vom siebten vorchristlichen Jahrhundert bis heute, wo die ländlichen Anstreicher noch immer den Putz mit etruskischen Mustern versehen. Florentinische Werke von feinster Art - Luca della Robbia, Ghiberti, Donatello, Filippo Lippi, Botticelli, Fra Angelico - sind rein etruskisch, wechseln lediglich den Gegenstand, indem sie die Jungfrau darstellen anstelle von Athene und Christus anstelle von Jupiter." (*Mornings in Florence*, Orpington, 1881, ed. 1907, 90-91).

entzückenden kleinen Gräber der früheren Jahrhunderte mit einer oder vielleicht zwei Kammern weichen nun diesen großen, finsteren, unterirdischen Höhlen, und damit wird die Hölle passend eingeführt.

Die alte Religion, in der der Mensch zutiefst bestrebt war, mit der Natur in Harmonie zu bleiben und sich in der großen Aufwallung des Lebens zu behaupten und zu entfalten — diese Religion schlug mit den Griechen und Römern in das Verlangen um, sich der Natur zu widersetzen sowie eine geistige Fertigkeit und eine mechanische Kraft auszubilden, mit der sich die Natur überlisten und völlig an die Kette legen ließe, bis zuletzt keinerlei Freiheit in ihr zurückbliebe, sondern alles kontrolliert, gezähmt, für die niedrigeren Bedürfnisse des Menschen genutzt würde. Seltsamerweise kam mit dieser Vorstellung eines Triumphes über die Natur auch der Gedanke an einen düsteren Hades, eine Hölle und ein Fegefeuer auf. Für die Völker der großen Naturreligionen war das Leben nach dem Tod eine Fortsetzung der wunderbaren Lebensreise. Für die Völker, die von der Idee beherrscht werden, ist das Leben im Jenseits die Hölle, das Fegefeuer oder das Nichts, während das Paradies eine unzulängliche Fiktion darstellt.

Aber begreiflicherweise stürzten sich die Historiker auf diese ausgesprochen nicht-etruskischen Zeugnisse in den späten etruskischen Gräbern und entwickelten mit ihrer Hilfe das Bild eines düsteren, höllischen, schlangenhaft sich windenden, lasterhaften etruskischen Volkes, das mit vollem Recht von den edlen Römern ausgemerzt worden sei. Dieser Mythos ist noch heute nicht tot. Die Menschen wollen *niemals* dem Augenschein glauben, den ihnen ihre Sinne vermitteln. Weit lieber ziehen sie ihre Schlüsse aus irgendeinem «klassischen» Autor. Die ganze Geschichtswissenschaft scheint sich darin zu erschöpfen, daß sie alte Märchen und alte Lügen zu feinen Fäden ausspinnt, um diese dann wieder zusammenzuweben. Theopompus[7] sammelte

[7] Die Auffassung des Theopompus, philospartanischer Grammatiker des 4. Jh. v. Chr., wird in einem Abschnitt der *Deipnosophistai* (XII; 517d-518a) von Athenäus von Naucrates (3.Jh. v. Chr.) wiedergegeben: "Theopompus berichtet, es gäbe bei den Etruskern ein Gesetz, das besagt, daß alle Frauen für die Allgemeinheit sind. Diese Frauen schenken der Pflege ihres Körpers viel

einige Skandalgeschichten, und für Historiker reicht das völlig aus. Es ist schriftlich festgelegt, und mehr braucht es nicht.

Das Zeugnis von fünfzig Millionen heiterer kleiner Gräber wäre demgegenüber keinen Heller wert. Am Anfang war das Wort, wahrhaftig! Selbst das Wort eines Theopompus!

Das Bild, das man am liebsten vorführt, um die Schönheiten der etruskischen Gräber zu kennzeichnen, ist vielleicht jener wohlbekannte Frauenkopf im Profil, mit Weizenähren, die einen *45*
Kranz oder ein Stirnband bilden. Dieser Kopf stammt aus dem Grabe des Orkus, und man wählt ihn aus, weil er weit mehr griechisch-römisch als etruskisch ist. In Wahrheit ist er recht töricht, arrogant und modern. Er ist jedoch klassisch, konventionell, und die Menschen können nur das sehen, was sich mit einer Konvention deckt. Wir haben uns nicht gerade die Augen ausgekratzt, aber wir haben drei Viertel unserer Sehkraft eingebüßt.

Nach dem Grabe des Typhon hat man genug. Nichts wirklich *42*
Etruskisches ist darin übriggeblieben. Es ist besser, der Nekropole nun ganz den Rücken zu kehren, und sich daran zu erinnern, daß fast alles, was wir aus klassischen Autoren über die Etrusker wissen, sich mit den Malereien in den späten Gräbern vergleichen läßt. Sie beziehen sich nur auf die gefallenen, romanisierten Etrusker der Dekadenz.

Es ist ein freundlicher Weg, der vom Hügel, auf dem das heutige Tarquinia liegt, ins Tal hinunter und wieder bergan auf den gegenüberliegenden Hügel führt, wo sicherlich das etruskische Tarquinia lag. Viele Blumen gibt es dort: die blaue und die weiße Traubenhyazinthe, die lila Quasten-Anemone und — in der Ecke eines Weizenfeldes — die große purpurne Anemone, sodann ein Büschel der blaßrosa Anemone mit dem blutroten

Aufmerksamkeit, und oftmals entkleiden sie sich in der Gegenwart von Männern, oder auch untereinander, denn für sie ist es nicht obszön, sich nackt zu zeigen. Weiter tafeln sie, aber nicht mit ihren Ehemännern, sondern mit demjenigen, der gerade anwesend ist, und sie geben sich mit Leichtigkeit jedem hin, dem sie sich geneigt fühlen. Sie sind auch widerständig beim Trinken und von sehr schöner Gestalt. Die Etrusker ernähren alle Kinder, die geboren werden, ungeachtet der eigenen Vaterschaft." Ducati (1925 I, 170-172) kommentiert, daß dies nur "eine Übertreibung der großen Bedeutung der Frau in der etruskischen Gesellschaft" sei.

Mittelpunkt: die großblättrige Sorte. Seltsam, wie viele Arten von Anemonen es gibt. Nur an dieser einen Stelle in Tarquinia fand ich die rosa Sorte mit dem dunklen, blutroten Mittelpunkt. Doch wahrscheinlich ist das nur Zufall.

46 Die Stadt endet wirklich mit ihrem Wall. Zu Füßen der Stadtmauer beginnt wildes Hügelland, und drunten am Hange liegt nur ein kleiner Bauernhof mit einer kleinen Strohhütte daneben. Das Land ist frei von Häusern. Die Bauern wohnen in der Stadt.

Wahrscheinlich war das in etruskischen Tagen ganz ähnlich, nur daß damals vermutlich weit mehr Leute auf dem Lande beschäftigt waren, so daß gewiß viele Stohhütten, kleine vorübergehende Unterkünfte, inmitten der grünen Kornfelder standen; und gute Straßen verbanden die Hügel, wie die Etrusker sie die Römer bauen lehrten, und die hohen schwarzen Mauern mit ihren Türmen zogen sich den Hügelkamm entlang.

Obwohl die Etrusker durch ihren Handel und die Bearbeitung des Metalls zu Reichtum gelangten, scheinen sie sich hauptsächlich durch Landarbeit ernährt zu haben. Die intensive Bebauung des Bodens durch den italienischen Bauern der Gegenwart geht offenbar auf das etruskische System zurück. Römische und nicht etruskische Sitte war hingegen der Besitz großer Landgüter, zu denen ein umzäunter Hof oder eine «Faktorei» für die Sklaven gehörte; diese wurden des Nachts eingeschlossen und tagsüber in Rotten herausgelassen und zur Arbeit angehalten. Die Latifundien in Sizilien, in der Lombardei und andern Gegenden Italiens: die großen *fattorie* sind offenbar Überbleibsel dieses römischen Systems. Man kann sich vorstellen, daß die Etrusker eine andere Methode anwandten: daß bei ihnen die Landleute eher Leibeigene als Sklaven waren und kleine Parzellen zu eigen hatten, aus denen sie, Väter und Söhne, das Äußerste herausholten, worauf sie einen Teil der Erträge an die Herren ablieferten und einen Teil für sich behielten. So waren sie doch wenigstens Halbfreie und konnten ein wirkliches Eigenleben führen, angespornt durch das religiöse Vorbild ihrer Herren.

Die Römer führten einen völligen Wandel herbei. Sie liebten das Landleben nicht. In ihren glücklichen Tagen bauten sie sich große Villen mit Sklavenhäusern außerhalb der Stadt. Doch

durch Handel oder Eroberungen konnten sie leichter zu Geld
kommen. Infolgedessen zogen sie sich allmählich vom Lande
zurück, das verwahrloste, wodurch den Zeiten des Niedergangs
der Weg bereitet wurde.

Der Wind weht immer stärker aus Südwesten. Es gibt keine
Bäume, doch selbst Büsche neigen sich unter seinem Ansturm.
Und als wir den Gipfel des langen, einsamen Hügels, auf dem
das etruskische Tarquinii lag, erklommen haben, werden wir
beinahe umgeweht und müssen uns hinter einem Dickicht
niederkauern, um einen Augenblick geschützt zu sein; von dort
sehen wir dem schwarz-weißen Vieh zu, das langsam zur Tränke
hinuntersteigt, und den jungen Stieren, die einherspringen und 52
spielen. Den ganzen Hügelkamm entlang kräuselt sich der grüne
Weizen wie weiches Haar. Weiter landeinwärts wirkt die grüne
Fläche leer, abgesehen von einer Stadt in der Ferne, die wie ein
Traumbild auf einem Hügel hockt. Auf dem nächsten Hügel,
nach dem Meere zu, reckt Tarquinia seine quadratischen Türme
— vergebens.

Und wir sitzen auf dem Platz, den die Arx der verschwundenen Stadt einnehmen würde. Irgendwo hielten hier die Auguren ihre Krummstäbe empor und beobachteten die Vögel, die die Quartiere der Stadt überflogen. Soviel bringen wir auch heute noch fertig. Doch von der Stadt kann ich nicht einen einzigen Stein finden[8]. Alles ist so einsam und ungeschützt.

Man kann auf einem andern Weg zurückkehren und durch ein
anderes Tor in die heutige Stadt gelangen. Wir gehen im heftigen
Winde schnell bergab, hinunter in die Geborgenheit. Der Weg
schlängelt sich langsam aus dem kleinen Tal empor, aber wir
sind im Windschutz. So kommen wir am äußeren Wall vorbei,
durchschreiten den mittelalterlichen Torweg. Die Straße schlän-
gelt sich innerhalb des Walls hoch, am *dazio* vorbei, aber hier
sind keine Häuser. Ein Haufen Männer spielt aufgeregt *morra*, 48
und die Rufe, die die Zahlen ankündigen, folgen aufeinander wie

[8] Die Ausgrabungen, die den monumentalen Komplex ans Tageslicht bringen sollten, der als "Ara della Regina" bezeichnet wird und schon Dennis unter gleichem Namen bekannt war (1848, ed. 1907 I, 407) - ein großer Pyramidenstumpf aus quadratischen Blöcken (5. Jh. v. Chr.) - , wurden erst 1948 durchgeführt.

Explosionen, in wilder Erregung. Die Männer sehen uns scheu an; als wir lachen, lachen sie auch.

So gelangen wir durch ein zweites dräuendes Tor hinter die zweite Umwallung. Und immer noch sind wir nicht in der Stadt.
47 Es gibt noch einen dritten Wall und ein drittes massives Tor. Und dann befinden wir uns in der Altstadt, wo die anmutigen kleinen Palazzi aus dem Mittelalter in Ställe und Scheunen und Häuser für arme Bauern umgewandelt sind. Vor dem Erdgeschoß eines alten Palazzetto, jetzt einer Schmiede, beschlägt der Schmied ein widerspenstiges Maultier, das keilt und ausschlägt und die unvermeidliche kleine Gruppe der Zuschauer laut aufschreien läßt.

Seltsam und einsam und verelendet wirken die öden Straßenecken und engen Gassen, als gehörten sie einer andern Zeit an. Auf einem herrlichen steinernen Balkon trocknet etwas ärmliche Wäsche. Die Häuser machen einen düsteren und verstohlenen Eindruck, die Menschen lauern wie Ratten. Und dann ragt wieder ein hoher, scharfkantiger Turm hoch, blank und blind.
49 Sie üben eine seltsame Wirkung auf eine Stadt aus, diese scharfen, starren, blinden, sinnlosen Türme, die mit ihren harten Kanten in den Himmel aufsteigen: ohne ersichtlichen Grund, über den Häuserdächern; und die von weitem, wenn man das Städtchen aus der Ferne sieht, an die Fabrikschornsteine einer modernen Stadt erinnern.

Sie gehören zu den Türmen, die in erster Linie als Zuflucht und zum Schutze gebaut wurden, damals, als Seeräuber, normannische Abenteurer oder barbarische Piraten, die für das Mittelmeer eine solche Plage waren, diese Küste heimsuchten. Später indessen bauten die mittelalterlichen Nobili diese Türme nur, um Eindruck zu machen und um festzustellen, wer wohl den größten zuwege brächte, bis eine Stadt wie Bologna einem wütenden Stachelschwein oder dem amerikanischen Pittsburgh mit seinen Fabrikschloten (freilich quadratischen) geglichen haben muß. Schließlich wurde das Bauen von Türmen gesetzlich verboten, und so stürzten die Türme nach und nach wieder ein, nachdem sie den Himmel erstürmt hatten. In Tarquinia, wo sich ein Zeitalter mit dem andern überschneidet, sind jedoch noch immer einige stehengeblieben.

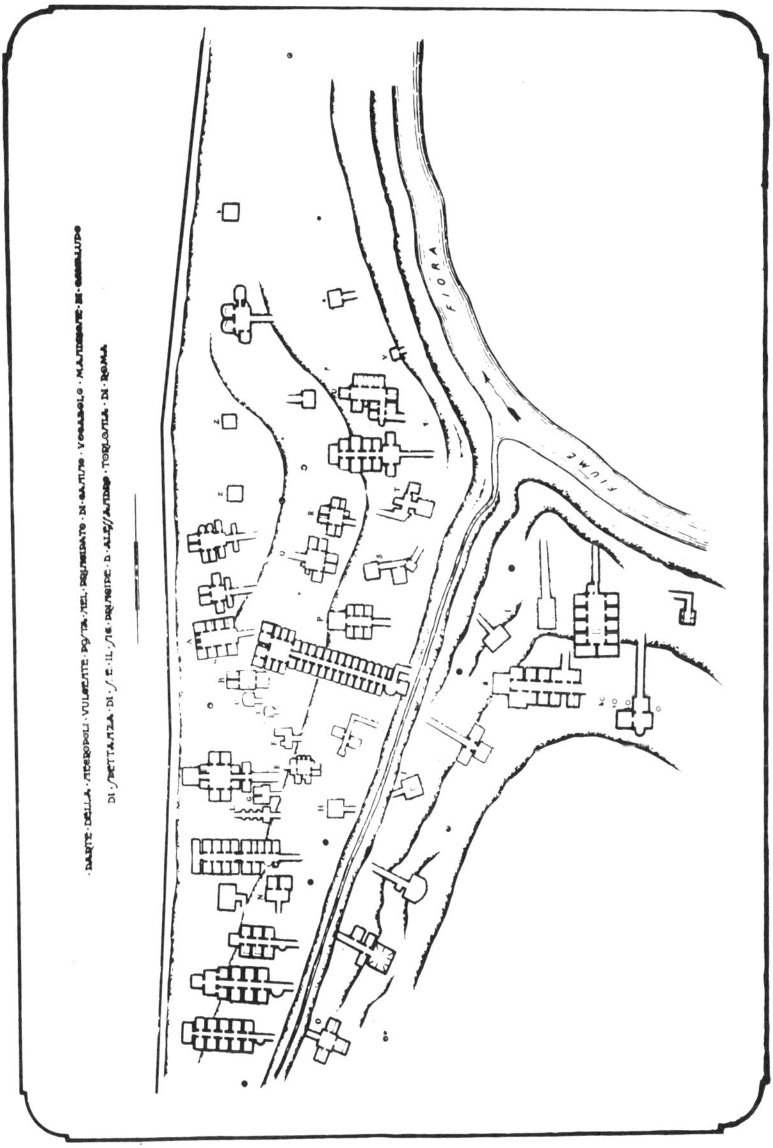

VULCI AND ITS NECROPOLIS.

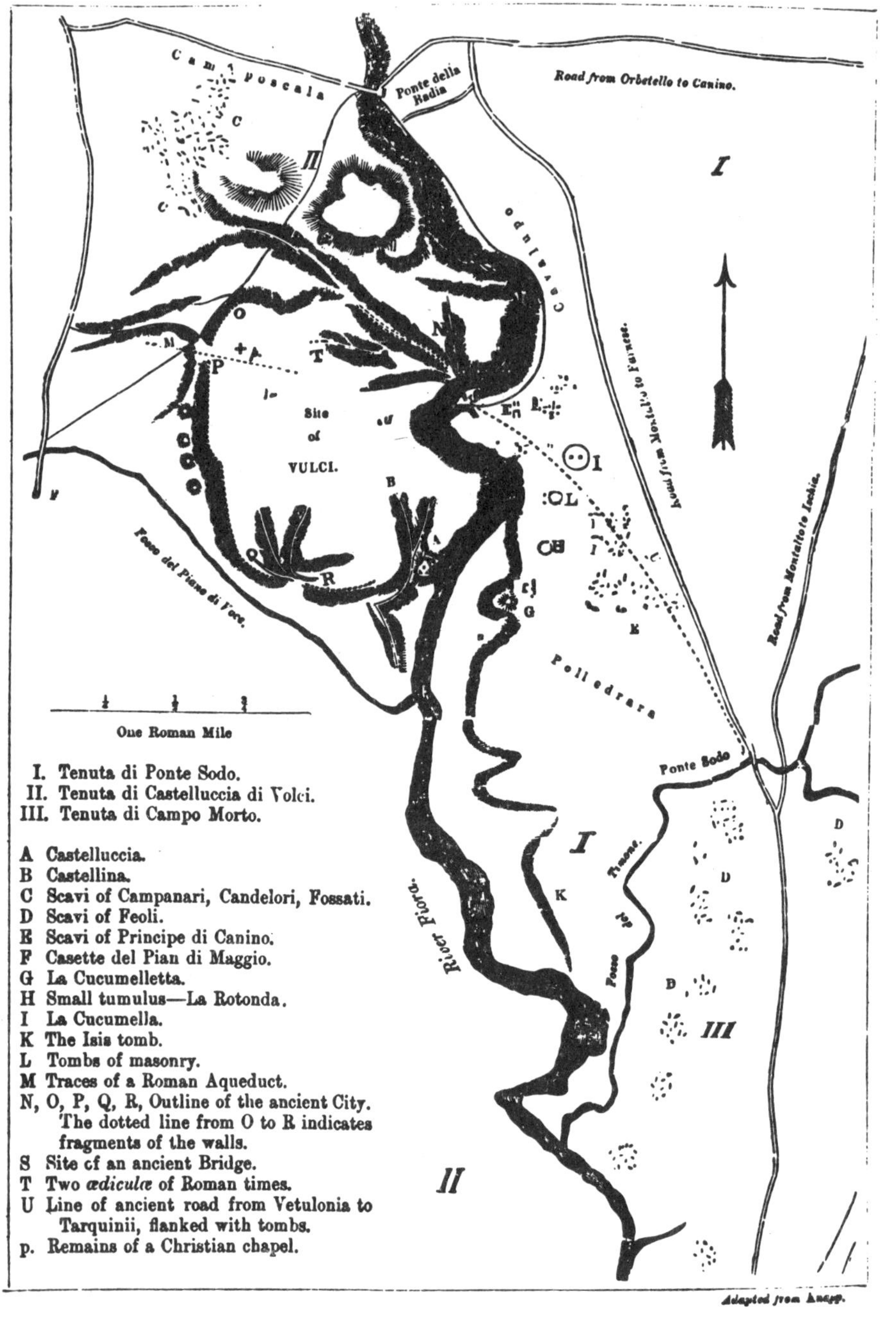

Adapted from Knapp.

5. VULCI

Das alte Etrurien stellte einen Bund oder einen losen religiösen Zusammenschluß von zwölf Städten dar, von denen eine jede einige Meilen des umliegenden Landes umfaßte; man kann daher sagen, daß es aus zwölf Staaten bestand: aus zwölf Stadtstaaten, der berühmten *Dodekapolis* der Antike, der *duodecim populi Etruriae*, wie der Lateiner sagte. Von diesen zwölf Stadtstaaten galt Tarquinii als der älteste und wichtigste. Caere ist eine andere Stadt, und nicht weit davon, nach Norden zu, liegt Vulci.

Vulci heißt jetzt Volci — obwohl dort keine Stadt liegt: Es ist nur ein Jagdgrund für die Schatzsuche in etruskischen Gräbern. Die etruskische Stadt begann während des Niedergangs des römischen Reiches zu verfallen und erlosch entweder durch die Malaria, die dieser Gegend den Tod brachte, oder sie wurde schließlich, wie Ducati meint[1], durch die Sarazenen ausgerottet. Jedenfalls ist dort kein Leben mehr.

Ich erkundigte mich bei dem jungen Deutschen nach den etruskischen Orten längs der Küste: nach Volci, Vetulonia, Populonia. Seine Antwort war stets die gleiche: «Nichts! Nichts! Es gibt dort nichts zu sehen!»

Wir beschlossen indessen, Volci zu besuchen. Es liegt nur etwa zwölf Meilen nördlich von Tarquinia. Wir nahmen den Zug: nur bis zur nächsten Station, Montalto di Castro, und wurden dann zu der kleinen Stadt auf dem Hügel hinaufgerüttelt, nicht weit landeinwärts.

Es war noch ziemlich früh am Morgen — und Samstag. Und die Stadt oder das Dorf auf dem Hügel war sehr still und nahezu ausgestorben. Der Bus entließ uns auf einer kleinen *piazza*, die im Niemandsland zu liegen schien: das Stadtleben hatte keinen

[1] Ducati, 1925 II, 194

Mittelpunkt. Aber es gab ein Café; so gingen wir hinein, bestellten einer Kaffee und fragten, wo wir ein Fuhrwerk nach Volci bekommen könnten.

Der Mann im kleinen Café war gelb und schwerfällig, mit dem schwerfälligen Bauernlächeln. Er schien völlig energielos zu sein und betrachtete uns apathisch. Wahrscheinlich war er malariakrank, obwohl ihn das Fieber gerade nicht plagte. Aber es hatte seine Lebenskraft ausgezehrt.

Er fragte, ob wir zur Brücke wollten — zum *ponte*? Ich sagte ja, wir wollten zum Ponte dell'Abbadia, weil ich wußte, daß Volci in der Nähe dieser berühmten alten Klosterbrücke lag. Ich erkundigte mich, ob wir einen leichten Wagen haben könnten, der uns hinführe. Er meinte, das wäre schwer möglich. Ich sagte, dann könnten wir gehen; es seien ja nur acht Kilometer. «Acht Kilometer!» wiederholte er in seiner trägen, lakonischen Malaria-Art und sah mich etwas spöttisch mit seinen schwarzen Augen an. «Es sind mindestens zwölf!»

«Im Buch steht acht!» insistierte ich mannhaft. Sie versuchen stets die Entfernungen zu verdoppeln, wenn man einen Wagen mieten will. Doch er betrachtete mich schwerfällig und schüttelte den Kopf. «Zwölf», sagte er. «Dann müssen wir einen Wagen haben», erklärte ich. «Sie würden sonst auch gar nicht hinfinden», meinte der Mann. «Gibt es denn einen Wagen?» Er wußte es nicht. Es gab einen, aber er war heute früh irgendwohin gefahren und würde erst zwischen zwei und drei Uhr nachmittags wieder zurück sein. Das alte Lied.

Ich ließ nicht locker: Gab es denn nicht ein Wägelchen, einen *barrocino*, einen *carretto*? Er schüttelte schwerfällig den Kopf. Doch ich drang weiter in ihn, fixierte ihn fest, als ob ein Wagen auf jeden Fall herbei müßte. So ging er schließlich hinaus, um nachzusehen. Nach einer Weile kam er zurück und schüttelte den Kopf. Sodann hatte er eine Unterhaltung mit seiner Frau. Darauf ging er wieder hinaus und blieb zehn Minuten fort.

Ein staubiger, kleiner Bäcker, ein schmächtiger Mann, energiegeladen, wie man das häufig bei kleingewachsenen Italienern findet, kam herein und bestellte etwas zu trinken. Er ließ sich eine Minute nieder, trank sein Glas aus und betrachtete uns mit seinem mehligen Gesicht. Dann stand er auf und verließ wieder den Laden. Einen Augenblick später kam der Cafébesitzer zurück und sagte, vielleicht gäbe es einen *carretto*. Wo denn, fragte ich. Er antwortete, der Mann käme gleich.

Für die Fahrt zum *ponte* brauchte man sicher zwei Stunden, die ganze Unternehmung werde also sechs Stunden dauern. Wir sollten etwas Proviant mitnehmen, denn dort bekäme man nichts.

Ein schmalgesichtiger, etwas verwilderter Junge erschien in der Tür: ebenfalls Malaria! Wir könnten den *carretto* bekommen. «Für wieviel?» — «Siebzig Lire.» «Zuviel», erklärte ich «Viel zuviel! Fünfzig, oder wir fahren nicht. Unser letztes Wort: fünfzig!» Der Junge in der Tür sah bestürzt aus. Der Cafetier, immer mit seinem schwachen sardonischen Lächeln, sagte ihm, er solle gehen und fragen. Der Jüngling verschwand. Wir warteten. Dann kam er zurück und erklärte, es gehe so in Ordnung. «Wie lange dauert es noch?» — *«Subito!» Subito* bedeutet sofort, aber es schadet nie, wenn man genau ist. «Zehn Minuten?» fragte ich. «Vielleicht zwanzig», sagte der Jüngling. «Sag lieber zwanzig», bemerkte der Cafébesitzer, der wirklich ein ehrlicher Mann war und ganz sympathisch in seiner schweigsamen Art.

Wir gingen hinaus, um etwas Proviant zu kaufen, und der Cafébesitzer begleitete uns. Die Läden im Orte waren richtige Löcher. Wir gingen zum Bäcker. Draußen stand ein Fuhrwerk, das von dem Jüngling und dem kleinen quecksilbrigen Bäcker mit Brot beladen wurde. Im Laden kauften wir einen langen Laib, etwas Aufschnitt und fragten nach Käse. Es gab keinen Käse — aber sie würden welchen holen. Wir warteten endlos. Ich sagte zu dem Cafébesitzer, der voller Interesse neben uns wartete: «Wird der carretto nicht schon fertig sein?» Er wandte sich um und zeigte auf die große dunkle Stute an der Deichsel des Brotwagens. «Das ist das Pferd, das Sie ziehen wird. Sobald das Brot abgeliefert ist, spannen sie es an den *carretto*, dann wird der Junge Sie fahren!» Wir mußten also Geduld haben, denn die Stute des Bäckers und der Bäckerjunge waren unsere einzige Hoffnung. Schließlich kam der Käse. Wir wanderten hinaus, um uns nach Orangen umzusehen. Eine Frau verkaufte welche auf einer niedrigen Bank an der Straße, aber die BK, die allmählich ungeduldig wurde, fand, daß sie nicht gut aussahen. So gingen wir über die Straße zu einem höhlenartigen Lädchen, wo eine andere Frau Orangen verkaufte. Sie waren winzig, und die BK wollte sie schon in ungeduldiger Verachtung zurückweisen. Aber die Frau bestand darauf, daß sie sehr süß, süß wie Äpfel, und sehr saftig seien. Wir kauften vier, und ich kaufte noch einen *finocchio*, um daraus Salat zu machen, und die Frau hatte recht. Die Orangen waren ausgezeichnet, als wir uns ans Essen machten, und wir wünschten, wir hätten zehn gehabt.

Im ganzen sind die Leute in Montalto meiner Meinung nach ehrlich und recht sympathisch, aber die meisten sind schwerfällig und schweigsam. Offenbar ist stets die Malaria daran schuld.

Der Cafébesitzer fragte, ob wir über Nacht bleiben wollten. Wir erkundigten uns, ob es denn Gasthäuser gäbe. Er antwortete: «O ja, mehrere!» Wo denn, wollte ich wissen, und er deutete auf die Straße. «Wozu braucht man denn hier mehrere Hotels?» fragte ich. «Für die Vertreter, die landwirtschaftliche Produkte einkaufen», sagte er. «Montalto ist Mittelpunkt einer großen landwirtschaftlichen Industrie, und sehr viele Vertreter kommen hierher.» Ich entschied jedoch, daß wir möglichst am Abend wieder abfahren würden. Es gab nichts in Montalto, was uns hätte zurückhalten können.

Der *carretto* war schließlich fertig: ein geräumiger, zweirädriger und ziemlich niedriger Einspänner. Wir stiegen ein, hinter der dunklen maulbeerfarbenen Stute, und der Bäckerjunge, der sicherlich mehrere Tage sein Gesicht nicht gewaschen hatte, fuhr los. Er machte einen scheuen, ängstlichen, etwas stupiden Eindruck.

Die Stadt liegt bald hinter uns. Das grüne Land mit den in Reihen gepflanzten, bleidunklen Ölbäumen sinkt ab bis zur Eisenbahnlinie, die, parallel mit der alten Via Aurelia, an der Küste entlangläuft. Jenseits der Eisenbahn sieht man den flachen Küstenstreifen und die weiße Leere des Meeresstrandes. Das Meer hier unten weckt das Gefühl für die eigene Bedeutungslosigkeit.

Die hagere Stute greift aus und hält ein gutes Tempo. Doch sehr bald verlassen wir die Straße und gelangen auf einen endlosen Feldweg, dessen rötliche Lehmerde völlig von Wagenspuren durchzogen ist. Teilweise ist der Schlamm noch tief, und die grundlosen Schlammlöcher stehen voller Wasser. Doch zum Glück hat es eine Woche nicht geregnet, so daß der Weg passierbar ist; die meisten Wagenspuren sind trocken, und der endlose Pfad — so endlos wie ein Wüstenweg, der keine Grenzen kennt — bereitet keine Schwierigkeiten und ist nur holprig. Wir laufen Gefahr, daß uns die ungeduldige Mähre mit ihren langen Sätzen den Hals vom Rumpfe schüttelt.

Der Junge verliert seine Schüchternheit, da er jetzt vom Fahren warm geworden ist, und erweist sich als ehrlich und freimütig. Ich sagte ihm: «Wie gut, daß der Weg trocken ist!» — «Vor vierzehn Tagen», antwortete er, «wären Sie hier nicht durchgekommen.» Doch als wir am späten Nachmittag auf dem gleichen Weg zurückfuhren und ich sagte: «Bei schlechtem, nassem Wetter wären wir hier nur zu Pferde durchgekommen», erwiderte er: "Hier kommt man auch mit dem *carretto* durch." "Immer?" fragte ich. "Immer", sagte er.

Und so war er. Ob er etwas für möglich oder unmöglich ansah, hing nur von seiner Stimmung ab.

Wir befanden uns auf der Maremma, dieser flachen, weiten Küstenebene, die seit Jahrhunderten voll Wasser steht und eine der verlassensten und wildesten Gegenden Italiens ist. Zur Zeit der Etrusker war sie offenbar ein äußerst fruchtbares Gebiet. Die Etrusker scheinen sehr fähige Drainierungsingenieure gewesen zu sein; sie entwässerten das Land, so daß es mit ihren Methoden einer intensiven Bodenbestellung zu einem wogendem Getreidefeld wurde. Unter den Römern jedoch begann das ausgeklügelte Kanal- und Wasserregulierungssystem zu verfallen; nun luden die Flüsse allmählich ihren Schlamm längs der Küste ab, verstopften ihre eigenen Mündungen und durchdrangen sodann das Land, wo sie Sümpfe und weite, stagnierende, seichte Lachen bildeten, auf denen die Moskitos wie Dämonen herrschten und an einem warmen Maitage zu Millionen ausschlüpften. Und mit den Moskitos kam die Malaria, die in alten Tagen das Sumpffieber genannt wurde. Schon in der spätrömischen Zeit hatte diese Plage die etruskischen Ebenen und die römische Campagna heimgesucht. Später hob sich offenbar das Bodenniveau, der

Küstenstreifen dehnte sich aus, lag aber sogar noch tiefer als zuvor; die Sümpfe brachten den Tod, und das menschliche Leben suchte das Weite, wurde ausgerottet, oder siechte dahin.

Zur Zeit der Etrusker waren zweifellos weite Strecken dieser Küste mit Pinienwäldern bedeckt, wie man sie auf den Berghängen einige Meilen weiter landeinwärts und auf nördlicheren Küstenstrichen noch heute sieht. Es war die liebliche *pineta* — ein offener, dünner Wald mit regenschirmartigen Bäumen, der sich einstmals unbegrenzt ausdehnte; hohe Erdbeersträucher und Erika bedeckten seinen Boden, aus dem sich die rötlichen Stämme einzeln erhoben wie aus einem endlosen Heideland, während Erdbeersträucher und Ginsterbüsche Dickichte bildeten. Die Pinetas weiter nördlich sind noch immer köstlich, so still und so waldig mit ihren Regenschirmdächern.

Doch die Pinie verträgt keine Feuchtigkeit. Als sich daher die großen Lachen und Sümpfe ausdehnten, fielen die Bäume der etruskischen Zeit für immer; es bildeten sich weite baumlose Strecken, die mit einem nahezu undurchdringlichen niedrigen Dschungel aus Stäuchern, Unterholz und Schilfrohr bedeckt waren — einem Gestrüpp, das sich kilometerweit erstreckte und völlig menschenleer war. Der Erdbeerbaum in seinem leuchtenden Immergrün und die Myrte, der Mastixbaum, Erika, Ginster und andere dornige, gummiartige, fette Moorpflanzen wucherten üppig, doch wurden ihre Wipfel von den ständig blasenden Meereswinden niedergebeugt oder fortgefegt, so daß ein niedriges dunkles Gesträuch entstand, das sich stellenweise von den Bergen fast bis zum Meer ausbreitete. Und hier streiften Herden von Wildschweinen umher; Füchse und Wölfe stellten den Kaninchen, den Hasen, den Rehböcken nach; zahllose Wildenten und Flamingos spazierten an den ungesunden, verseuchten Ufern der großen Lachen und am Meeresstrand.

In diesem Zustand blieb die Maremma jahrhundertelang; sie war von urbar gemachten Strecken und etwas höher gelegenen und daher sehr fruchtbaren Gegenden unterbrochen, bestand aber größtenteils aus einer Wildnis, in der die Hirten, soweit das möglich war, ihre Schafe weideten und wilde Büffel umherstreiften. Im Jahre 1828 unterzeichnete jedoch der Großherzog Leopold von Toskana ein Dekret, das die Urbarmachung der

Maremma vorsah[2], und in letzter Zeit hat der italienische Staat großartige Ergebnisse erzielt: weite Strecken Ackerlands wurden erschlossen, und neue Bauernhöfe entstanden.

Doch immer noch gibt es viel Moorland. Wir rollten grasbewachsenen Wagenspuren entlang, auf die fernen Berge zu.

Zunächst war alles Weizen, dann kam Moor mit großen grauköpfigen Aaskrähen, die in der Öde umherflatterten, dann ein kleines Dickicht von Steineichen, dann ein weiterer Weizenstreifen und schließlich ein trostloses Bauernhaus, das einen irgendwie an Amerika erinnerte: eine recht trübsinnige Farm in der kahlen Steppe, völlig einsam.

Der Junge sagte mir, er sei hier zwei Jahre lang *guardiano* oder Hirt gewesen. Das Vieh lungerte um das öde, von einem Drahtzaun umgebene Haus. Doch ein Schild besagte, der Zugang sei wegen Maul- und Klauenseuche gesperrt. Der Fahrer grüßte eine düstere Frau und zwei Kinder beim Vorbeifahren.

Wir kamen gut vorwärts. Der Fahrer, Luigi, erzählte mir, auch sein Vater sei schon *guardiano*, ein Hirt, in dieser Gegend gewesen, und seine fünf Söhne hätten es ihm nachgemacht. Er schaute dabei in die Ferne, mit dem scharfen, geistesabwesenden Blick von Menschen, die stets ein wildes und abgesondertes Leben geführt haben und sich in ihrer Heimat befinden. Er kannte jeden Strauch und war so froh, wieder draußen zu sein, fort von Montalto.

Der Vater war gestorben, ein Bruder hatte geheiratet und war in das Haus der Familie gezogen; so hatte sich Luigi als Bäckergehilfe in Montalto verdingt. Aber er war nicht glücklich dort, fühlte sich wie im Käfig. In der Weite der Maremma lebte er wieder auf und gewann seine Regsamkeit zurück. Sein Leben lang — er war erst achtzehn — hatte er mehr oder weniger allein gelebt, und Einsamkeit, Weite war für ihn etwas Kostbares, wie für einen Moorvogel.

Die großen Nebelkrähen flogen umher, und viele Feldlerchen stiegen aus dem Moor auf. Sonst war alles still. Luigi sagte, die

[2] Das Trockenlegungsprojekt Leopolds, das auf der verbreiteten Meinung basierte, Malaria entstehe durch die Vermischung von Süß- und Salzwasser, war nur begrenzt erfolreich und forderte eine große Zahl von Opfern unter den Arbeitern.

Jagdsaison sei zwar jetzt zu Ende; hätte er aber ein Gewehr zur Hand, könnte er auf diese Nebelkrähen schießen. Offenbar war er daran gewöhnt, stets ein Gewehr zu tragen, wenn er an den langen, heißen Malariatagen auf einem Pony umherritt und die Viehherden auf ihren Streifzügen durch die Maremma begleitete. Vieh wird nicht von Malaria befallen.

Ich fragte ihn nach dem Wildbestand. Er sagte, im Vorgebirge dort drüben gäbe es viel Wild. Und dabei deutete er auf die Berge, die sechs oder acht Meilen vor uns aufzusteigen begannen. Jetzt, da die Maremma selber in solchem Ausmaß entwässert und urbar gemacht ist, hat sich das Wild in die Hügel verzogen. Luigis Vater pflegte die Jäger im Winter zu begleiten; noch heute treffen sie in dieser Jahreszeit aus Rom und Florenz ein, führen sich protzig auf und sind prächtig ausstaffiert. Und
53 noch immer erlegen sie Wildschwein, Fuchs und *capriolo*, worunter, glaube ich, eher ein Rehbock als eine wilde Ziege zu verstehen ist. Aber Wildschweine sind die *pièces de résistance*. Man kann sie zuweilen mit gesträubter Schwarte im Winter auf dem Florentiner Markt hängen sehen. Doch wie alle wilden Geschöpfe auf Erden werden sie immer seltener. Bald werden die zahmen Tiere als einzige übrigbleiben: darunter der Mensch als das zahmste und zahlreichste Haustier. Dann muß man sogar der Maremma Lebewohl sagen.

«Da!» sagte der Junge. «Dort drüben ist die Klosterbrücke!» Wir schauten auf das flach absinkende Land vor uns und konnten in der großen Leere mit knapper Not einen kleinen, schwarzen, turmartigen Bau neben einem Gebüsch erkennen. Man sah dort auch einen langen geraden Graben oder Kanal, an dem offenbar gearbeitet wurde. Das war das staatliche Entwässerungsunternehmen.

Wir verließen den Weg und rollten über eine holprige Wiese, an dürftigen Haferfeldern vorbei. Luigi sagte, dieser Hafer werde als Futtermittel verwendet. Daneben befand sich ein verfallenes Hirtenhäuschen, und an dem Damm des großen Entwässerungskanals waren neue Drahtzäune gezogen. Das war Luigi neu. Er lenkte die Stute wieder bergauf, auf das Haus zu, und fragte den Schlingel dort, wo er den Drahtzaun passieren könnte. Der Junge erklärte es ihm. Luigi begriff sofort. Hier, in seinem angestammten Bereich zeigte er die Intelligenz eines Wilden.

«Vor fünf Jahren gab es das alles nicht», sagte er und deutete in die Runde. «Keinen Kanal, keinen Zaun, keinen Hafer, keinen Weizen. Alles war Maremma, Moorland, Nebelkrähen, Vieh und Hirten waren das einzige Lebendige. Jetzt verschwindet das Vieh; die Herden dort sind nur noch Überbleibsel. Und die Hirtenhäuser werden verlassen.» Er deutete auf ein großes Haus, das einige Meilen entfernt auf dem nächsten Hügel lag. «Dort gibt es kein Vieh, keine Herden mehr. Der Dampfpflug kommt
und pflügt den Boden, die Maschinen säen und ernten Weizen 51
und Hafer, und statt sich zu vermehren, werden die Menschen der Maremma immer weniger. Der Weizen wächst durch Maschinen.»

Wir folgten nun wieder einer Art Fährte, rollten einen sanften Abhang hinunter und näherten uns einer buschigen Senke und einer schwarzen Ruine mit einem Turm. Bald sahen wir, daß
sich in der Senke eine recht tiefe, waldige Schlucht befand. Und 54
über der Schlucht krümmte sich wie ein Regenbogen eine seltsame Brücke, die eng, steil und bewehrt wirkte. Sie überspannte die Schlucht mit einem einzigen hohen Bogen; der Fahrweg war wie ein Rinnstein zwischen ihre zerborstenen Mauern eingeklemmt und führte schnurstracks zur schwarzen Lavafront der Ruine am gegenüberliegenden Ufer, einem früheren Grenzkastell. Der kleine Fluß in der Schlucht, die Fiora, bildete die Grenze zwischen dem Kirchenstaat und der Toskana; das Kastell diente daher dem Schutz der Brücke.

Wir wollten aussteigen, aber Luigi bat uns zu warten, während er vorauslief, um die Lage zu inspizieren. Er kam zurück, kletterte wieder in den Wagen und fuhr zwischen den Brückenmauern hindurch. Es war gerade breit genug, aufs Haar. Die Mauern schienen uns zu streifen. Man hatte das Gefühl, als kletterte man eine Art Regenrinne hinauf. Tief unten im Gestrüpp rauschte der Fluß — die Fiora, ein richtiger Gießbach oder Regenstrom.

Wir fuhren über die Brücke, und an ihrem äußersten Ende schien uns die Lavamauer des Kastells den Weg zu versperren; das Pferd berührte sie fast mit der Nase. Die Straße bog jedoch nach links ab und führte unter einem Torweg hindurch. Luigi lenkte die Stute geschickt um die Ecke. Es blieb gerade noch genug Platz, um sie mit dem *carretto* aus der Brückenöffnung herauszubringen und durch das Tor zu steuern, wobei der Wagen die Mauer des Kastells abschabte.

So! Wir waren hindurch! Wir ließen die Ruine ein paar Meter hinter uns liegen und gelangten auf einen Rasenplatz über der Schlucht. Es war ein herrlich romantischer Ort! Die erstmals von den Etruskern Vulcis aus schwarzen Tuffsteinblöcken erbaute Brücke steigt in die Luft wie eine schwarze Blase; so rund und sonderbar wirkt sie. Der kleine Fluß fließt in der buschigen Kluft, hundert Fuß tiefer. Die Brücke liegt im Himmel wie eine schwarze Blase, höchst seltsam und verlassen mit der Eindringlichkeit vollkommener, längst vergessener Gestalten. Natürlich wurde sie in römischen und mittelalterlichen Tagen wiederhergestellt. Doch eigentlich ist sie etruskisch, zeigt einen wunderbaren etruskischen Schwung.

Auf dieser Seite bedrängt sie der schwarze Bau des Kastells, das weitgehend zerfallen ist; auf den Wällen und auf dem schwarzen Turm wächst Gras. Wie die Brücke ist es aus Blöcken rötlich-schwarzen, durchlässigen Lavasteins gebaut, aber seine Blöcke sind regelmäßig quadratisch.

Und ringsherum ist eine eigentümliche Leere. Das Kastell ist nicht völlig zerstört. Es ist jetzt eine Art Bauerngehöft. Luigi kennt seine Bewohner. Und jenseits des Flusses sind kleine Haferfelder und zwei oder drei grasende Kühe und zwei Kinder. Doch auf dieser Seite, auf die Berge zu, erstreckt sich ein weites Heideland, über das der Feldweg zu den Hügeln und zu einem großen von Bäumen umgebenen Hause führt, das wir schon aus der Ferne gesehen hatten. Das ist die *Badia*, das Kloster, das der Brücke ihren Namen gab. Aber es ist schon seit langem in ein Landhaus umgewandelt. Der ganze Besitz gehörte Lucien Bonaparte, dem Fürsten von Canino, dem Bruder Napoleons. Nach dem Tode seines Bruders lebte er dort als italienischer Fürst[3]. Als

[3] Lucien Bonaparte (Ajaccio 1775-Viterbo 1840) überwarf sich mit seinem Bruder wegen seiner zweiten Heirat mit einer geschiedenen Bürgerlichen, und suchte Unterstützung bei Papst Pius VII, der ihm 1814 den Titel "Prinz von

ein Ochse im Jahre 1828 das Land nahe dem Kastell pflügte, brach er plötzlich durch den Erdboden und versank in einem Grab, in dem sich zerbrochene Vasen befanden. Darauf nahm man sofort Ausgrabungen vor. Es war die Zeit, in der die griechischen Vasen sehr populär waren. Lucien Bonaparte interessierte sich nicht für Vasen. Er stellte einen Aufseher zur Leitung der Ausgrabungsarbeiten an und gab Befehl, jede bemalte Scherbe aufzubewahren, aber die mindere Töpferware zu zerstören, um einem Absinken der Marktpreise vorzubeugen. So vollzog sich die Arbeit auf barbarische Weise: Vasen und Körbe voll Scherben wurden gesammelt, doch die gewöhnliche rotschwarze etruskische Töpferware wurde zerschlagen, sobald man sie entdeckte, während der Aufseher mit dem Gewehr auf den Knien die Arbeiter bewachte.

Dennis erlebte das noch im Jahre 1846, als Lucien gestorben war. Aber die Arbeit wurde fortgesetzt, auf Befehl der Fürstin. Und vergeblich bat Dennis den Aufseher, ihm einige der rotschwarzen Gefäße freizugeben. Er erhielt nicht ein einziges! Zerschmettert versanken sie in der Erde, während der Aufseher mit dem Gewehr im Anschlag daneben saß. Doch die Scherben der bemalten Vasen wurden von den geschulten Arbeitern der Fürstin höchst kunstvoll zusammengesetzt; sie verkaufte sodann eine Patera oder eine Amphore, die nur ein Scherbenhaufen gewesen war, für an die tausend Kronen. Die Gräber wurden geöffnet, ausgeplündert und dann wieder zugeschüttet. Alle Landeigentümer in der Nachbarschaft führten Ausgrabungen durch, und die größten Schätze wurden zutage befördert. Zwei Monate nach Beginn der Arbeiten hatte Lucien Bonaparte bereits mehr als zweitausend etruskische Gegenstände aus Gräbern erhalten, die eine Fläche von nur wenigen Morgen einnahmen. Es klingt wie ein Witz, daß die Etrusker den Bonapartes ein Vermögen hinterlassen haben sollen, aber so war es tatsächlich. Vulci war wirklich eine Fundgrube, doch vor allem für bemalte

Canino" verlieh. Nach der Versöhnung mit Napoleon während der "Hundert Tage von Elba" wechselte Lucien in seinen letzten Jahren seine Ausgrabungen mit dem Verfassen von Romanen und Poemen ab (*Tribu indienne ou Eduard et Stelline* 2 Bde, Paris 1799, *Charlemagne ou l'Eglise sauvée,* Roma 1814) sowie mit unseeligen Versuchen, die Bonapartistische Partei neu zu organisieren.

Vasen, jene — leider allzu geschändeten — Bräute der Todesruhe[4]. Jetzt ist in den Gräbern nur noch wenig zu sehen.

Wir verspeisten unseren Proviant, während die Stute das Gras abfraß. Ich wunderte mich, als ich aus der Einöde vier oder fünf junge Leute auf Fahrrädern auftauchen sah, die den Feldweg jenseits des Flusses hinunterschossen, abstiegen, den hohen Bogen der Brücke überwanden und sodann im Kastell verschwanden. Von den Bergen kam ein Mann auf einem Esel herangeritten: ein sympathischer junger Mann in Kordsamthosen. Er ritt ohne Sattel. Er wechselte einige Worte mit Luigi in dem leisen, geheimnisvollen Tonfall, wie er in dieser Gegend üblich ist, und setzte dann seinen Weg zur Brücke fort. Auf dem andern Ufer trabten zwei Männer auf Maultieren auf die Brücke zu, und ein Bauer trieb zwei junge Ochsen heim, deren Hörner sich vom hohen Schwung der Brücke in den Himmel bohrten.

In solcher Einsamkeit wirkte der Platz noch sehr belebt. Und doch war die Luft erfüllt von Absonderung, Mißtrauen, Argwohn. Es war wie im Mittelalter. Ich bat Luigi, etwas Wein aus dem Haus zu holen. Er sagte, er wüßte nicht, ob er welchen bekommen könnte; dann machte er sich furchtsam, mit halb barbarischem Widerstreben gegen die Annäherung an einen fremden Ort, auf den Weg.

Nach einer Weile kam er zurück, um zu berichten, die *dispensa* sei geschlossen, es sei kein Wein zu haben. «Dann wollen wir zu den Gräbern gehen!» sagte ich. «Weißt du, wo sie sind?» Er deutete mit einer unbestimmten Bewegung auf das Moorland in der Ferne und bemerkte, wir bräuchten Kerzen. Die Gräber seien dunkel, und es gäbe keinen Führer. «Dann wollen wir doch die Bauern um Kerzen bitten», sagte ich. Er antwortete wiederum, die *dispensa* sei geschlossen und wir könnten keine Kerzen bekommen. Er machte einen besorgten und niedergeschlagenen Eindruck, wie das stets bei einfachen Leuten der Fall ist, wenn sich eine kleine Schwierigkeit erhebt. Sie haben voreinander solche Angst und betrachten sich mit solchem Mißtrauen!

[4] S. Fußnote 7, Kap. 2.

Wir gingen zurück zur schwarzen Ruine und gelangten durch einen dunklen, mit einem Fallgitter versehenen Torweg in einen halbzerstörten, seltsamen düsteren Hof. Und hier hockten sieben oder acht Männer oder standen herum, während ihre schäbigen Räder an den verfallenen Mauern lehnten. Es waren sonderbar aussehende junge Burschen, klein, unrasiert, schmutzig; keine Bauern, sondern Arbeiter, bei deren Anblick man meinen konnte, man hätte sie irgendwo im Kehricht zusammengelesen.

Luigi fühlte sich offensichtlich unbehaglich in ihrer Gesellschaft; nicht weil er sie für Bösewichte gehalten hätte, sondern nur, weil er sie nicht kannte. Aber er hatte einen Freund unter ihnen: einen seltsamen, etwa zwanzigjährigen Burschen in einer eng anliegenden blauen Strickjacke, mit einem kohlschwarzen Bart auf seinem zarten, aber spitzbübischen Gesicht, das eigenartig lächelte. Dieser junge Mann kam heran und strich um uns herum mit seltsam beklommener, halblächelnender Neugierde. Die Männer machten alle denselben Eindruck: sie wirkten beklommen und als wären sie verfemt, aber zugleich ahnte man etwas von ihrer verborgenen Eigentümlichkeit. Sie waren in Wahrheit die wunderlichsten, ärmlichsten Bewohner dieses Teils der Maremma.

Der Hof des Kastells war dunkel und unheimlich, doch recht interessant in seinem verfallenen Zustande. Einige einsame Ratten deuteten auf eine Bauernwirtschaft hin. Und eine einstmals recht stattliche Außentreppe führte zu dem offenbar jetzt unbewohnten Trakt: zwei oder drei Räume, die auf die Brücke hinausschauten[5].

Die Empfindung des Argwohns und einer — mehr negativen als aktiven — Feindseligkeit war immer noch so stark, daß wir wieder hinaus auf die Brücke traten. Luigi, der ratlos war, sprach im Flüsterton seinen schwarzbärtigen jungen Freund mit den leuchtenden Augen an: Alle Männer schienen wunderliche, leuchtende schwarze Augen zu haben, mit einem Schimmer darin, wie man ihn bei Mäuseaugen findet.

Schließlich fragte ich ihn schlankweg: «Was sind denn das alles für Leute?» Er flüsterte, es seien Erdarbeiter. Ich zerbrach

[5] Die oberen Räume und der Schloßhof sind jetzt Sitz des Archäologischen Museums von Vulci.

mir den Kopf, was denn Erdarbeiter in dieser Einsamkeit zu suchen hätten. Dann erklärte er, sie arbeiteten im Entwässerungskanal und seien zur *dispensa* gekommen, um ihren Lohn abzuholen und einzukaufen — es war Samstagnachmittag; der Aufseher, der die *dispensa* betrieb und Wein und Kolonialwaren an die Arbeiter verkaufte, sei aber noch nicht erschienen, um seinen Laden zu öffnen; wir könnten daher nichts bekommen.

Genaugenommen erklärte Luigi das nicht alles. Doch als er sagte, es seien die Arbeiter für die Entwässerungsgräben, begriff ich die Lage.

Mittlerweile waren wir und unser Verlangen nach Kerzen zu einem Merkmal der Landschaft geworden. Ich fragte Luigi, weshalb er denn nicht die *Bauern* um Kerzen gebeten hätte. Er antwortete, sie hätten keine. Glücklicherweise erschien im gleichen Augenblick eine ungewaschene Frau an einem oberen Fenster der schwarzen Mauer. Ich fragte sie, ob sie uns nicht eine Kerze verkaufen könnte. Sie zog sich zurück, um darüber nachzudenken, dann zeigte sie sich wieder, um mürrisch zu erklären, das kostete sechzig Centesimi. Ich warf ihr eine Lira zu, und sie ließ eine Kerze fallen. Das war also geschafft!

Sodann sagte der schwarzbärtige Jüngling mit glitzernden Augen, wir brauchten mehr als eine Kerze. Ich bat daher die Frau um eine weitere und warf ihr fünfzig Centesimi zu — da sie gerade darüber nachdachte, wie sie mir den Rest der Lira herausgeben könnte. Sie ließ eine zweite Kerze fallen.

Die BK und ich gingen zum *carretto*, mit Luigi. Aber ich bemerkte, daß er noch immer unglücklich aussah. «Weißt du, wo die Gräber sind?» fragte ich ihn. Wieder machte er eine vage Handbewegung. «Dort drüben!» Aber er war unglücklich. «Wäre es nicht besser, wir nähmen einen dieser Männer als Führer?» fragte ich weiter. Und ich erhielt die unvermeidliche Antwort: «Tun Sie, was Sie für richtig halten!» — «Wenn *du* die Gräber nicht genau kennst» sagte ich zu ihm, «mußt du jemanden finden, der uns begleiten kann.» Er zögerte noch, in der stummen Unschlüssigkeit, wie sie diesen Leuten eigen ist. «Du mußt irgendwie jemanden finden!» sagte ich, und widerwillig machte er sich auf.

Er kam erleichtert mit einem Bauern zurück, einem gedrungenen, aber kräftigen *maremmano* von etwa vierzig Jahren, einem unrasierten, nicht unsauberen Manne. Er hieß Marco und hatte seine beste Jacke angezogen, um uns zu begleiten. Er wirkte ruhig und energisch, war dunkelblond und gehörte nicht zu den schwarzen Einheimischen mit ihren seltsam rundlich-weichen Konturen. Sein dreizehnjähriger Sohn kam mit, und beide kletterten auf den Rücksitz des *carretto*.

Marco gab Anweisungen, und so rollten wir zuerst den Feldweg hinunter und folgten dann einem kleinen Pfade, der ins kräftige Heidemoor hineinführte. Hinter uns fuhr ein kleiner schwarzäugiger Bursche auf einem Fahrrad. Einen kleinen Lagerplatz mit Baracken, aus denen Frauen herauskamen, um uns zu betrachten, ließen wir links liegen. Neben dem Wege war
Holzkohle aufgestapelt, und die Köhler, die eben fürs Wochen- 57
ende aus den Bergen heimgekehrt waren, standen dabei und sahen uns nach. Ihre Esel und Maultiere ließen die Köpfe hängen.

Es war das Winterlager der Holzköhler. In einer Woche etwa, sagte mir Marco, würden sie dieses Lager verlassen und in die Berge hinaufziehen, um dem Fieber zu entgehen, das im Mai einsetzt. Zweifellos waren sie ein kräftiger, wenn auch etwas wilder Menschenschlag. Ich fragte Marco, ob es viel Fieber hier gäbe, wobei ich an Malaria dachte. Er sagte: «Nicht viel». Ich fragte dann, ob er schon Anfälle gehabt hätte. Er antwortete: «Nein, niemals». Wirklich, er sah stämmig und gesund aus; auch schien ihn eine gebändigte, explosive Energie zu erfüllen. Aber sein Gesicht hatte einen unbeweglichen, eher abgespannten Ausdruck, einen leidenden Zug und eine gelbliche Hautfarbe, so daß ich doch an Malaria denken mußte. Ich fragte Luigi, unseren Fahrer, ob er schon Fieber gehabt hätte. Zuerst verneinte er. Dann gab er zu, daß er zuweilen einen Anfall hätte. Was man ihm ansah: denn sein Gesicht war schmal und gelblich, augenscheinlich hatte die Krankheit an ihm gezehrt. Doch auch er besaß eine starke, männliche Energie, mehr als der durchschnittliche Italiener. Offenbar gehörte es in diesen Gegenden zum guten Ton, zu bestreiten, daß man jemals mit Malaria etwas zu tun hatte.

Zu unserer Linken erhoben sich in der Heide große, fast flache Erdhügel, *Tumuli*, größer als in Cerveteri. «Sind das die Gräber?» fragte ich Marco. Er sagte, ja, das seien die *Tumuli Coccumella* und *Coccumellata*; zuerst aber gingen wir zu den Gräbern am Fluß.

Wir fuhren über einen steinigen Hang auf die dichtbewaldete Schlucht zu. In der Ferne, schräg hinter uns zur Rechten, erhob sich der einsame schwarze Turm des Kastells, jenseits des Moors, über das wir gekommen waren. Auf der andern Seite der Schlucht erstreckte sich ein langer, niedriger, mit Gras und Heide bewachsener Hügel; und weiter flußabwärts begannen die Entwässerungsarbeiten. Das Land wirkte leer und verlassen, aber es hatte die eigenartige, nahezu unheimliche Eindringlichkeit jener Orte, die einstmals ein intensives Leben erfüllte. «Wo soll die Stadt Vulci gelegen haben?» fragte ich Marco. Er deutete auf den langen niedrigen Höhenzug jenseits des Flusses, längs der andern Seite der Schlucht. Ich hatte vermutet, daß sie dort lag, da sich ja die Gräber auf dieser Seite befanden. Aber für etruskische Verhältnisse wirkte der Platz sehr niedrig und unbeschirmt: so weltoffen! Wahrscheinlich war die Stadt zum Meer hin auf ihre Wälle und landeinwärts auf die Schlucht angewiesen. Ich fragte Marco, ob sich dort noch Spuren befänden, die den Verlauf der Wälle erkennen ließen. «Nichts!» antwortete er. Wahrscheinlich war es keine so große Stadt wie Caere oder Tarquinii. Aber sie gehörte zum etruskischen Bund und war wirklich sehr reich, wenn man von den Tausenden bemalter Vasen ausgeht, die in ihren Gräbern gefunden wurden.

Der steinige Hang war zu uneben. Wir verließen den Wagen und gingen zu Fuß weiter.

Luigi ließ die Stute zurück, und Marco führte uns hinunter, auf einen Stacheldrahtzaun zu. Nie, nie hätten wir diesen Platz allein gefunden. Marco hielt sachverständig den Draht hoch, und wir krochen hindurch und gingen zum buschigen, steinigen Rand der Schlucht. Bäume stiegen vom Flußufer auf, manche mit leuchtend grünen Blättern. Und wir kletterten einen holperigen Pfad hinunter, am Eingang eines Grabes vorbei, das höchst sorgfältig durch ein Eisentor versperrt und durch Stacheldraht gesichert war; mit der üppigen Vegetation, die drauf und dran war, es wieder zu überwuchern, glich es einer Einsiedlerhöhle.

Wir schlängelten uns durch das Pflanzengewirr und die Felsentrümmer auf dem Hange der Schlucht und gelangten zu den Öffnungen der Gräber. Diese Gräber waren aus dem Fels gehauen, und gewiß hatten sie einstmals eine schöne Reihe gebildet, wie Felsenhäuser an einer freundlichen Straße, die die Schlucht entlangführt. Doch jetzt sind es düstere Löcher, zu denen man durch die ausgegrabene Erde hindurchklettern muß. Als wir dann mit Hilfe der drei Kerzen — denn der dunkelgesichtige junge Mann auf dem Fahrrad hatte gleichfalls einen Stumpf mitgebracht — ins Innere gelangten, befanden wir uns in einer finsteren Wolfshöhle mit geräumigen — wie in Cerveteri untereinander verbundenen — Kammern, mit modrigen Felsenbetten als Untersatz für die Särge und mit mächtigen, sieben Fuß langen Steinsarkophagen, die unordentlich zwischen Felstrümmern und Schutt standen; in einigen lagen noch Gebeine und Menschenstaub wenig anheimelnd herum. Es gab nichts weiter zu sehen als diese schwarzen, modrigen Kammern, von denen man manche ausgeräumt hatte, während anderswo plumpe große Sarkophage, Trümmer und Ausgrabungsschutt in der feuchten, grausigen Finsternis geblieben waren.

Mitunter mußten wir auf dem Bauch über Schutthaufen in die Gräber hineinkriechen; dabei versanken wir in Löchern wie Ratten, während uns die Fledermäuse blindlings ins Gesicht flogen. Waren wir dann drinnen, kletterten wir im Dämmerlicht über Felsbrocken und Trümmer von einer dunklen Kammer zur andern, und es gehörten vier oder fünf oder sogar noch mehr Kammern zu einem Grabe; alle waren aus dem Fels gehauen und, mit dem abgeschrägten Dach und dem zentralen Dachbalken, wie Häuser gebaut. Von den Dächern hingen traubenförmig bräunliche, pelzige Fledermäuse herunter. Man konnte sie kaum für lebendig halten, bis ich sah, wie der untersetzte Bursche, der uns auf dem Wege gefolgt war, seine Kerze an eine der Trauben hielt, wodurch er den Pelz der Fledermäuse versengte und die erstarrten Geschöpfe anbrannte; nun begannen die häutigen Flügel zu flattern, und halb verstörte, halb tote Fledermäuse fielen aus dem Schwarm unter dem Dach herunter, tappten sodann auf ihren Flügeln umher, hoben sich niedrig in die Luft und taumelten zum Ausgang. Der finstere Bursche fand Gefallen daran, sie anzusengen. Doch ich gebot ihm Einhalt, worauf er erschrak und es bleiben ließ.

Er war ein wunderlicher Geselle: sehr klein von Statur, mit den fetten, weichen Rundungen, dem schwarzen Haar, dem gelblichen Gesicht und den schwarzen Fledermausaugen, wie sie für den Menschentyp dieser Gegend charakteristisch sind. Er war vielleicht zwanzig Jahre alt und glich einem fremdartigen Höhlentier. Auf höchst seltsame Weise schlüpfte er in Löcher hinein, wobei sein weiches, rundes Hinterteil hinten herausragte: wie bei einem unheimlichen Tier. Und ich bemerkte, daß er hinter den Ohren ganz schuppig und wund war; es mochte auf Unsauberkeit oder einer eigenartigen Krankheit beruhen. Hiervon abgesehen, machte er einen gesunden und ziemlich lebendigen Eindruck. Und seine wunden Ohren schienen ihn in keiner Weise zu bekümmern; darin zeigte er eine animalische Gleichgültigkeit.

Marco, der ein weit höherstehender Typ war, kannte sich genau aus und führte uns tastend und kriechend und kletternd von Grab zu Grab, inmitten der Finsternis, der Trümmer, der Fledermäuse und der Feuchtigkeit, dann draußen durch die Fenchelstauden und Sträucher über der Schlucht und wieder hinein in irgendein Loch. Er zeigte uns ein Grab, aus dem erst im vergangenen Jahr eine große steinerne Statue entfernt worden war; er zeigte mir, wo sie gestanden hatte: dort in der innersten Kammer, mit dem Rücken an die Wand gelehnt. Und er sprach von den Vasen, meistens Scherben, die auch er aus dem Moder der Steinbetten aufgelesen hatte.

Doch jetzt ist dort nichts mehr, und ich wurde es leid, immer wieder in diese grausigen, mit feuchten Felstrümmern angefüllten Löcher hineinzuklettern. Nichts Lebendiges oder Schönes ist dort zurückgeblieben — gar nichts. Ich war froh, als wir zum letzten der freigelegten Gräber gelangten und dahinter nur den Hang über der Schlucht erblickten, der von Stäuchern und Fenchelstauden und hohem Unkraut überwuchert ist. Wahrscheinlich liegen dort noch immer manch eine Vase und manch ein Steinsarg verborgen — aber laßt sie nur liegen!

Wir gingen den gleichen Pfad zurück, den wir gekommen waren, um wieder nach oben zu gelangen. Als wir den Durchgang erreichten, der zu dem verschlossenen Grab führte, erzählte mir Marco, darin befänden sich noch Malereien und einige zurückgelassene Gegenstände. Wahrscheinlich war es das berühmte François-Grab mit den Malereien, deren Kopien im etruskischen Museum des Vatikans zu sehen sind. Es wurde durch Alessandro François[6] im Jahre 1857 ausgegraben und gehört zu den sehr wenigen bemalten Gräbern, die man in Vulci gefunden hat.

Wir versuchten vergeblich einzudringen. Beinahe gelang es uns das Schloß aufzubrechen, aber es war unmöglich. Natürlich sollte man bei solchen Expeditionen stets mit einem amtlichen Ausweis versehen sein. Doch das bedeutet, daß man stets von Beamten umschnüffelt wird.

So kletterten wir wieder hinauf, in die offene Natur, und Luigi ließ uns in den *carretto* einsteigen. Die Stute zog uns unter heftigem Gerüttel zu den großen *Tumuli*, die wir sehen wollten. Es sind ausgedehnte, mit Gras und Sträuchern bewachsene Erderhebungen, die runden, niedrigen Hügeln gleichen. Sofern ihre Grundfläche von Mauerwerk eingefaßt ist, ist dieses jedenfalls überwachsen.

Marco führte uns den schmalen Weg, auf dem man, zwischen dichtem Gestrüpp, zum Eingang des *Tumulus* gelangt. Schon dieser Weg ist nahezu versperrt, überwuchert. Man muß wie ein Kaninchen durch die kratzigen Zweige hindurchkriechen.

Und schließlich tritt man unter das schmucklose Eingangstor des *Tumulus*. Noch im Jahre 1829 bewachten es zwei geheimnisvolle steinerne Sphinxe. Jetzt ist dort nichts mehr. Und im Innengang oder an den Ecken waren Löwen und Greife postiert.

[6] Alessandro François (1796-1857), berühmtester Archäologe zur Zeit von Dennis. Ab 1819 leitete er von seinem Wohnsitz in Portoferraio aus die Ausgrabungen von Tarquinia, Cosa, Volterra, Vulci, Vetulonia, Populonia, Roselle, Cortona, Chiusi. Sein Begleiter war Noël de Vergers, Autor von *L'Etrurie et les Etrusques* (Paris, 1862-64). Berichte über seine Ausgrabungen erschienen in *Bull. Corr. Archeologica* 1849-1856. Ein berühmtes bemaltes Grab in Vulci und ein großer attischer Krater (Mischkrug), gefunden in Chiusi, jetzt im Archäologischen Museum in Florenz, tragen noch seinen Namen. Gerade in Vulci infizierte sich François mit Malaria, woran er schließlich starb.

Wir winden uns, dem Kerzenschein folgend, durch engen Gang; was mag uns erwarten? Es ist wie im Bergwerk; enge Gänge schlängeln sich immer weiter und führen von nirgendwo nach nirgendwo. Wir hatten keine langen Kerzen mehr, nur vier Stümpfe. Marco ließ einen brennenden Kerzenstumpf an einer Kreuzung als Wegweiser zurück, dann ging es weiter und weiter, von nirgendwo nach nirgendwo; dabei bückten wir uns etwas, und unsere Hüte streiften die Fledermaustrauben, die von der Decke herabhingen, während wir uns vorarbeiteten, einer hinter dem andern, ständig eingezwängt in den engen Steinkorridoren, die nie ein Ziel erreichten. Zuweilen sah man eine Nische in der Wand — das war alles.

Gewiß muß es eine zentrale Grabkammer geben, zu der die Gänge schließlich hinführen. Doch wir fanden sie nicht, und Marco sagte, es gäbe nichts dergleichen: der *Tumulus* bestände nur aus Gängen und aus nichts anderem. Aber Dennis behauptet[7], bei der Entdeckung des *Tumulus* im Jahre 1829 seien zwei kleine Kammern in der Mitte des Erdhügels gewesen, und in ihnen hätten sich zwei Schäfte aus Mauerwerk bis zum Scheitelpunkt des Grabes erhoben; wahrscheinlich waren das die Untersätze großer Monumente, allem Anschein nach der phallischen *cippi*. Auf dem Boden der Kammer befanden sich Bruchstücke aus Bronze und feingehämmertem Gold. Doch jetzt ist nichts mehr dort; zweifellos ist der Mittelpunkt des *Tumulus* eingestürzt.

Es war, als kröche man in einer antiken Pyramide herum. Dieser *Tumulus* erinnerte in keiner Weise an die andern etruskischen Gräber, die wir gesehen hatten, und falls er wirklich ein Grab war, muß der Sarg einer sehr bedeutenden Persönlichkeit den Kern inmitten dieser ganzen Schale gebildet haben — einer Persönlichkeit, die jedenfalls so angesehen war wie ein Pharao. Die Etrusker waren sonderbare Leute, und dieser *Tumulus*, der keine peripheren Gräber, nur endlos sich hinziehende Gänge enthält, muß eine Reminiszenz an vorgeschichtliche Zeiten oder an ägyptische Pyramiden gewesen sein.

[7] Dennis 1848, ed. 1907 I, 439ff.

Als wir es satt hatten, in Gängen, die nirgendwohin führten, herumzulaufen, traten wir wieder ins Freie, kletterten durch das Gewirr der Stäucher und waren dankbar, wieder den hellen Himmel über uns zu haben. Wir alle drängten uns übereinander in den *carretto*, und die Stute zog uns wacker bis auf den Feldweg. Der kleine finstere Bursche fuhr schweigend auf seinem Fahrrad voraus, um uns das Tor zu öffnen. Noch einmal blickten wir auf den großen Grabhügel *Coccumella*, den fremde tote Hände vor so langer Zeit aus weicher Erde über zwei winzigen Totenkammern aufgehäuft hatten: und heute noch ist er ein geheimnisvoller Blickfang in der flachen Maremma. Eine seltsame, seltsame Nuß wahrhaftig, deren innerster Kern ein ständiges Geheimnis bleibt! Und einstmals erhob er sich lieblich wie eine große Brust mit den knospenhaften Monumenten der *cippi* als Spitzen! Er birgt zu viele Probleme. Wir kehren dem allem den Rücken, während uns der *carretto* über die gräberzerfurchte Erde rüttelt. Es liegt etwas Düsteres, wenn auch recht Schönes über Vulci.

In dem kleinen Lager bereiteten die Köhler die Sonntagswäsche ihrer Gesichter vor. Die Frauen standen lächelnd umher, als wir auf dem Moor vorbeifuhren. «O wie dick du geworden bist!» rief Luigi einer plumpen und lächelnden Frau zu. «Du freilich nicht!» rief sie zurück. *«Tu pure no!»* Wir sagten Marco und seinem Jungen an der Brücke Lebewohl, dann überquerten wir abermals deren Bogen. Am anderen Ufer wollte Luigi trinken. So kletterten er und ich zum Quell hinunter, zum alten, dünn rieselnden Quell, und tranken kühles Wasser. Drunten rauschte der Fluß; droben spannte die Brücke den hohen Schwung ihres dunklen Regenbogens, und wir hörten den Ruf der Maultiertreiber, die ihre Tiere hinübertrieben.

Einstmals trug diese alte Brücke einen Aquädukt, und ein
seltsamer Anblick ist die große, tropfsteinartige Masse, die wie 54
ein Bart auf der den Bergen zugewandten Seite hinunterhängt. Doch der Aquädukt ist verschwunden, und auch die schlammige Stalaktitenmasse[8] zerbröckelt. Alles vergeht.

[8] Das sogenannte "Taschentuch des Teufels", Stalaktitenbildung über der nördlichen Seite der Brücke, die in der Tat auch als "Teufelsbrücke" bezeichnet wird.

So kletterten wir denn wieder hinauf und in den *carretto*; dann trabte die Stute schnell davon. Wir überholten den jungen Mann in Samthosen auf seinem Esel; er sei ein Bauer vom Hügelland, sagte Luigi. Und wir trafen Reiter, die uns entgegenkamen und auf die Hügel zu ritten, fort von Montalto. Es war Samstagnachmittag; ein fröhlicher Meereswind blies kräftig über die Maremma, und die Menschen entrannen ihrer Arbeit auf dem Pferderücken, auf Maultieren oder auf Eseln. Und manche trieben beladene Esel zu den Hügeln hinauf.

«Das wäre ein rechtes Leben», sagte ich zu Luigi, «wenn man hier wohnen könnte und ein Haus in den Hügeln und ein Reitpferd und Raum hätte: wenn nur die Malaria nicht wäre!»

Obwohl mir Luigi zuvor gestanden hatte, die Malaria sei noch recht übel — Kinder blieben freilich häufig verschont, Erwachsene jedoch selten; von Zeit zu Zeit schüttle sie unweigerlich das Fieber; Montalto werde noch mehr heimgesucht als das flache Land, und in der Regenzeit seien die Straßen unpassierbar — so stimmte er nun ein anderes Lied an: Er erklärte jetzt, es gäbe fast gar kein Fieber mehr; die Straßen seien immer passierbar; nach Montalto kämen die Leute während der Badesaison, um im Meer zu baden, und hätten kleine Hütten aus Schilfrohr an der Küste; auf den Wegen komme man immer ganz leicht durch, wirklich ganz leicht! Und man bekäme überhaupt kein Fieber, wenn man nur ordentlich äße und ab und zu etwas Fleisch zu sich nähme und ein anständiges Glas Wein tränke. Er wünsche so sehr, daß ich herkäme und in irgendeinem verlassenen Hause im Vorgebirge wohnte; er werde sich auch um meine Pferde kümmern, und wir könnten zusammen auf die Jagd gehen, sogar während der Schonzeit, denn es sei niemand da, der einen erwischen könnte.

Die BK döste etwas vor sich hin, während wir weitergerüttelt wurden. Es war auch ein Traum. Ich hätte ihn recht gern verwirklicht — wäre ich nicht von der Malaria überzeugt gewesen. Und gewiß hätte ich Luigi meine Pferde anvertraut. Er ist keine stattliche Erscheinung, aber er ist ein Einzelgänger und mutig und gewiß ehrlich — ein Einzelgänger und weit mannhafter als das Stadtvolk oder die sich abrackernden Landleute.

So, nun haben wir alles gesehen, was Vulci bieten konnte.

Will man auch sehen, was die Etrusker dort vergraben haben, muß man zum Vatikan gehen oder in das archäologische Museum in Florenz oder ins Britische Museum in London und Vasen und Statuen, Bronzen, Sarkophage und Schmuck betrachten. Im Britischen Museum befindet sich der wesentliche Inhalt des berühmten Isisgrabes, in dem eine Dame begraben war, die Dennis[9] mit Sicherheit für eine Ägypterin hält; hierzu bestimmte ihn ihre — steife und aufrechte — Statur sowie die Isisstatuette, die sechs Straußeneier und andere importierte Gegenstände, die mit ihr das Grab teilten: Denn sie sollte im Tode eben das sein, was sie im Leben war, so genau wie möglich. Das war der etruskische Glaube. Wie die Ägypterin nach Vulci gekommen war und warum sie neben einer Dame des alten Etrurien begraben wurde: drunten in jenem Teil der Nekropolis in Vulci, den man jetzt Polledrara nennt — wer könnte das wissen? Doch alles, was von ihr zurückblieb, befindet sich jetzt im Britischen Museum. In Vulci ist nichts mehr. Auf jeden Fall war sie überhaupt keine Ägypterin. Alles aus dem archaischen östlichen Mittelmeer sah Dennis als ägyptisch an.

So steht es mit Vulci. Seit den römischen Zeiten bis zum Jahre 1828 wußte man nicht mehr, wo es lag. Sobald man es jedoch wieder gefunden hatte, wurden die Gräber schnell durch die Eigentümer ausgeweidet und all ihrer Kostbarkeiten beraubt, dann wurden die Gräber entweder wieder geschlossen, oder man ließ sie verwahrlosen. Alle die Tausende von Vasen, die die Etrusker so liebevoll sammelten und ihren Toten mitgaben — wo sind sie? Viele existieren noch. Aber sie sind überall, außer in Vulci.

[9] Dennis 1848, ed. 1907 I, 439ff.

PLAN OF VOLTERRA, ANCIENT AND MODERN.

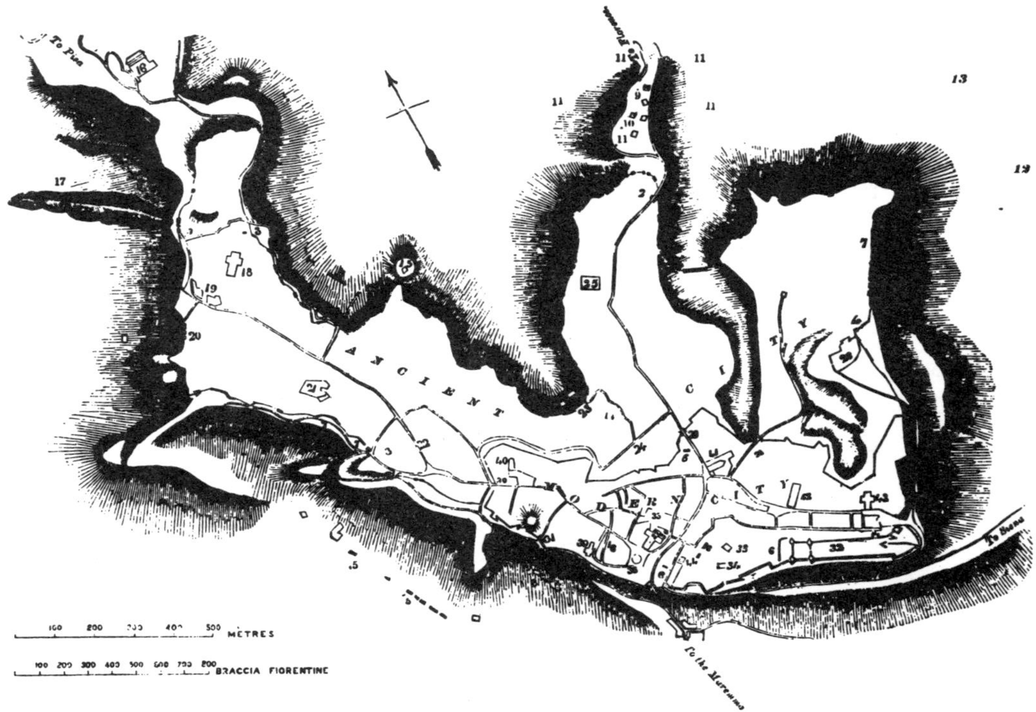

Adapted from Micali.

1. Porta all' Arco.
2. Porta di Diana, or Il Portone.
3, 3, 3. Sites of ancient gates.
4. Postern.
5, 5. Fragments of ancient masonry outside the city.
6, 6. Fragments of ancient masonry within the city.
7, 7, 7. Finest portions of the ancient walls.
8. Roman Baths.
9. Grotta dei Marmini.
10. Cottage where the key is kept.
11, 11, 11. Sites of excavations.
12. Villa Inghirami.
13. Buche de' Saracini.
14. Vestiges of an Aqueduct.
15. La Torricella.
16. La Badia.
17. Le Balze.
18. San Giusto.
19. Borgo di S. Giusto.
20. I Menseri.
21. Convent of Sta Chiara.
22. Borgo di Santo Stefano.
23. Le Conce, with mouths of Cloacæ.
24. Valle Buona, site of the Amphitheatre.
25. Campo Santo.
26. Seminario.
27. Porta in Selci.
28. Porta di Docciola.
29. Porta Fiorentina.
30. Porta di San Francesco.
31. Porta di San Felice.
32. The Fortress.
33. Piscina, called Il Castello.
34. Remains of an ancient edifice.
35. Piazza Maggiore.
36. Palazzo Communale.
37. Cathedral.
38. S. Giovanni.
39. S. Filippo.
40. S. Francesco.
41. S. Michele.
42. S. Agostino.
43. S. Pietro.
44. Locanda "Unione."

\- - - Ancient walls.

— Modern walls.

6. VOLTERRA

Volterra ist die nördlichste der großen etruskischen Städte im Westen. Es liegt etwa fünfzig Kilometer vom Meer entfernt, auf einer sich hochtürmenden großen Felsenklippe, die allen Winden geöffnet ist und die ganze Welt sieht, denn nach dem Meer zu schaut man das Tal von Cecina hinunter; im Süden reicht der Blick über Tal und Hochland bis zu den Gipfeln Elbas; im Norden sieht man bis zu den drohenden Carrarabergen und landeinwärts über die weiten Hügel des vorderen Appenin bis tief in die Toskana hinein.

Man verläßt den Zug, der von Rom nach Pisa fährt, in Cecina und schlängelt sich dann langsam das Tal hinauf, das der Fluß gleichen Namens bildet: ein grünes, romantisches, vergessenes Tal trotz all des Kommens und Gehens der Etrusker und Römer in der Antike, der Volterraner und Pisaner im Mittelalter und trotz des modernen Verkehrs. Doch der Verkehr ist nicht beträchtlich. Volterra ist eine Art Insel im Binnenland, immer noch seltsam abgesondert und unwirtlich.

Das kleine verlorene Bähnlein hält an der Saline von Volterra, den berühmten alten Salzwerken, in denen die Sole aus tiefen Quellen hochgepumt wird. Soweit noch Fahrgäste im Zuge sind, müssen sie in einen einzigen kleinen alten Waggon auf der andern Seite des Bahnsteigs umsteigen, und schließlich setzt sich
dieser Waggon in Bewegung, um auf einer Zahnradspur, von 59
hinten durch eine kleine Lokomotive geschoben, wie ein Käfer den Hügel hinaufzuklettern[1]. Den steilen, aber gewölbten Hang zwischen Weinbergen und Ölbäumen legt man nahezu im Schritt zurück, und es ist keine einzige Blume zu sehen; nur die Bohnen

[1] Eine Zahnradbahn verband Saline oder Mojenuove mit Volterra (8,5 km) von September 1912 bis November 1958, als die Strecke endgültig stillgelegt wurde.

senden hie und da einen Dufthauch in die kalte Luft, während man steigt und steigt, über dem Tal in der Tiefe, bis man mit den Bergen im Süden und der Felsenklippe, die man mit ihren zwei oder drei Türmen vor sich hat, auf gleicher Höhe liegt.

Nach einigem Hin- und Herrangieren läuft das Zugfragment gemächlich in einen kleinen gleichgültigen Bahnhof am Straßenrand ein und ist damit am Ziel. Die Welt liegt darunter. Man steigt aus, nimmt Platz in einem kleinen uralten Omnibus und wird zum höchsten Punkt der Stadt hinaufgerüttelt, bis zu einer unfreundlichen und düsteren *piazzetta*, an der das Hotel liegt[2].

Das Hotel ist einfach und etwas derb, aber ganz freundlich und angenehm in seiner improvisierten Art. Und das Wichtigste: Es hat eine Zentralheizung, und die Heizung ist angestellt an diesem kalten, nahezu eisigen Aprilnachmittag. Volterra liegt nur 560 Meter über dem Meere, aber ist nicht vorm Winde geschützt und so kalt wie ein Alpenort.

Es war Sonntag, und es herrschte ein aufgeregter Betrieb; vorübergehend wichtige Persönlichkeiten stürzten geschäftig hin und her, und alles in allem roch es nach Politik. Der Kellner brachte uns etwas, was Tee sein sollte, und ich fragte ihn, was los sei. Er antwortete, heute abend fände ein großes Bankett zu Ehren des neuen *podestà* statt, der von Florenz herübergekommen sei, um unter dem neuen Regime die Geschicke der Stadt zu lenken[3]. Und offenbar hatte der Mann das Gefühl, daß wir armen Außenseiter angesichts einer so höchst bedeutsamen Parteiveranstaltung überhaupt nicht zählten.

[2] Es handelt sich um das "Albergo Nazionale", Dennis unter dem Namen "Locanda Unione" bekannt, am Ende der Piazza dei Ponti in Volterra.

[3] Am 10. April 1927 feierte man in Volterra den neuen Podestà, Colonnello Antonio Carrara, der am 4. April das Amt im Palazzo dei Priori aufgenommen hatte, nachdem es ihm vom ehemaligen Bürgermeister und dem Stadtrat übergeben worden war. Auf lokaler Ebene war dies die Krönung der faschistischen Diktatur (s. *Il Corazziere*, Sonntag 10/4/1927). Durch einen merkwürdigen Zufall, der L. wahrscheinlich nicht entgangen war, berichtete die nationale Presse am selben Tag mit großer Begeisterung, daß Mussolini das Einverständnis der Regierung verkündet hatte, die beiden antiken römischen Schiffe, die im See von Nemi versunken waren, mittels eines neuen wassertechnischen Projekts bergen zu wollen. Das Unternehmen, das zwischen 1929 und 1931 durchgeführt wurde, sollte zum Monument der Kulturpolitik des Regimes werden.

Es war ein kalter, grauer Nachmittag; der Wind blies um die strengen, finsteren Ecken der strengen, engen, mittelalterlichen Stadt, und Scharen schwarz angezogener, fast untersetzter Männer und pseudoeleganter Frauen drängten sich müßig in den Straßen; zugleich spürte man jenes verstohlene Grinsen und Höhnen und Drohen, das in Italien, in den Orten, die mehr abseits vom Wege liegen, stets ein öffentliches — und besonders ein politisches Ereignis zu begleiten pflegt. Es ist, als ob die *60*
Leute — Alabasterarbeiter und einige Bauern — nicht so ganz sicher wären, auf welche Seite sie sich schlagen sollten, und daher um so bereitwilliger jeden vernichten wollten, der im andern Lager steht. Diese fundamentale Ängstlichkeit und Unschlüssigkeit ist eine höchst seltsame Erscheinung der italienischen Seele. Es sieht so aus, als könnten die Leute niemals mit ganzem Herzen etwas vertreten, weil sie nichts Vertrauen schenken können. Und diese Unfähigkeit, zu vertrauen, liegt den politischen Extravaganzen, dem politischen Wahnsinn zugrunde. Sie trauen sich selber nicht; wie könnten sie daher ihren «Führern» oder ihrer «Partei» trauen?

Volterra, das düster und frostig allein auf seinem Felsen liegt, war stets eifersüchtig auf seine Unabhängigkeit bedacht. Vor allem hat es sich gegen die Unterdrückung durch Florenz zur Wehr gesetzt. Es wäre daher nicht einfach und würde wahrscheinlich seinen Einwohnern selber schwerfallen, anzugeben, welche Gefühle sie diesem neu-alten Typ eines Stadttyrannen entgegenbringen, dem sie heute abend ein Bankett geben. Jedenfalls grüßen einen die dreisten Mädchen mit dem «römischen» Gruße, aus schierer Unverschämtheit; es ist ein Gruß, der mich nichts angeht und den ich daher nicht erwidere. Politik jeder Art ist für mich ein Anathema. Doch in einer etruskischen Stadt, die so lange gegen Rom standhielt, halte ich den römischen Gruß für unpassend und das römische Imperium nicht für erwähnenswert.

Es ist amüsant, auf den Wänden die Worte MORTE A LENIN grimmig mit Kreide hingemalt zu sehen, obwohl dieser arme Mann sicher auch für einen Einwohner Volterras lange genug gestorben ist, als daß diesem Lenins Tod unbekannt geblieben wäre. Und noch amüsanter ist der ständig angebrachte Spruch:

«*Mussolini ha sempre ragione!*» (Mussolini hat immer recht!) Einige werden als unfehlbar geboren, andere erreichen Unfehlbarkeit, und manchen wird sie aufgezwungen.

Doch es steht mir nicht an, auch nur meinen kleinen Finger in einen politischen Kuchen zu stecken. Ich bin gewiß, daß es jedem Nachkriegsland schwer genug zu schaffen machte, eine Regierung zu finden, ohne daß sich Fremde einmischten oder ihren Senf dazu gaben. Man lasse die regieren, die zu regieren vermögen.

Wir wandern weiter, etwas niedergeschlagen, und betrachten die steinerne Sprödigkeit der mittelalterlichen Stadt. Vielleicht könnte sie an einem warmen Sonnentage, wenn Schatten und eine Brise willkommen sind, erfreulich wirken; doch sie ist kein Vergnügen an einem kalten, grauen, windigen Aprilnachmittag, zudem an einem Sonntag, der stets besonders trübsinng ist mit all den gelangweilten und mißvergnügten Leuten in den Straßen, während die steinernen Bauten besonders finster und streng und abweisend dreinblicken. Ich mache mir nichts aus der öden, aber echt mittelalterlichen *piazza*; es ist mir gleichgültig, ob der Palazzo Pubblico allerlei lustige Wappen an seiner Fassade zeigt; die kalte Kathedrale ist mir gleichgültig, obwohl sie wirklich sehr hübsch ist, mit einem Glanz dämmeriger Kerzen und ihrem sonntäglichen Weihrauchgeruch; ich bin enttäuscht über die holzgeschnitzte Kreuzabnahme, und die Reliefs interessieren mich nicht. Kurzum, ich bin schwer zufriedenzustellen.

Die moderne Stadt ist nicht sehr umfangreich. Wir gingen eine
61 lange unfreundliche Straße hinunter und passierten die Porta dell' Arco, das berühmte alte etruskische Tor. Es ist ein tiefer alter Torweg, nahezu ein Tunnel, dessen äußerer Torbogen das trostlose Land schief ansieht, denn er ist rechtwinklig zur alten Straße gebaut, um den herannahenden Feind an seiner rechten Seite zu packen, wo ihn sein Schild nicht schützt. In stattlicher Rundung erhebt sich der Torbogen zu einer beträchtlichen Höhe, mit jenem eigentümlichen Prunk antiker Dinge; und drei dunkle Köpfe, die jetzt so abgenutzt sind, daß sie keine Züge mehr tragen, recken sich wißbegierig und forschend, der eine vom Schlußstein des Torbogens, die beiden andern von seinen

59. *Zahnradbahn von Saline nach Volterra (8,5 km), 1912 erbaut, 1958 stillgelegt.*

60. *Volterra. Feier zum Jahrestag der Gründung Roms auf der Piazza dei Priori.*

61. Porta all'Arco, Mitte 3. bis 2. Jh. v. Chr., auf einem Foto der 20er Jahre.

62. *Milchverkäuferinnen mit dem für Volterra typischen Hut aus grauem Filz. Bei der Porta Marcoli, 20er Jahre.*

63. *Landschaft bei Volterra, mit Blick nach Westen.*

64. *Alabaster-Werkstatt, 20er Jahre.*

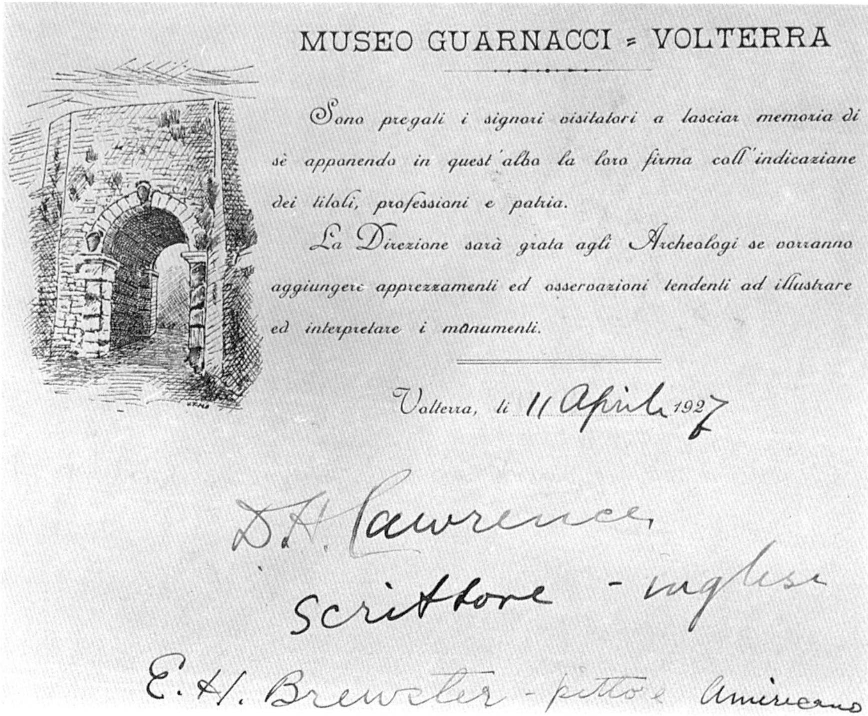

MUSEO GUARNACCI - VOLTERRA

Sono pregati i signori visitatori a lasciar memoria di sè apponendo in quest'albo la loro firma coll'indicazione dei titoli, professioni e patria.

La Direzione sarà grata agli Archeologi se vorranno aggiungere apprezzamenti ed osservazioni tendenti ad illustrare ed interpretare i monumenti.

Volterra, li 11 Aprile 1927

D.H. Lawrence
scrittore - inglese
E.H. Brewster - pittore Americano

65. *D.H. Lawrence im Guarnacci-Museum: seine Unterschrift.*

66. Alabaster-Urne aus Volterra im Guarnacci-Museum. Figur des Deckels Nr. 219; ein starker griechischer Einfluß ist erkennbar. Ende 3. - Anfang 2. Jh. v. Chr. Besondere Beachtung verdient die Opferschale in der rechten Hand.

67. Urne Nr. 57. Truhe mit allegorischer Darstellung: Relief des Sonnenwagens über dem Meer. Frühes 2. Jh. v. Chr.

68. Urne Nr. 321. Auf der Truhe ist die Jagd auf den kalydonischen Eber dargestellt. Zweite Hälfte des 2. Jh. v. Chr.

69. Urne Nr. 330. Die Figur auf dem Deckel hält in der rechten Hand ein Trinkhorn und in der linken Hand, mit Mittel- und Ringfinger, eine umgekehrte Opferschale. Auf der Truhe sind Andromeda, die einem Meeresungeheuer preisgegeben wird, und ihr Retter Perseus dargestellt. Mitte 2. Jh. v. Chr.

70. *Urne Nr. 141. Aulus Caecina Selcia, der auf dem Deckel abgebildete Junge, wurde 12 Jahre alt. Auf der Truhe die Reise in die Unterwelt im Planwagen. («carpentum»).* Datierbar nach 90 v. Chr.: Etrurien spricht lateinisch.

71. Urne Nr. 183. Die Verstorbene auf dem Deckel hält einen Granatapfel und ein Diptychon in den Händen. Auf der Truhe ist der Raub Persephones dargestellt, mit geflügeltem Dämon und schlangenartigem Meeresungeheuer.

72. *Inghirami-Grab, 1861 entdeckt und kurze Zeit danach im Garten des Museo Archeologico in Florenz nachgebaut. War ab dem frühen 2. Jh. v. Chr. für wenig mehr als 100 Jahre Begräbnisstätte der Familie Ati.*

73. D.H. Lawrence und Frieda, als Borea und Crizia nach den etruskisch-griechischen Vorbildern Eos und Kephalos von der Hausbesitzerin Anna Mirenda gemalt. Fresko im Atrium der Villa Mirenda, um 1927.

74. Villa Mirenda in San Polo bei Scandicci. Hier wohnte D.H. Lawrence von Mai 1926 bis Mai 1928.

75. D.H. Lawrence und Aldous Huxley in der Toskana.

76. D.H. Lawrence, 1927.

Kämpfern, um von der Stadt her in die steile Tiefe der Welt dort unten hinabzublicken.

Seltsame, dunkle, alte etruskische Köpfe des Stadttors! Selbst jetzt, da ihre Konturen verwischt sind, geht von ihnen ein besonderes, in die Ferne greifendes Leben aus. Ducati sagt[4], sie stellten die Köpfe erschlagener Feinde dar, die am Stadttor aufgehängt worden seien. Doch sie hängen nicht. Sie strecken sich mit sonderbarem Eifer nach vorn. Daß es sich um abgeschlagene Köpfe handeln soll, ist Unsinn. Es sind irgendwelche Stadtgottheiten.

Und die Archäologen sagen, nur die Eckpfeiler des äußeren Torbogens und die Innenmauern gingen auf die Etrusker zurück.

Die Römer hätten den Torbogen wiederhergestellt und die Köpfe wieder an die alte Stelle gesetzt. (Es sieht den Römern nicht ähnlich, daß sie etwas wieder an seine alte Stelle setzten!) Hingegen sei die Mauer über dem Torbogen rein mittelalterlich.

Doch für uns bleibt es ein etruskisches Tor. Seine Fundamente und die dunklen Köpfe muß man den Etruskern jedenfalls lassen. Und die Köpfe halten noch immer Wache.

Auf der andern Seite der Straße, gegenüber dem Tor, fällt das Gelände steil ab. Die Straße wendet sich nach Osten und zieht sich, hoch über der Welt, an den Mauern der modernen Stadt entlang; am Straßenrande, wie das außerhalb der Stadttore üblich ist, türmen sich Abfallhaufen, Berge von Mörtel und Schutt, weiße Staubhaufen der Alabasterwerkstätten, der wüste Saum der Stadt.

Der Weg wendet sich dann vom Stadtwall ab und führt auf der Hügelkuppe bergab. Zur Rechten sehen wir den Turm der Kirche von Santa Chiara, die auf einer kleinen ebenen Fläche des unregelmäßig abfallenden Hügels liegt. Und dorthin gehen wir. So wandern wir hinab, über einer dantesken trostlosen Welt, nach Santa Chiara und weiter. Hier folgt der Weg den Überresten der alten etruskischen Mauer. Zur Rechten liegen kleine Ölbaumgärten und Weizenfelder. Dahinter erhebt sich in der Ferne der düstere Hügel des modernen Volterra. Wir gehen an spärlichen Blumen und dichtem Efeu, an Majoran- und Ginsterbüschen entlang, wo sich einstmals, weit über den jetzigen

[4] S. Ducati 1925 II, 91.

Stadtwall hinaus, die etruskische Mauer hinzog. Zur Linken fällt der Boden steil ab, in unebenen und unfreundlichen Hängen.

Das Hochland oder das Vorgebirge, auf dem das etruskische «Volterra», *Velathri*, *Vlathri* einstmals lag, dehnt sich, mehr oder weniger übersehbar, von tief zerklüfteten Tälern durchzogen, in einem Umkreis von vier bis fünf Kilometern aus. Es gleicht einer Hand: der breite, steil abfallende Handteller schwingt in einer großen Kurve nach Osten und Süden, dem Meere zu, während die ausgezackten Halbinseln oder Finger landeinwärts laufen. Und die große Mauer der etruskischen Stadt umschwang den südlichen und östlichen Handteller, als Bekrönung von Steilhängen und Klippen, wandte sich nach Norden und kreuzte den ersten Finger oder die erste Halbinsel; sodann lief sie bergauf und bergab, über die andern Finger hinweg, die Abhänge hinunter, in wilder und ungestümer Bahn, und umschloß derart den großen Hügelrücken. Die moderne Stadt liegt nur auf dem höchsten Teil des etruskischen Stadtareals.

Die Mauern sind nicht sehr ansehnlich, wenn man hinunterklettert. Sie sind jetzt nur Bruchstücke, große Bruchstücke, die mehr einem Damm als einem Wall gleichen, und bestehen aus unvermörtelten Steinquadern, die finster und düster wirken. Man fühlt sich irgendwie bedrückt.

Und man blickt gern auf den Liebenden und sein Mädchen, die, von der Stadt fort, an den Wällen entlangwandern, wo sich jetzt Olivengärten hinziehen. Diese beiden sind wenigstens voller Leben und heiteren Muts.

Hinter Santa Chiara führt unser Weg durch den trüben und bedrückenden kleinen Vorort San Giusto; die schwarze Straße mündet in einen weiten und offenen Platz, auf dem sich die Kirche San Giusto wie eine mächtige und erstaunliche Scheune erhebt. Sie ist so groß, daß das Innere eindrucksvoll sein müßte. Aber nein! Sie ist ganz einfach nichts. Die Architekten haben mit all diesen großen Dimensionen nichts zuwege gebracht. Rings um die Kirche spielen Kinder wild und mit gellenden Schreien. Es ist Sonntag abends, vor Sonnenuntergang und kalt.

Nach diesem Monument christlicher Verödung stoßen wir wieder auf die etruskischen Mauern und offenbar auf die

Überreste eines etruskischen Tors: Der Wall zeigt eine Einbuchtung, und die Spur eines alten Weges läuft darauf zu.

Hier sitzen wir auf dem antiken Gemäuer und blicken in unheimliche gähnende Abgründe hinunter, die wie weite Steinbrüche aussehen. Die Schwalben wenden ihre blauen Rücken und schweben im gelben Abendlichte fort von den antiken Rändern, über den wahrhaft schwindelerregenden Tiefen; sie nutzen die aufsteigenden Windböen und flattern beiseite wie verlorene Fragmente des Lebens, in echtem Erschrecken vor den grausigen Schlünden. Diese sind tiefer unten dunkelgrau, aschfarben und teilweise feucht; man hat den Eindruck, als wäre das Ganze erst vor kurzem entstanden: als wäre ein riesiger Steinbruch ins Gleiten gekommen.

Diese Stätte heißt *Le Balze* — die Klippen. Offenbar sammelt 63
sich das Wasser, das auf den Höhen Volterras niedergeht, teilweise unterhalb des Hochlands und wäscht stellenweise die tieferen Erdschichten fort, so daß es zu gewaltigen Einstürzen kommt. Jenseits des Abgrunds, fern von der Stadt, steht ein großes altes pittoreskes einsames Gebäude: die *Badia* oder das Kloster der Kamaldulenser; es sieht traurig aus und ist dazu bestimmt, schließlich von *Le Balze* verschlungen zu werden, denn seine alten Mauern bröckeln bereits und geben nach.

Als wir wieder zur Stadt zurückgehen, kommen wir von Zeit zu Zeit an die Wälle heran und schauen in die weite, goldene, wunderbare Glut, die Sonnenuntergang heißt, während die steilen Schluchten in Finsternis versinken und das entlegenere Tal schweigend grüngolden daliegt und die Hügel leuchtend aufatmen, um in die reinen Strahlen aus purem Golde des fernen Meeres überzugehen, wo sich ein Schatten, vielleicht eine Insel, regt wie ein Lebensstäubchen. Und wie große Wächter springen die Carraraberge vor, nackt im reinen Licht wie ein menschlicher Leib, mit ihren schicksalsschwangeren Gipfeln: So scheinen sie auf uns zuzukommen, während die ganze goldene Höhlung des Westens aufbraust in goldenem Verströmen, als sei die letzte Stunde gekommen und als schmölzen die Götter uns alle zurück in die golden verwandelte Einheit.

Doch nichts wird verwandelt. Wir wenden uns etwas erschrocken von dem weiten goldenen Glanz ab, und in den dunklen, strengen Straßen beginnt eben die Stadtmusik zu spielen, blechern verstimmt wie üblich; das Volk, darunter einige ganz in Weiß gekleidete Mädchen, strömt in Massen zur *piazza*. Und ebenso wie die Kapelle ist auch das Volk verstimmt; aus dem Gesumm hört man den unvermeidlichen unterdrückten Hohn heraus. Doch sie schicken sich an, einen Festzug zu bilden.

Als wir gegenüber dem Hotel auf den Platz treten und von seinem Rand in die westlichen Tiefen hinabschauen, hat sich das Licht rot verfärbt; Röte flammt vom entfernten Meer herüber, rein und wild, während das Land in der Tiefe im Dunkel liegt. Über die ganze Welt breitet sich ein schwacher roter Schimmer. Doch nur die Stadt mit ihren engen Gassen und ihrem elektrischen Licht ist davon ausgenommen.

Das Bankett fand offenbar nicht vor neun Uhr abends statt, und es herrschte ein allgemeiner Wirrwarr. Die BK und ich aßen bald nach sieben Uhr zu Abend, wie zwei Waisenkinder, an die sich die Kellner in den Pausen eben zu erinnern vermochten. Sie waren in solcher Erregung, weil sie alle Gläser, Kelche und Karaffen — anscheinend Hunderte — aus dem großen Büfettschrank, der die hintere Wand des Speiseraums einnahm, hervorholen mußten, um diese Stapel glitzernden Glases in den Festsaal davonzuwirbeln; junge, unbeschäftigte Männer, die schwarze Hüte trugen und ihren Mantel um eine Schulter geschlungen hatten, steckten derweil ihren Kopf durch die Tür, um das Zimmer aufmerksam zu durchforschen, als hofften sie, den auferstandenen Lazarus dort zu sehen; da sie ihn nicht sahen, verschwanden sie wieder in dem Nirgendwo, aus dem sie gekommen waren. Ein Bankett ist ein Bankett, selbst wenn es dem Teufel in Person gegeben wird, und der *podestà* ist vielleicht ein Engel des Lichts.

Draußen war es kalt und finster. In der Ferne tutete die Stadtkapelle krampfhaft, als wäre sie kurzatmig, an diesem frostigen Sonntagabend. Und wir, die wir nicht zum Feste geladen waren, gingen ins Bett, um von Zeit zu Zeit durch plötzliche und brausende Geräusche — vielleicht Applaus — und das laute, unverkennbare Heulen eines Kindes bis lange nach Mitternacht geweckt zu werden.

Der Morgen war wieder kalt und grau, während die frostige

und abstoßende Landschaft unter uns gähnte und klaffte und
entschwand. Das Meer war unsichtbar. Wir gingen durch die
engen kalten Straßen, deren hohe, unfreundliche, dunkle Stein-
mauern fast zusammengepreßt zu werden schienen, und betrach-
teten die Albasterwerkstätten, in denen Arbeiter in Montagmor- 64
genlaune und nur halbwach das weiche Alabaster drehten oder
ausschnitten und polierten.

Jedermann kennt heute den sogenannten Volterramarmor, denn die daraus gefertigten durchsichtigen Schalen hängen unter elektrischen Birnen als Lampenschirme in fast allen Hotels der Welt. Er ist beinahe so durchsichtig wie Alaun und fast ebenso weich. Man schält ihn ab wie Seife, färbt ihn rosa oder goldgelb oder blau und verwandelt ihn in all jene Dinge, die man nicht braucht: in gefärbte Alabasterlampenschirme, Lichtschalen, gefärbte oder ungefärbte Statuen, Vasen, Schalen mit Tauben auf dem Rande oder Weinblättern und ähnliche Kuriositäten.

Der Handel damit scheint zu blühen. Vielleicht geht das auf die Nachfrage nach Leuchtkörpern zurück; vielleicht ist das Interesse für «Bildhauerei» neu belebt. Jedenfalls verschwendet ein Alabasterarbeiter in Volterra keine Liebe auf den blassen Erdklumpen, den er in eine marktgängige Ware verwandelt. Der Göttin der modellierten Form kann man nur nachtrauern; sie ist ebenfalls von hier verschwunden.

Doch wir wollen die alten Alabasterkrüge sehen, nicht die neuen. Während wir die steinige Straße hinuntereilen, beginnt eiskalter Regen zu fallen. Wir flüchten durch die Glastüren des Museums, das gerade geöffnet hat und von dem man glauben könnte, der Alabaster darin müßte unter niedriger Temperatur gehalten werden, denn es ist dort so höllisch kalt wie in einem Eisschrank.

Kalt, stumm, leer, traurig wirkt das Museum. Doch schließlich erscheint ein alter, verwirrter Mann in Uniform und fragt ganz verstört, was wir wollten. «Nun, das Museum sehen!» — «*Ah! Ah! Ah! Si, si!*» Erst jetzt dämmert ihm, daß das Museum dazu da ist, um besucht zu werden. «*Ah, si, si, Signori.*»

Wir bezahlen unsere Billetts und gehen hinein. Es ist wirklich 65
ein sehr anziehendes und angenehmes Museum, aber wir hatten
einen so bitterkalten Aprilmorgen angetroffen, mit eiskaltem

Regen im Museumshof, daß ich mich dem Grabe nahe fühlte. Doch in den Räumen mit all den Hunderten kleiner Sarkophage, die man Aschensärge, Aschenkisten oder Urnen nennt, begann uns die Kraft des alten Lebens bald zu erwärmen. «Urne» ist kein gutes Wort, denn mich wenigstens erinnert es an eine Vase, eine Amphore, einen runden und wohlgestalten Krug: vielleicht wegen einer Ideenassoziation mit Keats' *Ode an eine griechische Urne*[5] (Keats meint übrigens gar keine Urne, sondern einen Weinkrug) und mit der «Teeurne» (Teemaschine) bei englischen Kindergesellschaften. Diese Urnen in Volterra, obwohl sie ganz korrekt zur Aufbewahrung der Asche Verstorbener verwandt wurden, sind nicht rund, sind keine Krüge, sondern kleine Alabastersarkophage. Und man findet sie nur in Volterra. Wahrscheinlich, weil man dort Alabaster zur Hand hat.

Jedenfalls gibt es sie hier zu Hunderten, sie wirken fremdartig, lebendig und anziehend. Sie werden nicht als große Kunst angesehen. Einer der italienischen Wissenschaftler, die sich in letzter Zeit mit den Etruskern befaßten, Ducati, sagt: «Wenn sie auch vom künstlerischen Gesichtspunkt aus kein großes Interesse verdienen, sind sie doch von hohem Wert wegen der dargestellten Szenen, die entweder mythologische Themen oder den Glauben an das Leben nach dem Tode zum Inhalt haben.»

George Dennis hingegen, obwohl auch er den etruskischen Dingen keinen hohen Kunstwert zubilligt, sagt von den etruskischen Aschensärgen: «Die Hinneigung zur Natur, die diesen etruskischen Urnen einen so schlichten und beredten Ausdruck verleiht, muß allgemeine Sympathie erwecken: sie läßt Saiten anklingen, für die jedes menschliche Herz empfänglich sein muß, und ich beneide nicht die Menschen, die dieses Museum teilnahmslos durchschreiten können, ohne daß sie eine Träne in ihrem Auge aufsteigen fühlten:

Und so verspüren sie von Zeit zu Zeit
Naturas Hauch, der ihre Seele weckt.»

Naturas Hauch entlockt unseren Augen keine Tautropfen

[5] S. Fußnote 7, Kap. 2.

mehr, wenigstens nicht so leicht, aber Dennis hat mehr Sinn für das Lebendige als Ducati. Was die Menschen heutzutage unter «Kunst» verstehen, läßt sich schwer sagen. Sogar Dennis bemerkte, die Etrusker seien nie an die reine, erhabene vollkommene Schönheit herangekommen, wie sie Flaxman erreicht habe. Heute lachen wir darüber: Flaxman, der klassizistische Illustrator des Popeschen Homer! Doch der gleiche Instinkt regt sich noch immer im Hintergrund unserer «Kunstanschauungen». Kunst ist auch für uns etwas gut Zubereitetes — wie ein Teller Spaghetti. Eine «Weizenähre» ist noch keine «Kunst». Warte nur ab, bis sie in reine, in vollkommene Makkaroni verwandelt wurde!

Ich habe mehr wirkliche Freude an diesen Aschensärgen in Volterra als an — fast hätte ich gesagt, dem Parthenonfries. Man wird die ästhetische Qualität leid — eine Qualität, die allem die Schärfe nimmt, so daß es wie «ausgelaugt» wirkt. Die reine griechische Schönheit erweckt recht häufig diesen Eindruck des «Ausgelaugten». Sie ist im künstlerischen Bewußtsein zu oft durchgekocht worden.

In den Tagen von Dennis pflegte eine zerbrochene griechische oder gräzisierende Amphore Tausende auf dem Kunstmarkt zu erbringen, wenn sie aus der «richtigen» Periode stammte usw. Diese Urnen aus Volterra erbrachten nur wenig. Was ein Glück ist, denn sonst wären sie über den ganzen Erdball verstreut.

Jedenfalls sind sie faszinierend, wie ein aufgeschlagenes Buch des Lebens, und man wird ihrer nicht überdrüssig, obwohl es so viele sind. Sie erwärmen einen, als stände man mitten im Leben.

Die Räume im Erdgeschoß enthalten Urnen, die «etruskische» Themen darstellen: Man sieht dort Meeresungeheuer, den Meermann mit Fischschwanz und Flügeln und die entsprechende Meerfrau; oder auch den Mann mit Schlangenbeinen und Flügeln und die entsprechende Frau. Die Etrusker haben diesen
Geschöpfen Flügel verliehen, nicht die Griechen. 73

Wir müssen uns daran erinnern, daß in der alten Welt der Mittelpunkt aller Macht in den Tiefen der Erde und in den Tiefen des Meeres lag, während die Sonne nur ein sich bewegender Hilfskörper war; daß ferner die Schlange die lebendigen Kräfte des Erdinnern verkörperte: nicht nur vulkanische Kräfte und Erdbeben, sondern auch die Lebenskräfte, die von den Wurzeln der Pflanzen aufsteigen, um den großen Körper des Baums, des Lebensbaums hervorzubringen, und die von den Füßen und Beinen des Menschen aufsteigen, um das Herz hervorzubringen; wohingegen der Fisch ein Symbol der Wassertiefen war, in denen sogar das Licht geboren wurde. Wenn wir uns diese Symbole vergegenwärtigen, erkennen wir die uralte Macht, die sie auf die Phantasie der Menschen Volterras ausübten. Sie waren Leute, die im Angesichte des Meeres und in einem vulkanischen Lande lebten.

Die Kräfte der Erde und die Kräfte des Meeres rauben überdies das Leben, so wie sie es spenden. Sie wirken nicht nur befruchtend, sondern haben auch einen furchterregenden Aspekt.

Jemand sagt, die Flügel der Wassergottheiten seien ein Sinnbild für die Verdunstung des Wassers durch die Sonne, und die gekrümmten Schwänze der Delphine stellten Sturzbäche dar. Es gehört zu der großen und beherrschenden antiken Idee vom Kommen und Gehen der Lebensmächte: von ihrem Aufwallen mit flatternden Blättern und Flügelschlag und ihrem Zurücksinken in Sturzbäche und Wogen, in das ewige Niederströmen des Todes.

Andere übliche symbolische Tiere in Volterra sind die geschnäbelten Greife, die Geschöpfe der zerstörenden Kräfte und zugleich die Hüter des Schatzes. Sie stellen eine Verbindung von Adler und Löwe dar: vom Himmel und der Erde mit ihren Höhlen. Sie lassen es nicht zu, daß der Lebensschatz, das Gold, das wir vielleicht mit «Bewußtsein» übersetzen sollten, von den Dieben des Lebens beraubt wird. Sie sind Hüter des Schatzes und sodann die Zerstörer all derer, die aus dem Leben scheiden müssen.

Diese Geschöpfe, die Geschöpfe der Elemente sind es, die den Menschen in den Tod tragen, über die trennende Grenze der Elemente hinweg. Solch ein Geschöpf ist zuweilen der Delphin, auch der Hippocampus oder das Seepferd sowie der Kentaur.

Das Pferd ist stets Sinnbild des starken animalischen menschlichen Lebens: zuweilen entsteigt es als Seepferd dem Ozean; zuweilen ist es ein Landgeschöpf und halber Mensch. Und so

kommt es auch in den Gräbern vor: Als die Leidenschaft im 67
Menschen, die ins Meer heimkehrt, als die Seele, die sich in die Totenwelt inmitten der Wassertiefen zurückzieht; mitunter ist es ein Kentaur, manchmal ein weiblicher Kentaur; zuweilen ist es in ein Löwenfell gehüllt, um seine Fruchtbarkeit zu bezeugen, da es die Seele heimträgt: fort, ins Jenseits.

Es wäre interessant, wenn man erfahren könnte, ob ein bestimmter Zusammenhang zwischen der Szene auf dem Aschensarg und dem Toten besteht, dessen Asche er enthält. Wenn der
fischschwänzige Meeresgott einen Mann umklammert, um ihn 71
fortzutragen: soll das bedeuten, daß der Verstorbene im Meer ertrunken ist? Und wenn ein anderer von den sich krümmenden Schlangenbeinen der Meduse oder von der geflügelten Macht der Schlange gepackt wird: bedeutet das einen Sturz auf die Erde, einen Tod, der irgendwie durch die Erde bewirkt wurde, einen Absturz vom Felsen, einen Schlangenbiß? Und ist ein dritter, der durch einen geflügelten Kentaur fortgetragen wird, durch eine Leidenschaft umgekommen, die ihn mit sich fortriß?

Doch interessanter noch als die symbolischen Darstellungen sind die Szenen aus dem wirklichen Leben, wie Eberjagden, Zirkusspiele, Festzüge, Abreisen in *carpentum*[6], fortsegelnde Schiffe, Stadttore, die erstürmt, Opfer, die dargebracht werden, Mädchen mit offenen Schriftrollen, als wenn sie in der Schule vorläsen; viele Bankette mit Mann und Frau auf dem Festmahlslager, mit musizierenden Sklaven und Kindern ringsumher. Weiter gibt es viele wirklich zärtliche Abschiedsszenen: so wenn der Verstorbene seinem Weibe Lebewohl sagt, bevor er die Reise antritt oder der Wagen ihn fortträgt oder das Pferd auf ihn wartet. Manchmal ist auch die Seele allein, und neben ihr stehen die todbringenden Geister mit ihren Hämmern, die den tödlichen Schlag versetzten. Wie Dennis sagt, erweckt einem der Hauch der Natur die Seele. Ich fragte den freundlichen alten Mann, ob er über die Urnen Bescheid wüßte. Aber nein! Nein! Er wisse überhaupt nichts. Er sei erst seit kurzem hier. Er komme gar

[6] *carpentum,-i* ist ein geschlossener, zweirädriger Wagen für kurze Transporte in der Stadt, auch von Frauen benutzt, oder ein kleiner landwirtschaftlicher Arbeitswagen.

nicht in Betracht! So beteuerte er. Er war einer jener freundlichen, scheuen Italiener: so schüchtern, daß er nicht einmal die Urnen anzusehen wagte, die er bewachte. Doch als ich ihm erzählte, was meiner Meinung nach einige der Szenen bedeuteten, war er entzückt wie ein Kind, voller Staunen, nahezu atemlos. Und ich dachte wieder darüber nach, daß doch der heutige Italiener so viel etruskischer ist als römisch: empfindsam, schüchtern, von echter Sehnsucht nach Mysterien und Symbolen erfüllt, fähig, sich aufrichtig über kleine Dinge zu freuen, nur heftig, wenn er verkrampft ist, und gänzlich ohne Härte, ohne angeborenen Willen zur Macht. Der Wille zur Macht ist bei einem Italiener etwas Sekundäres, etwas, das er von den germanischen Rassen, die ihn nahezu aufgeschluckt haben, übernommen hat.

53 Die Eberjagd ist noch ein beliebter italienischer Sport, der vornehmste Sport Italiens. Auch die Etrusker müssen sie sehr geschätzt haben, denn sie stellen sie immer wieder in ihren Gräbern dar. Es ist schwer zu erkennen, was für ein Symbol der
68 Eber genaugenommen für sie bedeutete. Er nimmt oft die Mitte der Szene ein, wo sich der Sterbende aufhalten sollte und wo sich der Opferstier befindet. Und häufig wird er angegriffen, nicht von Männern, sondern von geflügelten Knaben oder von Geistern. Rings um ihn her klettern die Hunde die Bäume empor, die Doppelaxt schwingt aus, um auf ihn niederzufallen; in grimmiger, wilder Erregung hebt er seine Hauer. Die Archäologen sagen, hier werde Meleager und der Kalydonische Eber oder Herkules und das Ungetüm von Erymanthus dargestellt. Aber diese Erklärung reicht nicht aus. Es ist eine symbolische Szene, und es sieht aus, als wäre der Eber diesmal selber das Opfer, das wilde, ungestüme, väterliche Leben, das von Hunden und Feinden zur Strecke gebracht wird. Denn offenbar ist es der Eber, der sterben muß; er ist nicht, wie die Löwen und Greifen, der Angreifer. Er ist der Vater des Lebens, der frei im Wald umherläuft, und er muß sterben. Man sagt, er verkörpere den Winter: die Jahreszeit, in der die Totenfeste begangen werden. Doch auf den alleraltesten archaischen Vasen stehen sich Löwe und Eber immer wieder gegenüber, in symbolischem Widerstreit.

70 Faszinierend sind die Abschiedsszenen, die Reisen im verhangenen, von zwei oder mehr Pferden gezogenen Wagen; der Treiber zu Fuß, ein Freund zu Pferd und Hunde geben das Geleit, während andere Reiter auf der Straße entgegenkommen. Unter der gewölbten, geteerten Plane des Wagens sitzt ein Mann oder eine Frau oder eine ganze Familie; und alles bewegt sich mit wundervollem, gemächlichem Schwung die Straße entlang. Soweit ich feststellen konnte, wird der Wagen stets von Pferden, nicht von Ochsen gezogen.

Dies ist sicherlich die Reise der Seele. Angeblich soll auch der Begräbniszug auf diese Weise dargestellt werden; der Aschensarg sei so zum Friedhof gebracht worden, um im Grabe beigesetzt zu werden. Doch die Erinnerung, die in dieser Szene mitschwingt, scheint noch sehr viel tiefer zu gehen. Man muß dabei unwillkürlich an Völker denken, die mit ihren Fuhrwerken von Land zu Land treckten, wie die Buren oder die Mormonen.

Es heißt, diese Reisedarstellungen mit den Planwagen seien eine Eigenheit Volterras; sie fänden sich an keinem andern Orte. Jedenfalls spricht aus den Szenen in Volterra ein besonderes Empfinden. Es äußert sich in ihnen ein großer Wandertrieb; als entsänne sich ein Volk seiner Wanderungen zu Wasser und zu Lande. Und man spürt eine seltsame Rastlosigkeit heraus, die sich von der tänzerischen Sicherheit des südlichen Etrurien unterscheidet: einen Anflug des gotischen Lebensgefühls.

In den oberen Räumen befinden sich viele Aschensärge, aber
auf den meisten sind griechische Sujets dargestellt. Helena und 69
die Dioskuren, Pelops, der Minotaur, Jason, Medea auf der 71
Flucht aus Korinth, Oedipus und die Sphinx, Odysseus und die Sirenen, Eteokles und Polynikes, die Kentauren und die Lapithen, die geopferte Iphigenie — sie sind alle vertreten und nur noch mit knapper Not zu erkennen. Es gibt so viele griechische Themen, daß ein Archäologe gemeint hat, diese Urnen stammten von einer griechischen Kolonie, die nach der römischen Eroberung in Volterra Fuß gefaßt habe.

Fast ebensogut könnte man sagen, «*Timon von Athen*» habe einen griechischen Kolonisten zum Verfasser, der sich in England nach der Entthronung der katholischen Kirche niedergelassen habe. Diese griechischen Urnen sind etwa ebenso griechisch wie

«*Timon von Athen*». Die Griechen hätten sie so viel «besser» gemacht!

Nein, es gibt unzählige griechische Szenen, aber man kann nur eben erkennen, was sie bedeuten. Die Bildner dieser Kästen wußten jedenfalls nur sehr wenig von den Fabeln, die sie verwandten, und für die etruskischen Künstler jener Tage waren es bloße Fabeln, genauso wie das bei italienischen Künstlern der Gegenwart der Fall wäre. Die Fabel war gewissermaßen nur der Nagel, an dem der Meister aus Volterra das Gebilde seiner Phantasie aufhängte, genauso wie die Zeitgenossen Elizabeths griechische Geschichten für ihre Dramen benutzten. Vielleicht arbeiteten auch die Alabasterschneider nach alten Modellen oder bewahrten die Erinnerung daran. Jedenfalls ist in diesen Szenen nichts Hellenisches.

Höchst eigenartig sind diese «klassischen» Sujets: Sie wirken so «unklassisch»! Mich erinnern sie weit mehr an die Gotik, die noch ungeboren im Schoße der Zukunft ruhte, als an die hellenistische Vergangenheit der Etrusker aus Volterra. Denn natürlich werden diese Alabasterurnen als späte Erzeugnisse angesehen und später als das vierte Jahrhundert vor Christi Geburt datiert. Die christlichen Sarkophage aus dem fünften Jahrhundert nach Christus stehen offenbar diesen Aschensärgen aus Volterra weit näher als die zeitgenössischen römischen Sarkophage: als wäre das Christentum in Italien eher auf etruskischem als auf griechisch-römischem Boden gewachsen. Und der erste Schimmer jener frühen, heiteren Form der christlichen Kunst mit ihren ungezwungenen Anklängen an die Gotik innerhalb der Klassik zeigte sich deutlich in den etruskischen Szenen. Die griechische und römische «verkochte» Kunstform weicht hier der rauhen Schärfe und einer gewissen Wildheit von Licht und Schatten, die die spätere Gotik ankündigt, die aber noch durch den schwerfälligen Mystizismus des Ostens niedergehalten wird.

Die sehr frühen etruskischen Urnen bestanden wahrscheinlich aus schmucklosem Stein oder Terrakotta. Doch zweifellos war Volterra schon lange eine Stadt, bevor die Etrusker darin Fuß faßten, und wahrscheinlich machte es niemals einen grundlegenen Wandel durch. Bis zuletzt verbrannten die Einwohner

Volterras ihre Toten; es gibt so gut wie keine langen Sarkophage der *Lucumones*. Und hier drängt sich einem ganz besonders die Vermutung auf, daß die Leute in Volterra oder Velathri keine Orientalen waren, anders als jene Etrusker, die in Tarquinii am meisten hervortraten. Sicherlich lebte hier ein anderer, wilderer und roherer Volksstamm, der weit weniger den alten ägäischen Einflüssen ausgesetzt war. In Caere und Tarquinii wurden die Ureinwohner durch die Einflüsse aus dem Osten weitgehend zurückgedrängt. Hier nicht! Hier war der milde und unbezähmbare Ligurer Nachbar, vielleicht auch Verwandter, und die Stadt aus Wind und Stein bewahrte zu allen Zeiten und bewahrt auch heute noch ihre nördliche Eigenart.

So sind denn die Aschensärge dort zu sehen: als ein offenes Buch für jeden, der darin lesen möchte, wie es seiner eigenen Phantasie entspricht. Sie sind nicht länger als etwa zwei Fuß, und deshalb ist die auf dem Deckel abgebildetete Gestalt seltsam verkümmert. Der klassische Grieche oder Asiate hätte das nicht ertragen. So ist das schon ein Zeichen von Barberei. Der nordische Geist war hier zu stark für den hellenischen oder orientalischen oder antik-mediterranen Instinkt. Der *Lucumo* und seine Gattin mußten sich damit abfinden, daß ihre Grabbildnisse verstümmelt wurden. Der Kopf hat nahezu Lebensgröße; der Körper ist gewaltsam verkürzt.

Doch es ist ein Porträt. Sehr häufig scheinen Deckel und Sarg überhaupt nicht zusammenzugehören. Man hat die Vermutung geäußert, der Deckel sei schon zu Lebzeiten des Bestatteten angefertigt worden und zeuge von der Bemühung um ein wirkliches Bildnis; hingegen habe man den Sarg in fertiger Ausführung und gesondert hinzugekauft. Vielleicht war es so. Vielleicht gab es zur Zeit der Etrusker Alabasterwerkstätten wie heutzutage, jedoch mit Reihen von Aschensärgen, auf denen die lebendigen Szenen, die wir noch heute sehen, dargestellt waren; und vielleicht wählte man dann denjenigen Sarg aus, dem man seine Asche anvertrauen wollte. Mehr spricht indessen dafür, daß es zwar Werkstätten und Aschensärge gab, daß man aber nicht selber den Sarg auswählte, da man nicht wußte, welchen Tod man sterben würde. Vermutlich ließ man nur sein Porträt auf dem Deckel ausführen und übertrug alles übrige den Hinterbliebenen.

Möglicherweise, ja höchstwahrscheinlich bestellten daher die trauernden Verwandten nach Eintritt des Todes in aller Eile den Deckel mit dem Bildnis und wählten sodann den geeigneten Aschensarg aus. Wie es auch sein mag: Die beiden Teile sind zuweilen wunderlich zusammengestellt, und so hat man sie mitsamt der Asche vorgefunden.

Wir müssen aber davon ausgehen, daß die groteske Verkürzung der Gestalt auf dem Deckel den Versuch eines Porträts darstellt. Von der Würde, wie sie die süd-etruskischen Porträts auszeichnet, ist hier freilich nichts zu spüren. Über den Köpfen ist das Zeltdach der *Lucumones* angebracht, aber hier wirkt es nahezu lächerlich. Der verstorbene Edelmann trägt die Halskette als Insignie seines Amtes und hält die geweihte *Patera* — die Schale für das Trankopfer — in der Hand, aber er wird nicht, nach südlichem Ritus, nackt bis unter dem Nabel dargestellt; sein Hemd bedeckt ihn bis zum Hals, und manchmal hält er die Weinschale des Zechers statt der geweihten *Patera*, mitunter umspannt auch seine andere Hand einen Weinkrug, als wäre das Trinkgelage in vollem Gange. Kurzum, die besondere «Heiligkeit», die eingewurzelte Symbolik der südlichen Etrusker ist hier verschwunden. Die Macht der Religion ist gebrochen.

Bei den vornehmen Frauen ist das ganz offensichtlich; und so viele Bildnisse stellen vornehme Frauen dar. Diese präsentieren sich in all ihrem Glanze, aber die mystische Förmlichkeit geht ihnen ab. In ihren Händen halten sie Weinschalen oder Fächer
71 oder Spiegel, Granatäpfel, Parfumkästchen oder auch seltsame Büchlein: vielleicht die Wachstäfelchen, auf denen man schreiben konnte. Manche umklammern sogar einen Pinienzapfen, dieses alte Geschlechts- und Todessymbol. Doch die *Macht* des Symbols hat sich nahezu verflüchtigt. Gotische Aktualität und gotischer Idealismus beginnen die tiefe Naturreligion der südlichen Etrusker, die echte antike Welt zu verdrängen.

Im Museum gibt es Krüge und kleine Gegenstände aus Bronze sowie die *Pateras* mit dem ausgehöhlten Griff in der Mitte. Man kann seine beiden Mittelfinger in die *Patera* stecken und sie bereithalten für den letzten Opfertrank des Lebens, den ersten

Opfertrank des Todes, nach richtiger etruskischer Manier. Man wird aber nicht, wie so viele Männer auf diesen Aschenladen, die symbolische Schale nach unten kehren und dabei die beiden Finger im *Mundus*[7] vergraben. Die nach unten gekehrte Fackel 69
bedeutet, daß die Flamme nach unten, in die Unterwelt entschwunden ist. Doch die nach unten gekehrte *Patera* wirkt irgendwie anstößig. Man spürt, daß die Leute von Volterra oder Velathri die alten Mysterien vernachlässigt haben.

Der eiskalte Regen hatte schließlich aufgehört und prasselte nicht mehr auf den stillen Innenhof; endlich brach auch ein Sonnenstrahl durch. Und wir hatten alles gesehen, was man an einem Tage sehen kann. So gingen wir hinaus und versuchten, uns durch einen gnädigeren Himmel wärmen zu lassen.

Es gibt ein oder zwei noch offene Gräber, vor allem zwei vor der Porta a Selci. Ich glaube aber, obwohl ich sie nicht gesehen habe, daß sie nicht sehr wichtig sind. Fast alle in Volterra geöffneten Gräber hat man nach Entfernung ihres Inhalts wieder mit Erde gefüllt, um keinen Zoll des kostbaren Ackerlandes zu verlieren. Es gab viele *Tumuli*; doch die meisten wurden eingeebnet. Und unter manchen befanden sich seltsame Rundgräber, die mit unregelmäßigen Steinen gebaut worden waren; sie waren anders als alle Gräber in Südetrurien. Doch Volterra ist ja überhaupt anders als Südetrurien.

Ein Grab wurde *in natura* in den Garten des Florentiner Archäologischen Museums verlegt; zumindest gilt das von seinem Inhalt. Dort wurde es ebenso wieder aufgebaut, wie man es im Jahre 1861 in Volterra entdeckt hatte, und alle Aschensärge wurden angeblich wieder nach ihrer ursprünglichen Lage aufgestellt. Es ist das sogenannte Inghirami-Grab, das seinen Namen nach dem berühmten, aus Volterra stammenden Archäologen 72
Inghirami[8] erhielt.

[7] S. Fußnote 6, Kap. 2.

[8] Francesco Inghirami (1772-1846), Autor der fundamentalen Bände *Monumenti Etruschi* (1820-26), deren Illustrationen und Drucklegung er persönlich betreute. Dennis, der ihn als den "Patriarchen der etruskischen Altertümer" bezeichnete (1848, ed. 1907 II, 119), suchte ihn in seiner Wohnung in der Badia di Fiesole auf.

Einige Stufen führen zu der einzigen Rundkammer des Grabes, die in der Mitte durch einen viereckigen Pfeiler gestützt wurde; der jedoch im Felsen zurückgeblieben sein soll. Auf dem niedrigen Steinbett, das die Grabkammer umläuft, stehen die Aschensärge in doppelter Reihe; in einem großen Kreise umschließen sie das Dunkel.

Das ganze Grab gehört einer Familie, und es dürften sich dort sechzig Aschensärge aus Alabaster befinden, auf denen die wohlbekannten Szenen dargestellt sind. Wenn also dieses Grab wirklich in seiner ursprünglichen Anordnung erhalten blieb, und die Aschensärge, wie es heißt, in der umgekehrten Richtung des Uhrzeigers ihrem Alter nach aufgestellt sind, müßte sich die Entwicklung der Urnen Volterras im Verlauf von ein oder zwei Jahrhunderten überblicken lassen.

Doch man ist von Zweifeln und Mißtrauen erfüllt. Warum, o warum hat man das Grab nicht unberührt gelassen, wie man es fand, wo man es fand? Der Garten des Florentiner Museums ist äußerst lehrreich, wenn man einen Anschauungsunterricht über die Etrusker haben möchte. Doch wer verlangt nach einem Anschauungsunterricht über verschwundene Rassen und Völker? Was man braucht, ist der Kontakt mit ihnen. Die Etrusker sind keine Theorie oder Dissertation. Wenn sie etwas sind, sind sie eine *Erfahrung*.

Und die Erfahrung wird stets verdorben. Museen, Museen, Museen sind ausstaffierter Anschauungsunterricht, um die fragwürdigen Theorien von Archäologen zu illustrieren, närrische Versuche, etwas zu koordinieren und in eine starre Ordnung zu bringen, was keine starre Ordnung hat und sich nicht koordinieren läßt! Es ist widerwärtig! Warum muß denn jede Erfahrung in ein System gebracht werden? Warum müssen sogar die verschwundenen Etrusker auf ein System reduziert werden? Man wird sie nie hineinzwängen können. Man zerschlägt sämtliche Eier und produziert einen Eierkuchen, der weder etruskisch noch römisch noch italisch noch hethitisch noch irgend etwas sonst ist, sondern lediglich aus einem systematisierten Durcheinander besteht. Warum kann man nicht Dingen, die nicht miteinander zu vereinbaren sind, ihre Unvereinbarkeit lassen? Wenn man aus einem Hühnerei, einem Kiebitzei und einem Straußenei einen

Eierkuchen backt, wird man keine innige Verschmelzung, keine Vereinigung von Huhn, Kiebitz und Strauß in einem Etwas, das man «Gleicheiigkeit» nennen könnte, erreichen. Man wird dann nur einen formlosen Gegenstand haben: den Eierkuchen.

Genauso ist es hier. Wenn man versucht, Cerveteri und Tarquinia, Vulci, Vetulonia, Volterra, Chiusi und Veji miteinander zu verschmelzen, wird das Ergebnis nicht das Wesen des Etruskers, sondern ein zusammengekochtes Durcheinander sein, dem jede Realität fehlt. Ein Museum bringt keinen unmittelbaren Kontakt hervor, es ist eine Vorlesung mit Lichtbildern. Und was man braucht, ist die wirkliche, vitale Berührung. Ich möchte nicht «belehrt» werden, und ebenso geht es vielen andern Leuten.

Sie könnten ja die sozusagen heimatlosen Objekte für die Museen nehmen und die Dinge, die noch eine Heimat haben, an Ort und Stelle lassen: zum Beipsiel das Inghirami-Grab hier in Volterra.

Doch solche Gedanken sind nutzlos. Wir steigen den Hügel hinauf, durchschreiten das Florentiner Tor und suchen Schutz unter den Mauern der mächtigen mittelalterlichen Burg, die jetzt ein Zuchthaus ist. Unter den massiven Mauern führt ein Spazierweg, die Sonne scheint etwas, und man ist geborgen vor dem schneidenden Wind. Einige Bürger gehen sogar jetzt hier spazieren. Und auf der andern Seite erstreckt sich das kahle grüne Land, wellt sich und zeigt seine scharfen Spitzen, aber es ist, als schaute man auf die bewegte See vom Bug eines Schiffes; hier in Volterra blicken wir auf alles herab.

Und hinter uns in der öden Festung sind die Sträflinge[9]. Es lebt dort ein Mann, jetzt ein alter Mann, der hinter ihren Mauern eine Oper geschrieben hat. Er spielte leidenschaftlich gern Klavier, und dreißig Jahre lang keifte seine Frau, wenn er spielte. Plötzlich und wortlos brachte er sie eines Tages um. Als das dreißigjährige Keifen so zum Schweigen gebracht war, erhielt

[9] Die Anekdoten wurden L. vermutlich von Pino Orioli erzählt, dem ersten Verleger von *Lady Chatterley's Lover* (1928), der von einem Besuch des Maschio, der heutigen Strafanstalt von Volterra, in seinem Buch *Adventures of a Bookseller* (1934) erzählt.

er dreißig Jahre Zuchthaus und darf *noch immer nicht* Klavier spielen. Es ist eigenartig.

Es gab dort auch zwei Sträflinge, die entwischt waren. Schweigend und im Verborgenen schnitzten sie unglaublich ähnliche Selbstbildnisse aus den großen harten Brotlaiben, die die Sträflinge erhalten. Mit Haar und allem Sonstigen machten sie ihre Porträts ganz naturgetreu. Dann legten sie diese ins Bett, damit der Wärter, wenn sein Licht über sie hinhuschte, sich sagen sollte: «Da liegen sie und schlafen, die Hunde!»

Und so arbeiteten sie und entkamen. Der Gouverneur, dem seine große Delinquentenfamilie ans Herz gewachsen war, verlor seinen Posten. Er wurde hinausgeworfen. Es ist eigenartig. Er hätte eine Belohnung verdient, weil er solch begabte Kinder hatte: Bildhauer und Brotschnitzer.

LAWRENCE IN ETRURIEN: *ETRUSKISCHE STÄTTEN* – EINE KRITISCHE WÜRDIGUNG

von Giovanni Kezich

Ich bin Montag abend heil wieder zu Hause angekommen - ziemlich gut durchgerüttelt, nach fünf Stunden in diesem Bus. Aber ich habe mit knapper Not die letzte Straßenbahn erwischt... Mir hat unsere Etrurienreise wirklich gut gefallen. Schade, daß sie so kurz war. Wenn ich mich ein bißchen erholt habe, möchte ich versuchen, ein paar Skizzen zu schreiben. Die Landschaft zwischen Volterra und San Gimignano ist sehr eigentümlich und öde - viele spitze kleine Hügel, ziemlich kahl und ohne Dörfer. (14.4.1927)

Diese Sätze stammen aus einem Brief, den D. H. Lawrence am 14. April 1927, wenige Tage nach seiner Rückkehr nach Scandicci, an seinen Freund und Reisegefährten Earl Brewster schrieb. Es war ein langgehegter Wunsch von Lawrence, die etruskischen Stätten an der tyrrhenischen Küste zu besuchen:

Kannst du mir auch sagen, was denn das Geheimnis der Ertrusker war, das du dort, wo du gewesen bist, so deutlich erkannt hast? Bitte vergiß nicht, es mir mitzuteilen, denn sie machen mir wirklich einiges Kopfzerbrechen, diese Etrusker. (25.10.1921)

Dies schrieb er 1921 aus Taormina an Catherine Carswell, seine Freundin und später seine Biographin, die vielleicht als ein Mitglied der Gesellschaft identifiziert werden kann, die den von Aldous Huxley in *Those Barren Leaves* (1925) beschriebenen Ausflug nach Tarquinia unternahm. Die Antwort von Catherine Carswell war wohl nicht erschöpfend, jedenfalls las Lawrence noch jahrelang über das Thema - von anhaltendem Interesse für Italienreisende aus England - und beschloß, gerade erst nach Italien zurückgekehrt von seiner langen Reise durch die Welt, die ihn als Gast der Brewsters nach Ceylon sowie Australien und Mexiko (1922-1925) geführt hatte, Etrurien selbst zu besuchen und in Augenschein zu nehmen. Anfang 1927 kehrten auch Earl Brewster und seine Frau Achash - nach einem langen, dem Studium von Buddhismus und Pali-Texten gewidmeten Aufenthalt im Osten - in ihr Haus in Ravello zurück. Brewster, den Lawrence 1921 auf Capri getroffen hatte, war ein wohlhabender junger Amerikaner, Maler von eigenen Gnaden, leidenschaftlich interessiert an östlichem Mystizismus. Lawrence, zunächst angezogen von Theosophie und Mystizismus, dann zunehmend skeptisch, weihte ihn in seine eigenen Theorien zu diesem Thema ein. Wie es seine Gewohnheit war, porträtierte Lawrence Brewster satirisch: in einer witzigen *Apostrophe to a Buddhist Monk* und schärfer in der kurzen Erzählung *Things* (1926). In ihren freundschaftlichen Streitereien wurden die Etrusker oft ins Spiel gebracht:

> *Ich lese gerade über die Etrusker und sehe mir an, was von ihnen geblieben ist. Sie interessieren mich. Ich vermute, sie waren das genaue Gegenteil von Buddha: aber nicht von Brahma oder Schiwa. (16.5.1926)*
> *... Ich habe ein Buch über die Bagh-Höhlen bekommen, nicht annähernd so aufregend wie die Ajanta-Höhlen, aber interessant. Wußtest Du, daß im alten Buddhismus der* stupa *den heiligen Mittelpunkt der Höhle oder des Tempels einnahm? Und als die Buddha-Figur erfunden wurde, nahm der* stehende Buddha den Platz dieses Stupa ein...
> *Später pflegte Lawrence oft über den sitzenden Buddha zu sagen: 'Oh ich wünschte, er würde* aufstehen!*'(Brewster 1934; 49) Nun sieht es für mich so aus, als sei dieser Stupa nur ein monumentales Phallussymbol gewesen, wie der etruskische* cippus. *Und der stehende Buddha hat immer noch eine phallische Qualität. Sie haben den sitzenden später erfunden. (8.11.1926)*

Anfang 1927 waren die beiden Freunde soweit, die langersehnte Reise in Angriff zu nehmen:

> *Brewster, als ein zum Mystizismus neigender Mann, war der ideale Begleiter für diese Reise. Diese Neigung war für Lawrence sowohl Ansporn wie Alarmsignal, denn er war frei, sich in seiner Imagination gehenzulassen, und gleichzeitig dem hartnäckigen Mystiker Brewster gegenüber mißtrauisch genug,*

um sich selbst nicht zu weit gehenzulassen. Ein Skeptiker wäre unerträglich gewesen: Brewster, der manchmal zustimmende, manchmal widersprechende liebenswürdige Neu-Engländer, war genau der richtige Reisegefährte. (Moore 1955; 364)

Lawrence verließ die Villa Mirenda in Scandicci, wo er sich ungefähr sechs Monate aufgehalten hatte, und fuhr nach Sorrent, um seinen Freund zu treffen und von dort aus ihre kurze gemeinsame Reise anzutreten. Die erste Station war Rom, wo sie sich die etruskischen Zeugnisse im Museo di Villa Giulia ansahen. Danach - von Mittwoch, dem 6. bis Montag, den 11. April 1927 - besuchten sie die etruskischen Stätten. Auch Brewster behielt diese Reise in angenehmer Erinnerung:

Von Sorrento brachen wir zu unserer etruskischen Pilgerfahrt auf und begannen sie im Museo di Villa Giulia in Rom. Mit welch lebhaftem Interesse Lawrence seine Schätze studierte! In seinen Schriften über die etruskischen Städte hat er unsere Besuche in Cerveteri, Tarquinia, Grosseto und Volterra geschildert. Ich habe diese Artikel noch nicht alle gelesen, aber ich frage mich, ob er unsere Fahrt von Montalto nach Vulci, durch die wildeste Landschaft, die ich in Italien gesehen habe, beschreibt. Die Straße führt an dem alten Ponte dell' Abbadia vorbei. In der riesigen halbverfallenen Abtei daneben, weit entfernt von irgendeiner anderen Ansiedlung, hatten sich ein paar Familien niedergelassen, die so ungemein wenig Neigung hatten, sich mit uns abzugeben, daß sie uns nicht einmal Kerzen für die Gräber verkaufen wollten. Als wir jedoch zu den Ausgrabungen gingen, begleitete uns die gesamte männliche Bevölkerung und wartete geduldig außerhalb jeder unterirdischen Kammer, bis wir wieder auftauchten.
Wie glücklich waren unsere Tage in Tarquinia! Die Gräber liegen auf einem Hochplateau, einige Meilen vom Meer entfernt. Es sind ungefähr hundert an der Zahl, auf einem Gebiet, groß genug für eine kleine Stadt. Wir waren begeistert von der Frische und Schönheit ihrer Wandmalereien. Ich fühlte, daß Lawrence zu Recht die Meinung vertrat, die etruskische Kunst habe eine gewisse sensitive Qualität, die der griechischen fehle. Der Symbolismus, wie er ihn erklärte, schien so einleuchtend, daß ich mich über die Vielfalt der Deutungen, die Archäologen dafür geben, nur wundern

konnte. Aus den prächtig geschmückten dunklen Gräbern kamen wir in die Klarheit eines Apriltages, eines blauen Himmels mit jagenden Wolken. Die Felder, durch die wir gingen, waren mit rotem Mohn geschmückt. Unser Führer schloß die Tür zu einem anderen Grab auf, und wir stiegen wieder hinab, um die fröhlichen Szenen zu betrachten, mit denen die Etrusker, in ihrer fernen Welt, die Wohnstätten ihrer Toten verziert hatten. Über Stunden führten wir dieses Hin und Her zwischen Gegenwart und Vergangenheit fort. Am späten Nachmittag unternahmen wir einen langen Spaziergang in das Tal unter dem Plateau von Tarquinia und erklommen einen benachbarten Hügel. Wir schmiedeten kühne Zukunftspläne, zumindest ich ohne die leiseste Ahnung, daß Lawrence bald auch die Kraft, die er damals noch besaß, verlieren würde. Vielleicht waren dies seine letzten langen Spaziergänge.

Nach meiner Erinnerung erlebten wir den Ostersonntagmorgen in Grosseto. (Es war Palmsonntag, der 10. April 1927, in Volterra. A.d.V.). Wir kamen an einem Lädchen vorbei, das einen weißen, gerade einem Ei entschlüpfenden Spielzeughahn ausgestellt hatte. Ich bemerkte, daß sich ein Titel aufdrängte: 'The Escaped Cock - a story of Resurrection' (Der entkommene Hahn - Eine Auferstehungsgeschichte). (Brewster 1934; 122-123)

Drei Wochen später teilte Lawrence Brewster mit, daß er etwas geschrieben habe, und zwar

eine Auferstehungsgeschichte, in der Jesus wach wird und ihn alles anwidert. Er kann den alten Haufen nicht mehr ertragen und macht sich deshalb aus dem Staub. Und als er gesund wird, beginnt er zu entdecken, was für ein erstaunlicher Ort die sichtbare Welt ist, weitaus wunderbarer als irgendein Himmelreich oder Paradies - und er ist seinem Schicksal dankbar, daß es für ihn keine Mission mehr zu erfüllen gibt. Sie heißt The Escaped Cock nach dem Spielzeug in Volterra. Erinnerst du dich?

Im zweiten Teil der Geschichte, die auch unter dem Titel *The Man Who Had Died* erschien, wird der Protagonist, wie ein echter Held des Altertums, von einer Priesterin der Isis in ihrem Tempel hoch über dem Meer empfangen, wo der enttäuschte

Messias und die unzufriedene Vestalin nicht viel Zeit verlieren, bis sie sich demselben elementaren Glauben zuwenden, den Lawrence sich zu eigen gemacht hatte und meinte, aus den Darstellungen in den Etruskergräbern zu erkennen. Damit sind wir beim späten Lawrence - in diese Phase gehören *The Plumed Serpent* (1926), *Mornings in Mexico* (1927), *Lady Chatterley' s Lover* (1928) und *Apocalypse* (1931) -, und dieser Gedankengang wird nun immer deutlicher. Der von James Frazer in *The Golden Bough* (1911) vorgebrachten areligiösen Interpretation ebenso folgend wie dem theosophischen Ansatz von *The Apocalypse Unsealed* des Dubliners J.M. Pryse, ist der Christus in *The Escaped Cock* Osiris, das heidnische Symbol des natürlichen Kreislaufs von Geburt und Tod, wie es auch Quetzalcoatl, die gefiederte Schlange der Azteken war, ebenso der aus der Asche aufsteigende Phönix, ein bevorzugtes Sinnbild des Schriftstellers.

> *Rebecca West sah ihn umherwandern wie einen indischen Fakir oder einen russischen Heiligen, der eher mit einem sprituellen, denn mit einem geographischen Ziel auf Reisen geht: 'Es schien, daß Lawrence auf der Suche nach einer bestimmten apokalyptischen Vision der Menschheit reiste, die ihm wieder und wieder begegnete, unterwegs zu einem immer höheren Grad ekstatischer Agonie.' (Moore 1955; 280)*

Seine etruskische 'Pilgerfahrt' muß in diesem Zusammenhang gesehen werden:

> *Bedenkt man seine Herkunft, war etwas Symbolisches an dem Abstieg des Bergmannssohns zu diesen unterirdischen Stätten, geleitet von einem Führer mit einer Lampe oder einer Kerze, die etwas Licht auf die rot, blau und gelb mit den Bildern von Tänzern, Jägern, Stieren und Löwen bemalten Wände warf. Lawrence liebte die Etrusker, die beides waren, ein 'dunkles' Volk und ein Sonnenvolk. Sie hatten keine 'falsche literarische Kultur' und lebten in 'phallischer Bewußtheit', in Kenntnis des «ewigen Wunders der Dinge». (Moore 1955; 364)*

Sein Freund und Biograph Richard Aldington schreibt:

> *Die Rückkehr von Lawrence in die Toskana war ein Glück. Ich glaube, er hat sie immer gemocht, und fühlte sich in der Villa Mirenda wohler als irgendwo sonst, ausgenommen*

vielleicht die Del Monte Ranch und Sizilien. Boccaccio, in dem das wahre Wesen dieser Landschaft spürbar ist, war einer der wenigen Autoren, die er immer liebte; ein Mensch voll des warmen instinktiven Lebens, das Lawrence so gerne um sich herum sehen wollte. Und lange Zeit hatte ihn der Wunsch erfüllt, selbst auf die Spuren der Etrusker zu gehen und ein Buch über sie zu schreiben.
Diese Etrusker waren für ihn eine Art Geschenk des Himmels. Hier war eine untergegangene europäische Zivilisation, die sich niemals eines Homers oder Platons schuldig gemacht und keine literarische Spur hinterlassen hatte. Es gibt keine Geschichte der Etrusker, da das Buch von Kaiser Claudius über sie verlorengegangen ist; und durch den Widerwillen der Römer gegenüber einem besiegten und vielleicht zivilisierteren Volk sowie den christlichen Abscheu vor den 'Heiden' bleibt uns kaum mehr übrig als Archäologie und Aufstellen von Hypothesen. Noch gesteigert wird die Faszination der Etrusker dadurch, daß sie den Gelehrten, die ihnen vorwerfen, unmoralisch gewesen zu sein und ihre Kultur von anderen Völkern übernommen zu haben, nie sympathisch waren.

Sie waren ein tiefreligiöses Volk, sehr interessiert an der göttlichen Bedeutung des Vogelflugs und der Eingeweideschau von Opfertieren. Sie müssen an irgendeine Art von Leben nach dem Tode geglaubt haben, da sie nach dem Vorbild ihrer Städte kunstvolle Grabanlagen errichteten und ihre Toten in voller Rüstung oder Festgewändern in bemalten, mit Wertgegenständen und Grabbeigaben ausgestatteten Kammern beisetzten. Manchmal wurden die Toten verbrannt, und ihre Asche ruht in verzierten Truhen aus Marmor oder Alabaster.

Lawrence war davon überzeugt, daß die Kunst der Etrusker eine eigene Qualität habe, recht verschieden von der griechischen oder römischen Kunst. Und was er dort fand und ihm so sehr gefiel, war das betont 'Körperliche' , seiner Ansicht nach in der Welt beinahe verlorengegangen. Die Etrusker besaßen nicht viel von dem 'ästhetischen' Gefühl, der griechischen Liebe zu Perfektion, Harmonie, Anmut. Sie waren ausgezeichnete Goldschmiede; heutige Meister dieser Kunst haben Mühe, eine so feine Filigranarbeit anzufertigen. Ihre besten Bronzen sind voller Kraft und Elan, beispielsweise die Wagen und Schilde im Vatikan und die schmalen Statuetten in Florenz. Der Apollo von Veji in der Villa Giulia und das Grab im British Museum beweisen, daß sie Tonplastiken herstellen konnten. Beinahe bedeutender noch sind die Wandmalereien und die steinernen Urnen. Auf annähernd jedem etruskischem Grab war ein stilisierter Phallus - Symbol für den Triumph des Lebens über den Tod. Auf einigen der späteren Wandgemälde sind abscheuliche Todesdämonen zu sehen, doch die meisten der früheren zeigen eher fröhliche Motive. Sie stellen das Leben lebendiger Menschen dar, und in den Liebesszenen liegen echte Wärme und Zärtlichkeit. Außerdem haben diese in Stein gehauenen fettleibigen Beamten und oft häßlichen Männer und Frauen eine außerordentliche Vitalität und faszinieren den aufmerksamen Betrachter in Rom und in Florenz, in Volterra, Perugia und Orvieto genauso wie in der bescheidensten Sammlung.

All dies ist wohlbekannt; was ich herausstellen möchte, ist, wie tief Lawrence diese Spuren einer untergegangenen Zivilisation berührten. An diesem Punkt ist für mich die Frage irrelevant, ob Lawrence seine Begeisterung für die Etrusker 'wissenschaftlich' begründen konnte. Es geht darum, daß er bei den Etruskern eine Einstellung zum Leben fand (oder sie ihnen zuschrieb, was nichts ändert), die mit seiner eigenen übereinstimmte. Vielleicht nur der Traum eines Dichters, die Übertragung eines Ideals, an dessen Verwirklichung in der Gegenwart er nicht mehr glauben konnte, auf eine ferne Vergangenheit. Der Gedanke erscheint wieder in Apocalypse und zieht sich durch einen großen Teil seines Werks. In Apocalypse sind die Etrusker in den Hintergrund getreten, als relativ späte Vertreter der 'großen ägäischen Zivilisation' , die vor 1000. v. Chr. existierte und deren Sproß sie vermutlich sind. Ob imaginär oder nicht, hier waren jedenfalls Kulturen, die Lawrence lieben konnte, Völker aus Männern und Frauen, die ein intensives 'körperliches' Leben lebten, ohne durch geistige Rastlosigkeit und Haß bestimmt zu sein. Und in Etrurien genossen Frauen auf jeden Fall große Freiheit und Achtung, während niemand daran dachte, Sexualität und sexuelles Verlangen als Dinge, deren man sich schämen müsse, zu betrachten — das war etwas, das mit den puritanischen Römern kam.

... Meiner Ansicht nach war Lawrence, was Sexualität anging,

zartfühlender als irgendein anderer Mann, dem ich begegnet bin; genauso war er, in der essentiellen Bedeutung des Wortes, ein wirklich 'religiöser' Mensch.... Doch ich muß eine kleine Anekdote erzählen, um zu zeigen, wie empfindlich Lawrence auf alles reagierte, was ihm in diesem Zusammenhang vulgär oder unanständig erschien. Eines Tages waren wir dabei, etruskische Inschriften zu entziffern, die bekanntlich von rechts nach links zu lesen sind. Ich notierte A.R.S.E. (was auf englisch Hintern heißt); Lawrence kratzte sich am Kopf und sagte: 'Ich frage mich, was das bedeutet, Richard.' - 'Also, was es auf etruskisch bedeutet, weiß ich nicht, aber ich weiß, was es auf englisch bedeutet.' Wie er sich über mich geärgert hat! Später sagte er zu jemand anderem: 'Ich dachte ja, Richard sei in Ordnung, aber jetzt fürchte ich, daß er genauso ist wie andere Engländer!'

... Das Buch über die Etrusker hat ihn lange Zeit beschäftigt, und er starb, ohne es vollendet zu haben. Ich halte das (bisher noch unveröffentlichte) Manuskript für außerordentlich interessant; vielleicht weniger wegen der Dinge, die ich daraus über die Etrusker erfahre (auch wenn dies anregend genug ist), als wegen dem, was es mir über Lawrence sagt. Um es kurz zusammenzufassen: Lawrence glaubte, daß die Etrusker in der Zeit zwischen 700 bis 300 v. Chr. im großen und ganzen so gelebt haben, wie er gerne leben würde und meinte, daß wir alle leben sollten. Die Etrusker eigneten sich für diesen Zweck sehr, da niemand viel über sie weiß und deshalb niemand seinen Behauptungen widersprechen konnte. (Aldington 1932)

Allerdings präparierte sich Lawrence sorgfältig für die Reise wie für das Schreiben seines Buchs. Er bestellte schon im Jahr davor zahlreiche Texte aus der London Library und vertiefte sich in die schönen Bände von George Dennis (*The Cities and Cemeteries of Etruria*; erschienen 1848, wiederaufgelegt 1883, doch Lawrence hatte vielleicht die Taschenbuchausgabe von 1907) und das detaillierte und aktuelle Werk *Etruria Antica* (1925) von Pericle Ducati. Die Illustrationen des Bands *Etruskische Malerei* von Fritz Weege, den seine Schwiegermutter ihm in Deutschland besorgt hatte, und einige andere, eigens bei den Archivi Alinari bestellte Bildtafeln halfen ihm, seine Erinnerung bei der Beschreibung der Wandmalereien in den Gräbern aufzufrischen. Und er schildert sie tatsächlich mit fotografischer Präzision, alle Figuren am rechten Ort, niemals ein Versehen.

> *Man hat uns Weeges Buch über die Gräber ausgeliehen - all die Illustrationen -, wirklich sehr interessant. Ich habe auch Photographien aus Alinari bekommen - und auf der von der Tomba dei Tori, die unanständigen kleinen Figuren, un poco pornografico, herausfordernd wie das Leben. Amüsant! (3.5.1927)*

Länger als ein Jahr hegte Lawrence die Hoffnung auf eine zweite Reise:

> *Ich möchte mich am Ende der Woche etruskianisieren - wenn das Wetter mitspielt...*

Er dachte an vierzehn Tage mit seiner Frau Frieda und Huxley, der schon Anfang der zwanziger Jahre in Tarquinia gewesen war, und wollte die von Dennis vorgezeichnete Route vervollständigen.

> *Inzwischen denke ich, ich werde gegen Ende nächster Woche mit Frieda nach Arezzo und Cortona, Chiusi, Orvieto und Perugia fahren. Ich würde diese Orte gerne besuchen, bevor wir abreisen. Mit Cerveteri und Tarquinia, Vulci und Volterra sind dies neun der großen Städte - der zwölf. Es bleiben genug kleine Orte, um ein ganzes Buch zu füllen - Veii, Civita Castellana, Norchia, Vetulonia, Cosa, Populonia, Bieda. Wir können sie besuchen und einen zweiten Band machen, später.*

Er hatte an ein illustriertes Buch mit einem Dutzend Kapiteln und einem Umfang von 80.000 Wörtern gedacht (vgl. Fussel 1980; 162). Doch vor allem wegen seines sich verschlechternden Gesundheitszustands konnten weder die Reise noch das Buch vervollständigt werden.

In der Zwischenzeit begann Lawrence vom Juni 1927 an mit dem Schreiben seiner Reiseberichte für die Magazine *Travel* und *The World Today*.

> *Weißt du, sie müssen* in ein *illustriertes* Magazin. (21.10.1927)

In *Travel* erschienen drei Artikel: *City of the Dead at Cerveteri* (November 1927), *Ancient Metropolis of the Etruscans*

(Dezember 1927) und *The Windswept Strongholds of Volterra* (Februar 1928), während *The World Today* zwischen Februar und Mai 1928 eine Serie von vier Artikeln mit der gemeinsamen Überschrift *Sketches of Etruscan Places* veröffentlichte (I: *Cerveteri*; II: *Tarquinia*; III: *The Painted Tombs of Tarquinia*; IV: *Volterra*). Martin Secker stellte 1932, zwei Jahre nach dem Tod von Lawrence, das Buch aus diesem Material zusammen, wobei er einige Kürzungen vornahm sowie eine Reihe vorher nicht veröffentlichter Passagen einfügte. Der Band enthielt auch ungefähr zwanzig der Alinari-Bildtafeln, die in den späteren Ausgaben übernommen wurden, auch wenn sie für die Schilderungen von Lawrence nicht alle relevant sind.

Das Resultat ist ein inhaltsreiches, vielschichtiges und komplexes Buch, jedoch vom Stil her journalistisch, in dem detaillierte Beschreibungen mit inspirierten Passagen unterschiedlicher Wirksamkeit abwechseln, bisweilen beinahe kryptisch und mit ebenso plötzlichen wie unerklärlichen sprachlichen Einbrüchen.

> *Doch ich glaube, ich werde im Dezember nach Italien zurückkehren müssen, um diese etruskischen Essays zu beenden - sie drängeln mich deswegen -, Verleger wollen immer ein Buch... Doch die Sunday Dispatch zahlt mir 25 Pfund für einen 2000-Wörter-Artikel, geschrieben in anderthalb Stunden... (24.11.1928)*

Das notwendigerweise hastige Niederschreiben der Texte hat uns zahlreiche Wiederholungen und einige Versehen beschert, außerdem Amerikanismen und eine Blütenlese von Aussprüchen in verschiedenen Sprachen, bisweilen willkürliche Hervorhebungen und anderes mehr.

Der große Erfolg ist *Etruskische Stätten* bisher versagt geblieben. Das gilt vor allem für Italien. Von den Kritikern so gut wie ignoriert - mit Ausnahme der hier angeführten Stellungnahmen, Tropfen im *mare magnum* der Lawrence-Literatur -, von der Mehrheit der Etruskologen mit Geringschätzung behandelt, hat das Buch in Italien nur eine Übersetzung (von Lorenzo Gigli) erfahren, die, ohne Illustrationen, unter dem Titel *Luoghi etruschi* 1961 in Band X der von Pietro Nardi herausgegebenen *Opere Complete* von D.H. Lawrence erschienen ist.

Es läßt sich in der Tat leicht erkennen, daß *Etruskische Stätten* sich eher an die Gestimmtheit eines angelsächsischen, denn eines italienischen Publikums wendet. Die Etrurien-Forschung, ein *locus*, der für eine Vielfalt von Einstellungen und Konzeptionen steht, ist seit mindestens zweihundert Jahren (und sehr viel länger, betrachten wir als ihren Stammvater Thomas Dempster, Verfasser des siebenbändigen lateinischen *De Etruria Regali*, 1616 und 1619 in Pisa erschienen und ein Jahrhundert später von Sir Thomas Coke in Rom wiederentdeckt) einer der Fixpunkte englischer Kultur in Italien, eine Art Stafette, die von einer Generation der in Italien ansässigen englischen Literatengemeinde zur nächsten weitergereicht wird, was insbesondere für Florenz gilt. Es handelt sich um die allgemeine Vorstellung eines fernen Substrats, unberührt von Imperien - dem römischen vor allem - und vom offiziellen Katholizismus: die zähe Wurzel der Kontinuität eines ursprünglichen Italien, prärömisch und vorchristlich, die man übereinstimmend und beinahe gewohnheitsmäßig im etruskischen Boden zu suchen pflegt. Bei dieser Nachforschung mußten viele und viele unterschiedliche Anschauungen zusammenfließen: beispielsweise die verbreitete Katholizismusfeindlichkeit der englischen Kultur oder ein mehr anti-jakobinisch und anti- österreichisch geprägter als genuin liberaler Anti-Imperialismus, von den englischen Intellektuellen am Vorabend des Risorgimento mehr oder weniger bewußt erweckt, um eine an den Etruskern orientierte Neuinterpretation der kulturellen Identität Italiens vorzuschlagen. Von entscheidender Bedeutung sollte eine Versteigerung etruskischer Altertümer sein - die Brüder Campanari aus Tuscania hatten sie aus Italien exportiert -, die 1838 in Pall Mall stattfand. Zahlreiche Literaten unterzeichneten eine Petition, in der man den Ankauf der vollständigen Sammlung durch das British Museum forderte. Bedeutend sollten auch die Etrurienreisen von Mrs. Hamilton Gray (Verfasserin von *Tour of the Sepulchres of Etruria*, 1839) und natürlich von George Dennis (1848) werden; ihnen folgten Richard Burton, der Entdecker der Zagreb-Mumie, mit *Etruscan Bologna: a study* (1876) und Frederick Seymour mit *Up Hill and Down Dale in Ancient Etruria* (1910), um nur die wichtigsten Beiträge zu nennen. Ende des 19. Jahrhunderts konnte sogar ein so scharfsinniger und einflußreicher Kunstkritiker wie John Ruskin ernsthaft behaupten:

> *Jeder Schlag des Meißels im Florenz des 15. Jahrhunderts beruht auf nationalen Kunstprinzipien, die schon im 7. Jahrhundert v. Chr. wirksam waren; und Fra Angelico in seinem Dominikanerkloster am Fuße des Hügels von Fiesole ist ebenso etruskisch wie der Mann, der die Mauern errichtete, die dort verlaufen. (1881/1907, 90)*

Ein hartnäckiger Eklektiker wie Charles Leland durchkämmte die Toskana auf der Suche nach unwahrscheinlichen etruskischen Spuren in der Folklore (*Etruscan Roman Remains in Popular Tradition*, 1893). Diese leidenschaftliche Suche nach einem authentischen 'italischen' , prärömischen und vorchristlichen Substrat offenbarte die besondere Sensibilität der englischen Kultur - gemacht von Briten und Romanen, Sachsen und Normannen, Reformatoren und Yahoos - bei der historischen Urteilsfindung über das Wesen der *Zivilisation*, unvermeidliches, doch vielleicht nicht eindeutiges Ergebnis der menschlichen Evolution. Gerade einige Jahre nach Lawrence sollte Robert Graves nämlich dieses tiefe kulturelle Dilemma an der emblematischen und widersprüchlichen Figur von Claudius darstellen: Kaiser gegen seine Willen, Schlächter und Gott der Briten, römischer Bürger, doch noch nach Jahrhunderten seiner sabinischen Wurzeln bewußt - und Etrusker-Forscher (*I, Claudius* und *Claudius the God*, 1934).

Thematisierungen solcher Art, die der englischen Kultur dieses Jahrhunderts teuer sind, haben auf italienischem Boden mancherlei Argwohn ausgelöst. Im günstigsten Fall stehen wir, wie bei den Hauptwerken von Robert Graves, an der Schwelle zur Geschichtsphilosophie, zur wahren historischen *pietas*. Den äußersten Gegensatz dazu bilden, wenn wir die literarische Geographie der Toskana zur Zeit von Lawrence betrachten, auf der einen Seite der intellektualistische Exhibtionismus eines Huxley in Forte dei Marmi und auf der anderen die manierierte Heliophilie eines Norman Douglas, der wie ein neuer Tiberius ständig zwischen Florenz und Capri unterwegs ist; der erste ein Freund, der zweite ein erbitterter Feind von Lawrence, doch beide mit dem Upperclass-Dünkel dessen, der sich auf der Suche nach irgendeiner kulturellen Unverfälschtheit oder einem *Siren Land* weigert, das reale, das historische und gegenwärtige Italien anders als mit Spott zu betrachten.

Obwohl er bis zu einem gewissen Grad dem Einfluß von Aldous Huxley, Verfasser von *The Perennial Philosophy* (1945), unterlag, der Inspirator, Ideologe und erster Kritiker seiner Etrurienreise war, wußte Lawrence doch in der exzentrischen und nicht ganz überraschenden Psychologie des *Englishman Italianate/Devil Incarnate* - wie es in dem alten Spruch aus dem 17. Jahrhundert heißt - seinen eigenen Weg zu finden. Seine Berührung mit der italienischen Kultur war, wie seine schönen Übersetzungen von Lasca und Verga beweisen, weder oberflächlich noch eine Episode. Außerdem wußte er, der gewiß kein Demokrat war, das Ziel seiner Angriffe besser zu bestimmen als viele andere, sicherlich besser als Ezra Pound, der meinte, in seiner Tradition zu stehen. (Moore 1955).

Das faschistische Regime mit seinen ersten schwärmerischen Demonstrationen von 'romanità' hätte schnell auch für Lawrence, der gerade in *Etruskischen Stätten* artig, jedoch standhaft seinen Protest anmeldet, eine ziemlich unerträgliche Atmosphäre geschaffen.

Mit *Etruskische Stätten* von Lawrence erreichte der angelsächsische Kult um die Etrusker seinen literarischen Höhepunkt. In den von Lawrence beschriebenen Grabmalereien von Tarquinia und Urnen von Volterra scheint sich der Traum zu erfüllen, der Macaulays *Lays of Ancient Rome* (1848) oder die Forschungen von James Frazer inspiriert hatte, jener Traum, mit dem man hinter den Formen der klassischen Imagination einen vitalen Inhalt entdecken wollte, der qualitativ von der triumphierenden Hegemonie des Römerreichs abwich. Die gesamte Anthropologie von Lawrence ist, in diesem Sinne, *qualitativ*. Mehr als auf Regelmäßigkeit und stilistische und kulturelle Normen ist sein Interesse immer auf das Erfassen dessen gerichtet, was man als *the quick* bezeichnet: jenes einzigartige Etwas, unwiederholbar und unvergleichlich, das in jeder Form menschlichen Lebens, ob individuell oder kollektiv, existiert.

Lawrence unternahm recht weite Reisen in Raum und Zeit auf der Suche nach anderen Lebensweisen, an denen sich entweder seine Überzeugung darstellen ließ oder die als Stöcke zu gebrauchen waren, um den modernen Menschen zu prügeln. Er fand Bruchstücke von dem, was er suchte, bei deutschen und italienischen Bauern, Mexikanern und Indianern. Erinnerst du dich, wie ihm die Fischer von Lavandou gefielen, wie sie mit ihren Booten hinausfuhren, Boule spielten und mit ihren Frauen Bouillabaisse aßen? (Aldington 1932)

Brewster hielt ihm einmal moralistisch einen Satz von Hume vor:

Es ist allgemein anerkannt, daß es eine große Einheitlichkeit im Handeln des Menschen gibt, bei allen Völkern und zu allen Zeiten, und daß die menschliche Natur, in ihren Grundsätzen und Funktionen, immer dieselbe bleibt.

Lawrence antwortete darauf:

Was Mr. Hume angeht: Ehrgeiz, Habsucht, Selbstliebe... die Worte sind immer gleich; die Wirklichkeit ist bei jedem Individuum so verschieden, daß die Aussage hinfällig wird. (1921)

Er konfrontierte seinen Freund mit dem kahlen Enteneierkopf mit seinem eigenen, unkonventionellen Polytheismus, sicherlich eher hinduistisch als buddhistisch, alles Blut und Materie. Die Anschauungen von Lawrence scheinen jedoch immer in einer absolut irrationalen Wahrnehmung von Kultur verwurzelt, die sich jedweder Überprüfung entzieht, da sie letztlich auf einer esoterischen Theorie von der Natur der Zivilisation beruht, einer aristokratischen oder hieratischen Theorie oder, schlimmer noch, auf rassistischen Lehren:

Lawrence sprach viel über rassische Unterschiede, die der Gegenwart und die, welche zwischen Gegenwart und Vergangenheit bestehen. Er hielt den tatsächlichen Unterschied des Bluts für sehr bedeutend, weil er dachte, es beeinflusse das Bewußtsein - daß also Bewußtsein und Blut enger miteinander verbunden seien, als es heute allgemein anerkannt wird. Der Elefant interessierte ihn besonders, als Relikt einer anderen Zeit. (Brewster 1934)

Es nimmt also nicht wunder, daß die Anthropologie von Lawrence ihre Fahnenträger gerade in den *enfants terribles* der Völker der Welt finden mußte: Azteken und Etrusker, Völker, deren sprichwörtliche Grausamkeiten und Absonderlichkeiten von Jahrhundert zu Jahrhundert überliefert worden sind. Gleichfalls nimmt es nicht wunder, daß diese so radikal gegenaufklärerische Perspektive Bertrand Russel - der Lawrence 1952 als Proto-Nazi bezeichnete - unsympathisch, wenn nicht gar verhaßt sein mußte, genauso wie dem säkularen Denken und den rationalistischen Richtungen der heutigen Anthropologie, die zu einer Entmystifizierung des erschöpften Konzepts von 'Kultur' in ihrer Gesamtheit neigt und die Fesseln des Exotischen immer mehr abstreift, um in der Soziologie aufzugehen.

Tatsächlich kann auch ein ausgewogener und wohlmeinender Biograph wie H.T. Moore (1955) nicht umhin zu bemerken:

> *Diese Mixtur aus Mme. Blavatsky, Frobenius, James Pryse und anderen mit ähnlichen Überzeugungen, mit ihrem Glauben an solche Dinge wie ein untergegangenes Atlantis und seine unersetzliche Priesterschaft... ist der schwierigste und manchmal der ärgerlichste Aspekt des Mystizismus von Lawrence; etwas, das nicht ständig durchdringt, aber bisweilen irritierend wird. (Moore 1955; 445)*

Es ist allerdings derselbe Biograph, der etwas später ausführt:

> *Was von dem Propheten Lawrence bleibt, ist der authentischste und kohärenteste Teil von allen. Er umfaßt die Werte unserer Welt, nicht auf eine abstrus-mystische und auch nicht auf die simpel rationalisierende Art von Zeitungsartikeln, sondern eher durch eine breitere Integration von Werten des Imaginativen - die Dramatisierung, Vollendung, romanhafte Ausarbeitung eines seit langem vertrauten, tief empfundenen Themas. Für Lawrence war dies der Gegensatz zu den mechanischen Kräften, die das Natürliche bedrohen. Blut-Wissen könnte das Gleichgewicht wiederherstellen, das das Leben braucht und nach dem Philosophen auf verschiedene Arten streben. Und dieser Lawrence, der den ganzen Menschen feiert - nicht den durch Industrialisierung, Jagd nach Geld oder mechanische Liebe gebrochenen Menschen -, ist der*

wahre Prophet Lawrence, der seine ganze Kraft einsetzt. (Moore, 1955; 445-446)

Die Ambivalenz der Botschaft und des Werks von Lawrence ist in *Etruskische Stätten* unübersehbar. Es ist ein reicher und vielschichtiger und doch ein Text, der - auch in jüngster Zeit - eine Art schnellen Zorn auslöst. Massimo Pallottino dagegen schreibt:

Diese Notizen haben... jenseits der brillanten und paradoxen Worte, sehr viel mehr kritischen Wert, sehr viel mehr stimulierende Fruchtbarkeit als eine ganze Reihe dicker Bände berühmter Archäologen... Es gibt, kurz gesagt, eine Liebe zu den Dingen, die uns ihnen näherbringt und uns hilft, die Natur zu verstehen. (1957)

Gewiß, es sind auch Ansichten vertreten worden wie die von Sri Aurobindo, der geäußert hat, die Suche von Lawrence sei die eines Yogi, der seinen Weg verloren hat und in einen westlichen Körper gekommen ist, um sich mit seinen Schwierigkeiten auseinanderzusetzen (vgl. Moore 1955; 288).

Doch Lawrence ist sich, bei allem Bemühen, uns in diesem schönen Buch die Zivilisation der Etrusker in ihrer lebendigen Ganzheit und poetischen Tiefe zu zeigen, einer Sache sehr bewußt:

Wir machen einen Fehler, England aufzugeben und uns an die Peripherie des Lebens zu bewegen. Letztlich sind Taormina, Ceylon, Afrika, Amerika, wenn wir *dorthingehen, nur die Negation dessen, was wir sind und darstellen; und wie Jonas tun wir nichts anderes, als von dem Ort wegzulaufen, wo wir hingehören. (Moore 1955; 289)*

Bibliographie

I. Etruskische Kultur

Dennis, G.: *The cities and cemeteries of Etruria*, 2 Bde., London 1848 (Nachauflagen 1876, 1883, 1907, 1968)
Ducati, P.: *Etruria Antica*, 2 Bde., Torino 1925
Pallottino, M.: *Etruscologia*, 7. Aufl., Milano 1985; dt.: Die Etrusker, Basel 1988
Weege, F.: *Etruskische Malerei*, Halle 1921
Wellard, J.: *The Search for the Etruscans*, London 1973

II. D.H. Lawrence

Aldington, R.: *Introduction to "Apocalypse"*, London, 1932
— : *Portrait of a Genius, but... The Life of D.H.Lawrence 1885-1930*, London 1950
Brewster, E. & A.: *D.H. Lawrence. Reminiscences and Correspondence*, London 1932
Fussel, P.: *Abroad. British Literary Travelling Between the Wars*, New York 1980
Huxley, Aldous: *Those Barren Leaves*, London 1925
— : *Lawrence in Etruria*, "Spectator", 4.11.1932
Lawrence, D.H.: *The Plumed Serpent*, London 1926
— : *The Escaped Cock*, London 1929
— : *The Man Who Died*, London 1931
— : *The Letters of D.H.L. (hg. v. A. Huxley)*, London, 1932
Lawrence, Frieda: *Not I, but the Wind...*, New York, 1934
Moore, H.T.: *The Intelligent Heart. The Story of D.H. Lawrence*, London 1955
Orioli, P.: *Adventures of a Bookseller*, "Lungarno Series" 12, Firenze 1934

Quellen der Abbildungen:

Archivi Brogi und andere zeitgenössische Quellen:
8, 9, 12, 20, 21, 27, 28, 29, 33, 34, 42
Fabio Fiaschi, Volterra:
67, 68, 69, 70, 71, 72
Renato Galli, Volterra:
59, 60, 64, 65,
Mauro Galeotti, Viterbo:
50, 51, 59
Deutsches Archäologisches Institut, Rom:
6, 7, 10, 16, 18, 19, 22, 24, 25, 26, 30, 31, 32, 36, 37, 38, 39, 40, 41, 43, 44, 45, 54, 61, 63, 66
Soprintendenza Antichità Etruria Meridionale, Rom:
1, 2, 3, 4, 5, 11, 49
Ennio Staccini, Tuscania:
55, 56, 57
Archivi Valerioti, Tarquinia:
13, 14, 15, 17, 46, 47, 48, 52
Verschiedene zeitgenössische Quellen (alle Rechte © bei nuova immagine editrice):
23, 35, 58, 62, 73, 74, 75, 76